Tatjana Gofman

SEWASTOPOLOGIA

Tatjana Gofman

SEWASTOPOLOGIA

KRIM – BERLIN – ZÜRICH

edition.fotoTAPETA
Berlin

INHALT

Das Leben ist eine Mischung aus Essen, Mieten, Sex,
russischer Hochkultur und Intrigen.

David Hallbeck
Jurist in der russischsprachigen Diaspora Stockholms

VORORTWORTE

Adieu, liebes ß, kein Platz für dich auf der Tastatur der Eindrücke. Ich hänge nicht an alten Zeichen.

Nostalgie, Topologie. Schon kurz vor der Wende lässt es sich wehmütig über die verlorene Vergangenheit fabulieren und neugierig lässt sich die Gegenwart entdecken – schlögelnd schauen wir uns in Osteuropa um, Karl Schlögel macht es vor. Es tut gut zu lesen, was von den deutschen Resten übrig geblieben ist und was an Exotischem vor der „eigenen Haustür" liegt. Bleiben wir beim hübschen *Kultur*erbe auf den Scherben früherer und künftiger Kriege.

Es liest sich gut, wie sich kaum bekannte ost- bzw. mitteleuropäische Länder in mitteleuropäische Demokratien verwandeln (sie werden so wie wir!) und mit ihren Nochnicht-Entwicklungen Interesse wecken (wie werden sie so wie wir?). Man liest und reist mit, denn es reisst ja mit. Man bleibt zuhause und kann aus dem Westen heraus, mag man ihn gleichfalls Mitte nennen, zusehen, wie die vom Totalitarismus erschütterten, doch endlich Aufgerüttelten zu sich finden, sich nun von dem Bösen emanzipieren und mitunter sogar so gut sind, sich zu verwestlichen.

Dann gibt es noch die Schweiz. Nach zwanzig Jahren in Berlin und der ewigen Konfrontation, ob ich nun Wessi oder Ossi bin, Russin oder Ukrainerin, richtige Berlinerin oder Zugereiste, Mutter oder Kulturarbeiterin, und last but not least, ob ich von Kind

auf mit der deutschen Sprache aufgewachsen bin, erlaube ich mir
mit allem osteuropäischen Pathos und aller deutschen Direktheit
voraus zu schicken: Es gibt hier eine vergleichsweise förderliche,
gar fröhliche Balance aus Heimatliebe und Fremdoffenheit, zumindest in den grösseren Städten und auf Abschlussfeiern der
grösseren Universitäten, in denen ein gefühltes Drittel aller An-
wesenden aus dem Ausland stammt und die Schweizer untereinander die eigenen regionalen Zugehörigkeiten als Smalltalk-
thema abarbeiten.

Was ist an der Herkunft auch anders als am Wetter? Es kommt,
wie es gekommen ist, und geht. Oder bleibt eine Weile. Zum Beispiel hier. Ich habe Lust, direkt hier, direkt jetzt, mit jedem Satz,
mit jedem Buchstabsprung auch sprachlich etwas mehr Halt zu
finden. Zu schaffen. Halt. Eine Halte-Stelle mit Spielplatz für Kinder und Erwachsene. Ein Hafen, in welchem der Anker auf dem
Grunde anlangt. Ein plotloser Lotse durchs gezogene Los (*plot* –
russ. für Floss).

Traumtrash. Stilecht.

Der Reim-Stab, ein Zauberstab, der die Willkür der Bedeutung mit
Sternchen versieht. Im Schlechten liegt manchmal das Echte:
unerträgliche, ungeordnete und nicht zu ordnende Schichten an
traumatischer Schlacke, gegen die keine Diät hilft. Weltge-
schichtskacke, die auf Schritt und Tritt dampft. Aus dem Hinterhalt, schwer, schwarz. Lässt sich nur im Sinnrausch verwässern.

Auch unmöglich: der historischen Ladung an Inspiration entfliehen. Beuys-noise im Ohr, ein Floh. Manche müssen dort ab-
stürzen und neu geboren werden, manche woanders viele Tode
sterben. Wie man es dreht und wendet, wie man es verfilzt, das
Krimfett haftet. Forever verfilzt, das fetzt.

Es werden viele Marinemetaphern herangeschwemmt – so abgenutzt wie der weibliche Name eines Boots, dessen Farbe von
der Witterung allmählich abblättert. Sie sind nicht universitär, sie
sind mit ihren Gebrauchsspuren universell. Sie sind bei jedem
Blick vom Bellevue auf den See da, dort, schnell, geschwind,

tauchen auf, gehen unter, fort – eben nein, sie bleiben, wir bleiben, sie bleiben: Mit ihnen lebt es sich hier, lebt es sich hell …
Sorry. Maritim ist in dem Fall intim. Die geneigte Leserschaft mag
über Bord springen, wann immer es zu überbordend wird und
nicht allzu gut funktioniert. Rettungsringe gibt es nur insofern,
als dass in nicht allzu ferner Zukunft die Sehnsucht nach ihnen
aufhört. Meine wachsen zu Seerosen, treiben auf dem See zu
Monet, rosige Ausländer(innen) schauen ihnen zu. Spiel mir das
Lied vom rettenden Wortspiel, meines wird nachgemalt bleiben,
wie mit einem zu grellen Lippenstift, wie aus dem Osten, wie in
der Hölle zu Beginn der 90er Jahre.

Was ist mit diesem Unland Russland? Ist es nicht irgendwie präsent? Und zwar in der sowieso nur noch ansatzweise als solche
zu nennenden, und verstohlen tu ich es: *russischen* Erinnerung.
Sie richtet sich auf Territorien, die nicht mehr zu Russland gehören oder schon wieder, politisch so unkorrekt, dass die eigene
Kopfzensur auf den Magen schlägt – und auf die Sprache(n).
Kann sich eine russischsprachig geprägte Diaspora, sofern man
sie mit all ihren Schubladen in eine Oberwortkommode stecken
kann, eine Erinnerung leisten? Oder wird diese in die politische
Ecke abgeschoben, in die Ecke zum Selbst- und Fremdschämen
gestellt, mit der Aufforderung, sich zu bessern, nein: zu demokratisieren? Könnten wir es uns mittlerweile leisten, unter den dünnen Laken von Texten und unter Blutlachen von Buchstaben Asyl
für die „russischen" (whatever that means) postimperialen Komplexe zu beantragen? So viel anders als die ukrainischen oder
post-jugoslawischen sind sie auch nicht. Und es sind Komplexe,
komplizierte Themen, unverdauliche Gegenden. Cultural Cringe.
Klingt gut. Kritisch. So, dass einem übel wird. Die Problemchen
verhärten im Magen zu Kieselsteinen am Strand.
Die Probeländchen, Jahres- und Gedenkzahlen werden zu etwas
anderem, winden sich aus ihrer Immaterialität heraus, mischen
sich unters „Volk". Das, wofür sie stehen, ihr Inhalt, wird am
besten mit ein paar leisen Augenpaaren verprasst, statt auf der

hohen Kante zu liegen. Die Erinnerung und die Nichterinnerung, die Lust und die Unlust haben genug herumgegammelt wie die Faulenzer auf dem Ofen in russischen Märchen.

Sewastopologia. Collected fieldwords. Go for it. Stop, das ist eine Apologie der Alogie. Dazu ein bisschen was. Worte aus einem ruhigen Vorort Zürichs (meinem Zur_ich), zwischendurch auch aus dem nunmehr fern liegenden, in sicheren Abstand gebrachten Berliner Wedding, dem Schnittpult, dem Brennpunktglas auf das zerfallene und zum Spezialfall gewordene Krimmärchenreich, das ich nicht zu Fall gebracht sehen möchte.

Hier schwimmt man mitunter im Stadtgewässer, fotografiert die Hochglanzfläche, zählt die Abstufungen der Hügel und Möwenflügel, wünscht dem Schwan ewiges Leben, radelt entlang des Ufers, entlang der nichtexistenten Vorhänge und Mauern beim Eintauchen in die ausgebreitete Leinwand. Ob goldig oder silbern, der Zürichsee kann so weit und breit sein, wie nötig – für den Augen-Blick. Man darf. Man nehme nach Bedarf. Man nehme an. Sauge ein. Sauerstoff wie Wasser, Feuer wie Grundfarbe. Das Wasser erfasst die Luft und zieht dich in die Zeichnung, die noch anzufertigen ist. Viele Flüsse fliessen die Berge herunter. Stehen und warten. Limmatlimonade – Zitronensaft entgiftet. Die Sihl entsorgt das Zuviel.

Man stecke sich ein bestimmtes Lebensgefühl an den Mantelkragen, man lasse sich von der Krim anstecken, die sich hier versteckt. Sie springt einen wie ein übermütiger Hund an, mit dem Schwanz die Kennenlernferne wegwedelnd. Exaltierte Schwingungen. Vor so etwas empfindet sogar eine urbane Hundeangsthäsin seehelle Freude. Der ideale Leser erlaube es sich, kindlich, ein Welpe oder ein Kätzchen oder ein Eichkätzchen zu werden – irgendwo muss man es sein dürfen. Wenigstens kurz und zwischendurch. Denn was Pathos und was Kitsch ist, das lösen wir nicht mal im Wörtersee auf. Hoffen wir auf gegenseitigen Genuss, ob mit Kopfnuss und Russenmissgunst oder gegenüber dem Osten offen. Nur dass es die Seele nicht verfehle.

Worum es mir geht: Eine Stimmung, eine Bestimmung, eine Richtung, die man ansatzweise einschlägt (oder es sich so vorstellen kann), wenn man zum Beispiel zum Supermarkt hetzt und vom Anblick des Grellgrüns neben Grellblau und preisgekröntem Hausbau auf einmal zum Spazieren gezwungen wird. Links die Wiese, rechts saust ein Cabrio vorbei, oben ein paar Kühe, über allem ein leicht mistiger Geruch, der vielleicht von salzigem Meer hinterm Berg her wehen könnte. Der Himmel filmreif, die Wolken zu zarten Sahnehäubchen aufgeschlagen, vorn ein Restaurant, das immer geschlossen hat, um die Ecke ein Bio-Bauer, weiter unten Pferde, nach aussen sozialistische, nach innen luxuriöse Hochhäuser (es ist ja noch Stadt), und die Sicherheit, dass diese Welt sich nicht verändert, und wenn, dann zum noch Besseren hin – it's cool, man.

Die flotte Flotte, die Uniformen der Matrosen in schwarzen Hosen, das klitschkonasse Schreibstandbein, nah am Wasser gebaut, triefender Zuckerguss … Sorry. – Wie oft ich dieses höfliche Wort hier höre. Nun, ich kann nicht anders darüber sprechen, also gilt es, für die paternalistische und muttersprachliche Emphase mit allen Mitteln der edlen Ironie, die schon viele andere vor Vorwürfen und Zerwürfnissen nicht geschützt hat, eine Lanze zu brechen. Ich breche: den Stolz und die Liebe, die Anhänglichkeit und die Abhängigkeit. Das Heilige, über das es weiterhin zu schweigen gegolten hätte, damit es schön und heilig bleibt. Innige, aufrichtige Verbundenheit, die hat in der Post-Postmoderne nur etwas zu suchen, wenn mit ein wenig Huzulenromantik oder antisowjetischem Untergrundkampf versehen. Nein, kein Versehen.

Identität, das Unwort der Epoche pocht in der Schlagader, drängt gar dazu, über Herzschmerz zu scherzen: ein Rundumschlag gegen normierte Raumkulturdiskurse. Was so unappetitlich trockenfurzig klingt, darf künstlerisch, kreativ, und: kreolisch, krimisch – nur nicht kremlisch (!) – attraktiv-korrektiv sein. Da ich trotz offenherzigster Bemühungen um korrektes Deutsch mit dem Konjunktiv und mit den Vergangenheiten (im Russischen gibt es nur die abgeschlossene und die unfertige) auf Kriegsfuss stehe, wenn ich die Krim mit dieser Zeilenkreide umkreise, so müsste ich ihn endlich werfen, meinen Anker. Doch hole ich ihn wieder heraus, damit ich von der Stelle komme. Sonst wird mich ein unsichtbares Seil dorthin ziehen, zu diesem fast anstössigen Zipfel im nördlichen Schwarzen Meer, der schelmisch nach Südwesten schielt, ja, den Alpen zuzwinkert. Ein kleines, treffsicheres Katapult. Die Halbinsel ruft keck vom Deck: Geh weg. Aber vergiss mich nicht.

Ich schreibe nicht nur mit dem Blick auf die Brüderberge im Hinterkopf, sondern aus einem gewissen Unbehagen heraus, dass „mein privates Territorium" zerredet, politisiert, furchtbar zerfurcht werden könnte, wenn es nicht schon geschehen ist, während ich in der Ecke meine Puppen auf selbst gebauten Karossen kutschierte. Wenn Stasiuk & Co. ihre kleinen Heimaten haben dürfen, dann darf ich auch meine Party schmeissen – selbst, wenn keiner ausser den Puppen von damals kommt.

Zerpflückt ist die Krim ohnehin, das steht nicht zur Diskussion. Als ob es nicht reichen würde, dass ich sie vor über zwanzig Jahren durch Wegzug (Umzug, Auswanderung, im Schlepptau der Eltern nach Berlin) verloren hätte und die Leute, die dort geblieben sind, sie ebenfalls verloren haben. Weil die Ukraine aufgegangen ist und meine Eltern sich wie andere Krimmenschen von den Versprechen auf eine Besserung übergangen wähnten oder es wurden. Möglicherweise sollte ich hier auf die Inflation und gewisse barbarische Sitten der Perestroika-Zeit zu sprechen kommen, auf die die Krimmenschen, wie andere Provinzler (und das ist auf dem postsowjetischen Territorium alles abseits von Moskau und Petersburg), gar nicht so gut zu sprechen waren wie die Westmenschen. Ich mache niemandem etwas vor, ausser mir selbst, die Krim ist die 90er über untergegangen. Wenn etwas in mir es wagt, mir zu widersprechen, dann mit dem respektablen Argument des kulturellen Erbes: Etwas ist im

Osthirn hängengeblieben, etwas von mir ist dort hängengeblieben, etwas habe ich mitgenommen, und da ich nicht mehr sparen muss in einem reichen Land wie diesem, teile ich es gern mit den anderen zahlreichen written HerStories. Ich möchte mich gern an Homi Bhabha probieren, nur eher praktisch – mich mehr an ihn anschmiegen als anlehnen, weniger theoretisch und mehr als homo *baba* (russ. für *Weib*).

Ich weiss vieles nicht mehr, vieles kann ich nicht in Buchstaben quetschen, es steht für immer unter Schock, nein: es dampft … dampft schon als Erdapfelstock. Von jenem Apfel habe ich wohl gekostet, bevor das Paradies ausgeschert ist. Ich erlaube mir den Luxus, mich nicht um Ausgewogenheit, Sachlichkeit, Meinungen und Urteile anderer zu scheren. Der Spaziergang geht mit den Erinnerungen, inneren Monologen, mit Sprach- und Landschaftsverliebtheit kurz um die Ecke. Bringt sie um die Ecke. Ich gehe mit massiver, gar aggressiver Gefühlsduselei Gassi. Darauf läuft dieses nacherlebende Schreibspiel hinaus, nach draussen, auf die Strassen. Ich mache mir Platz für etwas, was sonst weder in meinem Leben noch im Leben anderer adäquate Umzugskisten und Regale gefunden hat. Nicht über zwanzig Jahre aktiven Deutschwerdens und -scheiterns hinweg. Ich räume auf, indem ich diesem Sternenstaub gewissen Raum einräume – die Reste in eine Flasche schütte und zur Flaschenpost einschliesse. Die Briefmarke: hahnenwasserreiner Sesselseeblick und stützende Gebirgslehne.

Ich hüpfe auf dem Grat des uetliharmonischen Schönbergs, tanze mit kernigen Schönheiten der Krimmaschinerie, befreie vom Verdrängungseis Strom und Bäche und plädiere mit diesem Aufstand gegen Alltag gewordenen Hass für einen nicht-politischen Frühling. Einfach nur Frühling, unorganisiert. Der nur ein Spätling sein kann. Und wer zu spät kommt, den bestraft Gorbatschow. Seine Reformen kamen zu spät, das ist das politische Statement, auf das ich mich beschränke, während ich die Schranken der Assimilation als Simulation aufreisse.

Bevor mich etwas in diesen Schriftsee geschubst hat, habe ich gelesen, dass die Menschen auf der Krim als besonders sowjetisch, besonders nostalgisch und eigen gelten, gerade die Hafenstadt Sewastopol mit ihrem Heldenknall im freien Fall der Autonomen Republik. Nun ist es in jeder Zeitung seit Monaten publik, mein kleines privates Rumoren von unvergessenen Sonnenstrahlen – gespeichert in jeder Sommersprosse und jedem Schönheitsfleck, der mit der Leber nichts und im Russischen nun leider doch etwas mit Heimat zu tun hat: *rodinka* heisst der Leberfleck und es könnte auch für die kleine Heimat stehen, so wie wodka die Verkleinerungsform von *woda* (russ. für Wasser) ist, oder?

In meiner woodyhaften, nein: in meiner hölzern-wolligen, von hier aus bequem geschnittenen und wohltemperierten Krimkrise fühle ich mich so, als ob ich ständig im ärmellosen Top herumlaufen, Sonnen- und Nasenhüte aus Zeitungspapier basteln würde. Ich könnte mich nun Russland zugehörig fühlen, das wäre eine klare aussenpolitische Lösung des inneren Konflikts.

Etwas in der Art haben meine Eltern laut überlegt, sie wollten die russische Staatsbürgerschaft beantragen. Sie gingen mit ihren sowjetischen Pässen in die russische Botschaft. Man sagte ihnen, ihre Pässe seien über zwanzig Jahre alt und sie sollten zuerst die ukrainische Staatsbürgerschaft erwerben (und das kostet sie einiges, vor allem Überwindung), dann diese ablehnen und einen Antrag auf die russische stellen. Denn sie hätten nichts mehr mit Russland zu tun, sie hätten keinen Bezug. Aber was, höre ich, wenn die Ukrainer sagen, wir müssten auf die deutsche Staatsbürgerschaft verzichten, um die ukrainische zu erhalten? Und was, wenn wir die ukrainische nicht loswerden?

Wir leben weiter mit den deutschen Pässen, und nur diesen. Die sowjetischen Pässe liegen wie noch zu beendende Romane in der Schlafzimmerschublade. Solche Ausstellungsstücke gehören ins Familienarchiv. Ich werde sie heimlich abfotografieren, wenn es mich wieder nach Berlin verschlägt, und am liebsten würde ich sie bei mir aufbewahren, um sie meinen Kindern und Enkelkindern zu zeigen.

Erklärungen über die Krim – sie krächzen, zerkratzen die Oberfläche, kleben tiefgründige Begründungen und allgemein verständliche Schlagworte auf. Noch mal und nochmal, hau immer drauf, bis tote Hose ist. (Wenn ich einmal gross bin, frage ich die Toten Hosen, ob sie in Sewastopol auftreten.) Da haben wir sie, liegt alles auf der Hand, historische Nicht-Gründe, logische Abgründe. „Die Russies sind die Tussies", dichtet mein Sohn im Pausenhofton. Auf die Frage, ob er schon Züridütsch spreche, verkündet er ernst, er müsse nicht – ich habe ihm gesagt, er müsse, aber er ist renitent-russisch, muss ich wohl schweren Herzens beim schwarzen Tee herunterschlucken, so ist das Schicksal –, da er Deutscher sei. Die Worte seines Vaters hallen in dem Fall nach, Nachruf der Berliner Kapitulation angesichts unserer Flucht vor Flüchen. Und vor dem Würgegriff, dem Angriff auf die Würde, dem Schlag auf den Esstisch: „Sprich deutsch, verdammt noch mal!"
Wiege der Orthodoxie, Verteidigung des Vaterlandes, romantischer Sehnsuchtsort, streng strategisches Strassenflair. Ungereimt, mein Deutsch ist so, auf Stelzen, auf Krücken, denn so ganz und völlig hab ich es doch nicht geschafft ins Bildungsbürgertum, da alliteriert weder ein Str noch ein Dr zu Hilfe herbei. So darf der Stil russisch sein, und zwar ungestüm, pardon: ungelenk, bärischsibirisch, und ich schmuggle noch ein paar stilstabile Intertexte aus der ausserordentlichen Literatur hinein, die müssen wir uns aufheben, dieses feste und befreiende Relief.
Grenzsicherung für die einen, grenzüberschreitende Barbarei für die anderen, und schon haben wir den Grabenkampf. Allein die Gebärden. Droh- und Macht. Illegal. Igel, alles Igel, eingeigelt in Kälte, stachlig und doch herzig, man spricht jedenfalls von Herzen, man spricht sich vieles weg, und in vieles redet man sich hinein. Russland sei für die Krim nur ein Kapitel von vielen. Ja: eines der aktuellsten und über 230 Jahre lang.
Es ist wichtig zu verstehen, warum jemandem etwas wichtig ist, auch wenn der Weg dorthin uneben ist und es kein Zurück gibt. Dieses Wichtig ist die Realität vieler, die sich – egal, in welcher

Weise – als russisch fühlen, auf der Krim und ausserhalb. Man könnte nun Vergleiche ziehen. Zwischen erblühenden Bäumen, beflügelt vom ersten Frühlingsduft, dem blusenähnlichen Print aus Rosa, Weiss und Gelb, mit Blick auf den Züriberg – einem Blick, dem der Saharastaub noch ein bisschen mehr Fernwehstrahlung bringt – tauchte einmal die überflüssige Frage auf, wie lang die Schweiz als Schweiz existiert und welche Kapitel diesem Fleckchen Erde vorangegangen sind. Als Vergleich zwischen zwei verschiedenen Paradieschen, von allen Seiten, von oben und unten betrachtet. Würde jemand in Frage stellen, dass dieses Kantonenkreisel den Schweizern wichtig ist? Was zählen Jahreszahlen, wenn es mehrere Generationen gibt, die in der Gegenwart, dieser unwichtig beschränkten Schreib- und Lesegegenwart, ein bestimmtes Verständnis von Hei-mat (Schach-matt) in Bezug auf einen Kreis, Bezirk, einen Kiez, ein Dorf, einen Berg, ein Land, eine Halbinsel miteinander teilen. Was tun? Es verdammen oder es mitteilen und so unters Volk bringen, dass es sich *internationalisiert* – allen freiwillig Beteiligten zeigen, dass sie beim Lesen ein bisschen Krim probieren können und sie auf die Idee bringen, dass sie bei sich auch ihren Süden, ihre Helden, ihre Malflächen, ihre Spiel- und Schamecken hatten und haben.

Ich möchte keine Erklärung über die Krim schreiben, eher eine an sie richten. Es muss ja nur raus, spielen gehen, davon fliegen. Eine kleine Friedefreudeblin-Taube. Blin, das heisst „Eierkuchen" oder auch „Mist". „Friedefreudecrêpes-Taube" passt nicht so gut, sie soll ja nicht krepieren, sie soll blind dorthin fliegen, wohin es sie zieht, und sei es eine Berliner Zone oder sei es Bellinzona. Sie soll ruhig eine Runde über dem Zürisee drehen, ich gebe mir Mühe beim Dressieren – ziehe mich schon viel besser als früher an. Ich glaube ganz fest an diese besondere Luft, dieses Licht und diese Leichtigkeit, hier und jetzt. Hier ist gross mit langem O. Hier ist weit mit bedauernswertem Ei-ei-ei, nicht früher gekommen zu sein, von den Berliner Eindrücken so eingedrückt worden zu sein, dass es jetzt einer uhrmacherisch diffizilen Recyclingarbeit bedarf.

Übrigens, ein Blick auf die Karte, und mit nur ganz wenig Fantasie lassen sich folgende lässig-zuverlässige Vergleiche ziehen, Bilanzen erzielen (Kalauer, fliegt doch auch mal davon, das ist eine ernste Angelegenheit, das „Es" so in einen Text hineinzuführen, an der Leine festgehalten, beschwipst mit Schlips, mit Hut und alles, alles wird schon gut): Die Krim liegt nur ein bisschen südlicher als die Schweiz und ist nur ein bisschen kleiner als diese. Man könnte sie ausschneiden, übereinander legen, die gut gelaunten Zipfel einander liebkosen lassen.

Oder die Albernheiten mal lassen.

Aber wäre witzig zu sehen, wo dann die Bucht von Sewastopol liegt. Ziemlich genau im Tessin. Biografisch klingt das gut, tönt schon in gereimten Komplementärfarben: Berlin zwischen Sewastopol und Tessin. Ich mag den Namen Tessa. Kesses Tessinchen, ich muss dich mal besuchen fahren und dir von Anna Kessa erzählen. Von ihr schwärmt mein 80jähriger Nachbar, seit er das erste Mal mit mir gesprochen hat. Sie habe einen hervorragenden russischen Mittagstisch im Tessin angeboten, so fein gekocht wie ich habe sie, und der Geruch meines Borsches (sieht fast aus wie Borges) habe in ihm ganz ferne Erinnerungen an diese kochende Russin geweckt. Er brachte mir ein Buch mit ihrer Autobiografie und erzählte kurz darauf, wie sein Grossvater in der Museumsgesellschaft beim Ausleihen kurioser Bücher Lenin kennengelernt und zu sich nach Hause auf Gschwellti eingeladen hat. Meine Zürcher lernen nur die ungewöhnlichsten Russen kennen. In Anführungsstrichen, wie sonst.

Ich will gar nicht verfremden. Der ganze Migrationsknall ist eine einzige Entfremdungsernte: fremd hier, fremd da, fremd sich selbst gegenüber, fremd für die anderen, bis zur Kulturlosigkeit frrr. – Zahllose Umwandlungen, in die Fremdwährung, mit Wechselkursverlust. Guten Tag, ich bin Fr. Fr. Fremd in jeglicher Hinsicht für alle, man kann einfach niemanden auf diese Weise richtig-richtig kennenlernen. Früher oder später bin ich hier die direkte (arrogante, inadäquat manierlose) Deutsche. In Deutschland fragt man mittlerweile, ob ich Schweizerin sei und vorher: siehe oben. In Russland bin ich nach einer Woche wehrhaften Verwehrens allein durch die Sprache und gewisse Emotionalität (imperiale, was sonst) als *nascha*, russ. für „eine von uns", eingegliedert, selbst wenn ich so manchen mit Verschwörungstheorien, Antisemitismus und Heizverhalten „aufs Glied schicke", wie es wörtlich heissen würde, würde ich so unanständig sein, mich in die endlosen Weiten des verbalrussischen Bodenschatzes zu begeben. Und wenn mich Ukrainer als Ukrainerin bezeichnen, wehre ich mich oft nicht mal – es schafft in dem Moment einen harmonischen Grund, zusammen zu sein.

Egal, wie hart die Währung, die Abhärtung währt nie lang. Die Identitätsausweise überrumpeln immer wieder von neuem, sie funktionieren wie Schuldzuweisungen, wenn man Erwartungsmustern nicht gerecht wird. Kaum hat sich das eine Attribut „begründet", taucht ein anderes auf, für das es gilt, eine elegante Einfügung zu finden, den passenden Ton zu treffen. Nur bin ich nicht musikalisch. Was soll ich in die Birkenrinde ritzen? Hier gewesen, dort geliebt, da einverleibt. Mich motiviert im Grunde nichts. Ist ja alles weg, aufzusammeln gibt es nichts. Der Text fädelt das Glitzern der Glasperlen auf, nicht die Perlen selbst, aber vielleicht päpperappelt er mich und dich auf, wie früher ein Blick vom Balkon auf die winkende Pappel, so dass wir uns sammeln, gar versammeln, auf einen Drink, auf etwas *ink*.

Kurzum, die Entfremdung ist schon die grösste anzunehmende Verfremdung. Da bleibt nichts hinzuzufügen, nur aufzulesen und wieder durch die Finger rinnen zu lassen. Es mal gerinnen lassen zu etwas, was auf ehemals durch und durch gelebte, durchlebte, durchliebte – geliebte – Atmosphäre verweist. Eine übersinnliche Erfahrung. Ein Maschendrahtzaun aus aufgehellten und gedämpften Tönen, gebunden und überwunden.

*Sprachkultur =
fragen*

Ich bin nie bereit gewesen, mich an meine Kindheit und an ihr Ende, *die Migration*, zu erinnern. Stattdessen könnte ich vielleicht die objektiven Daten meines Lebenslaufs und der Läufe mehrerer Leben, die meines mitermöglicht haben, durchgehen. Ich brauche die verlorene Erinnerung an die Kindheit, ich darf mich nicht vollständig erinnern, sonst versiegt die Quelle der Erinnerungslust. Die Angst vor dem Eigenleben des Verdrängten, das eines Tages aus dem Universum zurückschlägt, und die Angst vor dem Versinken, Verlinken – davor, sich der Erinnerung auszusetzen, überbieten sich. Also warte ich, bis sie sich selbst meldet, ihr Dispositiv aufleuchten lässt, ihre Ab- und Eindrücke, ihre lesbaren Fussspuren stampft. Bis sie verdampft.

Ich warte schon lange, seit eben dem, was Migrationserlebnis genannt werden könnte. Ein schlechter Begriff: Er bezeichnet etwas Abgeschlossenes, so wie ein erster Besuch in einem neuen Supermarkt. Ein Erlebnis hat man erlebt, und danach hat man eine Menge weiterer Erlebnisse, die sich übereinander stapeln, so dass das erste nur noch an einigen Stellen durchschimmert. So eine Migration ist ein Event, dauert aber an, ein Non-Stop-24h-Festival. Sie ist nicht mit der rein körperlichen Absenz oder Präsenz abgeschlossen. Manchmal fühlt man sie gar nicht mehr, dann auf einmal deutlich, manchmal streicht sie unterschwellig am Bein wie eine Katze, die vorgibt zu schmusen, aber dadurch ihr Gebiet markiert – sie ist wie ein die Stimmung leicht, en passant beeinflussender Fluss in einer Stadt. Man gewöhnt sich schnell an ihn, schneller als an ein Meer oder an einen See, dessen Licht- und Luftwellen das Aussehen der Stadt überraschend und gravierend ändern.

Ich hatte jenes Erlebnis beinahe schon erfolgreich „vergessen", doch als mein Sohn die Welt anbrüllte und ich beschloss, dass Russisch beschwichtigend klingt, kehrte jener Zustand öfter zurück, brüllte mich noch lauter als der Babynotruf an, goss mir Muttermilch nach, die nicht nur für ihn bestimmt zu sein schien, pumpte etwas auf. In meinem Dorf, in der Stadt, hinter dem Entlisberg atmet es sich tief, jetzt – im letzten Zug, bevor die aktuelle Welt untergeht – noch unverbaut. Ich habe mich getraut, die Luft rausgelassen.

Seitdem bin ich eine ermattete, bei der Migros einkaufende, migrantische Tante. Ein Muttertier, das nährt. Das musste so sein, um sich und das Kind und das Kind in sich aufleben zu lassen. Man kann mir kein reines Deutschsein mehr auftischen, man erwartet es nicht mehr von mir, man sagt mir hier manchmal auch, ich sei keine Deutsche, das merke man, Punkt, auch und weil ich „Fernsehdeutsch" ohne regionale Färbung spreche und hier öfter als in Berlin darauf angesprochen werde.

Dort, in dem „Schmelztiegel", in der hippsten aller deutschsprachigen Städte (zu viel Markenbabybrei geschluckt?) schaute man uns, Mutter und Kind, als Ausländer an, machte uns (mich wieder) zu ebensolchen, und zeigte sich plötzlich erstaunt, dass wir auch Deutsch sprechen. Früher oder später kam die Frage auf, warum wir es nicht die ganze Zeit sprechen, wenn wir es schon können. – Es ist nichts Besonderes, nichts Pikantes, chas probläm, und wenn doch, so ein Chas- und Chaosproblem, ihr lascher Käse, nicht mein Bier. Und doch, es hat genervt. Bis in die Milchkanäle, bis in die ältesten Freundschaften hinein. Es ist keine See-Oberfläche, deren Himmelsspiegelung geschniegelte Ureinwohner und etwas ungewöhnlichere Strandbesucherinnen in das gleiche Licht hüllt, so dass alle von der farbenreichen, selbst bei Regenwetter wie gemalt erhabenen Naturpracht an ihre menschliche Nichtigkeit erinnert werden und daran, dass sie in diesem Schönwettermoment ihre Kreatürlichkeit ausleben dürfen. Paragliding ins Paradies. Es ist an der Zeit, mit dem

Paraphrasieren, den Paratexten und mit der Paarlosigkeit auf-
zuhören. Diese Sportart wäre ganz im Sinne sowjetischer Luft-
raumbeherrschungsfantasien. Da, pora, sestra, pora: Schwester
rück vom Fleck, und sei es nach Moskau.

Die Sprachkulturfrage ist nicht einmal mit einer dunklen
Wolke vergleichbar. Sie beugt neugierig ihren Kopf wie ein rie-
siges, bedrohlich anzapfendes Fragezeichen, fragt, was man sei,
warum man als Metonymie des Bösen (Staates, Geschichts-
schlächters) lebe, warum man nicht wie jeder andere sei, obwohl
man es doch könnte, oder doch irgendwie anders anders:
deutsch und berlinerisch eben – ohne Berglandschaften, ohne
weitere Schichten, Geschichtchen, schlicht ohne Verbindung zu
etwas Schlechtem.

Der freie Fall verdrängter Muttersprache. Die meines Vaters
war Deutsch: Als Kind von Berlineroberern verbrachte er die
ersten Lebensjahre in Potsdam unter Obhut eines deutschen
Kindermädchens. Ungefähr zehn Jahre später lernte er Koreanisch, in einem Krankenhaus auf der Insel Sachalin. Diese Insel
sei wie Island, nur ohne Geysire, hat mal jemand gesagt. Mein
Vater lebte mehrere Jahre in diesem fernöstlichen Island, weil
Opa dorthin samt Familie verbannt wurde – wofür, weiss keiner.
Auf dem rauen Sachalin bekam mein Vater eine Nierenentzün-
dung und Probleme mit der Leber, so dass er die meiste Zeit im
Krankenhaus lag. Im Krankenhaus teilte er ein Zimmer mit
koreanischen Jugendlichen, sie brachten ihm ihre Sprache bei.
Neulich sass neben ihm im Flugzeug eine Frau aus Korea, sie
sprachen zunächst Deutsch. Später sagte er etwas in ihrer Muttersprache zu ihr und freute sich, wie verdutzt sie daraufhin
zum Du wechselte.

Als wir 1993 nach Berlin einreisten (Lichtenberg, graue
Bahnsteige, grauer Himmel, Grimassen der Ankunft), konnte er
kaum ein Wort seiner ehemaligen Muttersprache. Er hat sie verlernt. Ebenso das Ukrainische. Wie meine Mutter verbrachte er
seine Jugend in Winniza, einer zentralukrainischen Industrie-

stadt. Ich rufe manchmal meine Eltern an und frage, was ein nicht nachzuschlagender Ausdruck auf Ukrainisch bedeutet. Er versucht sich immer daran, wenn er am Telefon ist. Ich glaube ihm keine Silbe, er erfindet ohne zu zögern semantische Schattierungen, die in ihrer Kontur verzerrende Geisterschatten werfen. Mama, was bedeutet das?

Mama freut sich. Anfangs, als meine Fragerei begann, wunderte sie sich – weniger über meine neue Arbeit als darüber, dass sie mit ihrer sprachlichen und kulturellen Expertise gebraucht wird. Das scheinbar unnütze Ukrainisch, hach, seht ihr mal, dass auch das wichtig werden kann. Sprachen, sagte sie schon früher, schleppe man nicht wie schwere Säcke auf den Schultern herum. Nein, heisst es nun, das H musst du sanfter aussprechen. Das S weicher! Ihren Enkel ruft sie manchmal *pussjao* (Pusselchen, dudelt der Duden). Und das bei ihrem Sprachpurismus.

Ein weiteres Verdienst meiner Mutter ist es, dass man in unserer Kernfamilie weder Deutsch noch ein Mischmasch aus Deutsch und Russisch miteinander spricht, wenn man miteinander spricht, sondern ein fast puschkinhaft durchsichtiges Russisch. Ihr Mittel dafür ist so simpel wie konsequent: Sie verbessert jede(n), der / die / das in ihre Rede einen Fehler schleust. „Ihre", denn es ist tatsächlich die Rede meiner Mutter, die sie durch ihre Korrekturen unseren Stimmbändern aufgegleist hat. Sie verbessert sogar Redakteure russischer Zeitungen. Das ist eine andere Geschichte. Wie jene, dass wir irgendwann nicht mehr miteinander sprachen, ich die Muttersprache fast verlernt hätte und mich für Russisch einschrieb, um nicht völlig jene Sprachschicht zu verlieren, die genauso unaufhaltsam abbröckelt, verrostet und verkrustet wie die Erinnerung an das erste Leben.

Vielleicht verhält es sich mit der Sprache so wie mit allem anderen: Sie verschwindet nicht zwischen dem Unbewussten und Bewussten. Selbst, wenn sie nicht direkt greifbar ist, hinterlässt sie eine interlinguale Spur – eine Schleimspur, die auf gleichzeitige Präsenz mehrerer Sprachen verweist, was auch schlechte Übersetzungen unwillkürlich verdeutlichen. Wenn man umschreibt, aber noch nicht umgeschrieben hat, wenn man im Paradigma sichtbar daneben greift, aber damit begreifbar macht, dass das Übersetzen einer Übung gleicht, bei der die vorgegebenen Noten abgespielt werden und die Töne immer wieder eine neue Musik ergeben, dann mag es zwar sein, dass man stur am Rockzipfel des Ausgangstextes festhält, ohne sich von ihm zu lösen. Man weiss aber auch, dass es potentielle LeserInnen gibt, die sich genauso in die Sprachfäden der Denke dahinter verstricken, eine ähnliche Musik hören und die dieses Schneckentempo nachvollziehen, das eine(n) lähmt und hindert, von einer in die andere Sprache zu wechseln. Bestimmt lässt sich das üben. In die runde Umkleidekabine am Strand rennen, die Schminke der alten Rolle vorher wegflennen, flink wieder auf die Bühne eilen, den eigenen Auftritt nicht verpeilen.

Die Bröckelmetapher jubelt sich schön abgenutzt unter, ein Souvenir aus dem Brockenhaus. Wie die Gebrauchssprache, die übrig bleibt, während der goldene Vokabelschatz sich auf Geheimkonten versteckt, auf der Strecke bleibt, auf dem Weg (in die Integration?) das Kabel durchschneidet, den Milchkanal nach aussen saugt. Wie die Erinnerung, die man hervorkramt oder die sich herauskämpft, hervorkämmt, so wie ein *baraschek* auf einer Welle hinaufprescht. Baraschek, das heisst: Lämmchen. So nannten wir den Schaumsaum der Wellen auf dem Meer bei stärkerem Wind, die Hörner ihrer Widerspenstigkeit – ein Indikator, ob das Meer strandtagtauglich oder zu bedrohlich war.

Ein paar passable Antworten in petto haben, zuhörerfreundlich, adäquat auf den Erwartungshorizont ausgerichtet. Ja, es war schön! Nein, nicht überall ist es in Russland kalt! Nein, nicht richtig Russland. Sowjetunion. Nein, Ukraine-Republik, offiziell, und: autonom.

Auf Fragen, wie es denn „dort", in dem anderen Leben, auf dem anderen Planeten gewesen ist, antworten Sie bitte selbst,

Sie haben sicherlich die Medienberichte verfolgt. Nebenbei, der andere Planet liegt auf demselben Kontinent: Die Krim gehört noch zu Europa, auch wenn die Wetterkarten sie abschneiden und auch wenn wir uns vorm Baden mit „Schwimm nicht rüber in die Türkei!" gegrüsst haben.

Ich bin weder Russland- noch Ukraineversteherin, ich verstehe beide Länder überhaupt nicht mehr, auch wenn ich über sie manchmal zaghaft etwas zu sagen versuche. Ich stehe für mein sagenhaftes Krimmysterium ein, meine freie Krim, meine Krimfreiheiten, Frkr und Krfr. Frankreich? Crème fraîche? Kefir? Smetanaspur! Wir schmierten uns nach jedem Sonnenbrand mit Smetana ein, so dass diese formidable Après-Lotion meine Haut überzog und mein Inneres verformte, zusammen mit der Sonnewonne von dort, sozusagen: Matrosentattoo allover. Ich stehe für Konsonantengeröll der Küste ein und für Vokalvokabeln des Meeres, herangespült zur Beschreibung. Für die Krim, wie sie auf mich im Zürichzurück zurollte (krimmich-nimmich), die mich trug und mitnahm, mir das Schwimmen zwar nicht beibrachte, aber auch nicht in mir zusammenkrachte. Die mich leicht lädierte und für diesen Text plädierte. Eine Spezialität im Osthirn-Lokal: rahmige *Krimwelle* zum Dessert. Davor auf die Schnelle eine Fischfrikadelle, südisch by nature.

Ist das Migrationserlebnis ein Initiationserlebnis? Pubertär, übergangsschwellig, schwerfällig, abrupt, den Horizont vor Augen, wo das Wasser die Wolken küsst. Es möge sich doch mal ein kohärentes Narrativ versinnlichen lassen, das kleben wir auf die K. als Marke aus dem Westen, stecken die Begierde in einen *Brand* und glucksen zufrieden: Wir wurden unterhalten, als ob wir einen süsslich-südlichen, von der Sonne versengten Krimbrandwein getrunken und Schiffe versenken gespielt hätten.

Breitmaschige Identitätsfallstrickerei am Beispiel einer Sprach- und Ortsverschiebung. Der Versuch, die eigene kleine Geschichte in den Fluss einer allgemein zugänglichen, mit Seitennummern rhythmisierten Narration geschoben zu sehen –

eine Ration des Närrischen und des Kulinärrischen. Auf eine von Ikea zum wunderbaren Notizblock verarbeitete sibirische Birkenrinde oder auf einen global-gesichtslosen Kappenschirm. Die Nacherzählbarkeit hinkt hinterher. Eine grossgewachsene, natürlich rhizomatische, aromatische homo erzählbaba. Auch das ein Gerichtname, für den mich niemand vor Gericht stellt, auch nicht spasseshalber in der Gessnerallee.

Osthirn presents: die Erzählbar *homo baba* – merhaba, teschekkürler, merci vielmal, wir sind gespannt darauf, uns vom kulturellen Karussell zu entspannen.

Mich nimmt es Wunder (dieser Ausdruck geht mir unter die Haut), wie man das nennen könnte. Möchte an dieser Stelle dilettantisch schweizern, so kann es bei Ratlosigkeit ein kleines Wunder geben. Drehen wir am Rad der Fortuna, wo wir das Rad der Zeit nicht zurückdrehen können. Die Geschichte eines Arrangements, das die Übergangsphasen zur Hauptsache erklärt.

Übrigens, ich habe einen Lieblingsschriftsteller, seit Dickens: Aleksandar Hemon. Ich lese ihn später mal rauf und runter, wenn ich in Rente bin und Zeit habe, oder ich warte bis zur Eröffnung unserer Location, wo das geht, in Gesellschaft einer Leserschaft. Bis dahin aus einem Interview mit ihm:

„Der Unterschied zwischen einer wahren und einer fiktiven Geschichte besteht in den Augen der meisten Leser darin, dass
Letztere Erfundenes enthält, aber im Bosnischen ebenso wie in
anderen slawischen Sprachen existiert dieser Unterschied nicht.
Wir unterscheiden zwischen Wahrheit und Unwahrheit, nicht jedoch zwischen Fiktion und Nichtfiktionalem (…)"[1].

---

1   In der „NZZ" vom 22.4.2014

KLAR MALEN

Es wäre adäquater, ein Aquarell zu malen und die Klischees mediterraner Wärme und Touristenschwärme, generell: des Charmes (russ.: Charms, Daniil) so anschaulich vor Augen zu führen, dass man nicht auf den Gedanken käme, es könnte eine ähnliche Atmosphäre woanders geben als auf der Krim. Doch die Einmaligkeit zu bestätigen, wird mir nicht gelingen. Die Abnutzungsspuren, die die Aquarellskizzen beim Überführen in einen verbalisierten Abriss erleiden müssen, sprechen für sich. Imperialismus ist imprägnierter Impressionismus: Ich habe gar nicht zwischen schöner Natur und schnöder Militärtechnik im Hafen von Sewastopol unterschieden. Die Sonne spiegelte sich auf Schiffen genauso wie auf Akazienblättern. Grüntöne, ölige Gerüche. Gelb getränkte Luft, weisse Akazienbauschblüten. Eine Einheit, keine deutsche. Alles gehörte zusammen, ich dazu. Eindeutig. Ich war ein Teil davon. Mit meinen zwei Zöpfen, roten Schleifen, Flausen im Kopf, einmal auch Läusen im Haar und ätzendem Benzin zu deren Bekämpfung. Brandfeuer auf der Kopfhaut, frisch gewaschen von dem Gestank, blitzblank und wie neugeboren, unten auf dem Zaun vor dem heimischen Zwölfgeschosser. Die anderen Kinder haben mich vermisst, sagten sie, den ganzen Tag war ich nicht zu sehen.

Die endlosen Sommerferien drohten auf einmal zu verstreichen. Ich gehe gleich in die zweite Klasse, verkündete ich, die noch nie eine Schule betreten hatte, und jemand sagte „Wunderkind". Klang wie King Kong in meinen Ohren. Nichts für ungut, dachte ich, bin froh, wieder unten bei euch lieben Monstern dabei zu sein, in Innenhöfen des grenzenlosen Strassenaussens, und nicht drinnen bei den grossen Zeterwesen im siebten Stock. Ich hätte nie gedacht, dass ich einmal nicht dazugehören würde.

Ich habe diesen Vorort, diese Stadt, diese Halbinsel und wahrscheinlich auch Russland – das weite Heldendach über dem entlausten Kopf – ohne Ambivalenzen geliebt.

Heute im Angebot: *Buterbrot imperio.* Mit Liebe gebackenes Butterzopf-Sandwich, drei Lagen, wird beim Servieren wie ein Schiff vorgefahren, hüpft in den Mund wie eine frisch geduschte Siebenjährige auf die Strasse im gepunkteten Kleid, das an den Schultern zu „Laternchen" gerafft ist. Das Butterbrot verspricht die Seligkeit eines nichts raffenden Wunderkindes. Oder doch die Stulle vom Ostbahnhof, Klappe auf, Klappe zu, Mozzarella auf Schwarzbrot auf Sauerteigbasis, Mozarts Kantate beim Verzehr inklusive, ein bisschen Habsburg verfeinert den europakritischen Geschmack, Tomate, Basilikum, kunterbunt bemalte Kirchenkuppeln, Crêpes mit Kaviar, *bliny* (dünne Crêpes) oder Linsengericht. Unser Osthirn reift noch unter der roten Haut. Unser Leben darf eine Baustelle sein und nicht nur eine. Ungeboren, ungeschoren, unverschämt.

Im Hafen wurden auch Schiffe repariert, fällt mir ein. Sie konnten gehoben werden, und der Kran sah wie ein gigantisches Fragezeichen aus.

SCHULE DER DUMMEN

Die Stadtliebe war Programm, ich konnte gar nicht anders, man hat mir eine App mit dem Titel *Digging Towards History* hinter der Stirn implantiert. Nicht towards, rückwärts. Nein, vorwärts immer, rückwärts nimmer. Ich bin doch schon ein Oktoberling geworden, beinah Pionierin. Habe nie andächtig Wache beim Ewigen Feuer gehalten. Ein rotes Halstuch getragen. Rot wie das Blut, die Revolution, rosarot wie der Morgen im Hafen über Heldenenkeln in der Heldenstadt und das auf neuen Einsatz wartende Schiff *Aurora*, schon bei der Aussprache zart wie die ersten, für die melaninarm-anämische Haut noch ungefährlichen Sonnenstrahlen, die an einem alles entscheidenden Tag die künftige Biografie vorwegnehmen.

Der Geschichtslehrer stand an der Tafel oder zwischen den Reihen: ein riesiger Mann mit einem leicht violetten, vernarbten oder aufgequollenen, aus der Froschperspektive grotesk verzerrten Gesicht und einer strengen Stimme. Er diktierte ursprüngliche Blutrünstigkeiten. Wenn du mit acht oder neun Jahren jede Woche die Stadtgeschichte Jahrzehnt für Jahrzehnt, Krieg für Krieg, Opferzahl um Opferzahl in die Karokästchen eines breiten Hefts einträgst, an dessen Ränder du Zöpfe zeichnest, um dich besser zu konzentrieren; wenn du vor der nächsten Stunde jedes Kanonenwort, das von diesem Massiv aufs Papier gerasselt ist, wie eine Gebetskette durchgehst, wenn du es mehrmals liest und für die Wiederholung zu Beginn der nächsten Stunde mehr oder weniger auswendig wiederzugeben lernst, bist du dein Leben lang in dieser Schicht aus abstrakt gewordenem Leid, wohlgenährtem Stolz und einem sieg- bis trauerfeierlichem Gefühl, im Nabel der guten alten Schwarzmeerwelt zu leben, gefangen. Freiwillig, oder? Du bist genauso ihr Inventar wie sie deine Kulisse ist, ohne Leute wie dich würde sie zusammenbrechen, du trägst sie mit dir und nach aussen. Und was für Helden, da verschlägt es dir den Atem, wie wacker sie sich geschlagen haben, diese anmutigen Mammuts im Mausoleum des Geschichtsunterrichts. Auf einmal merkst du, dass du eine von ihnen werden könntest, später mal ganz ganz richtig. *Kogda ja stanu welikanom ...* Russ.: *Wenn ich denn eine Riesin bin.* Titel eines gleichnamigen Films, gedreht in Sewastopol. Wäre ich dort geblieben, wäre ich eine dichtende Mittelschülerin, die im Lift der Hochhausplatte die Nacht hinauffährt.

Du merkst, dass du keine Chance hast, weder mit, noch in

fiktiv gewordene Leute

dieser Geschichte zu leben, auf ihrer Oberfläche und in dem rahmigen Wahrheitsgehalt, den sie für diese fiktiv gewordenen Leute gehabt haben könnte, die für dich so normal waren wie die Uniformen, das Schulbrot und der Tomatensaft im riesigen Glas an der Trolleybushaltestelle. Du entkommst ihr nicht, du bist in diese Tunika aus dünner, dunkelblauer Schulschurwolle getunkt worden, und so sehr du sie auch mit dem viel zu süssen Russischbrot, den trockenen Buchstabenecken deines widerspenstigen Deutschgebrauchs von dir abzukratzen versuchst, so sehr merkst du, dass diese Patina mit grauen Haaren und Zweifelsfalten dich edel überzieht. Die Heldenjauche, die Ritterinnenrüstung, die Industrie maritimer Inkommensurabilität macht verwundbar, und was du suchst, ist der Ort, für den es nicht zutrifft. Die Ferseverse, was sonst! An diesem Ort herrscht Reimenot. In Leimbach heisst es: Reitverbot. Im Reimbach wischen die Bäche schlimmen Reimen den Schleim ab, wenn sie ihn erwischen. Wir möchten uns wieder einmal am Rheinfall berauschen. Und Sinnbilder einrahmen.

Dort und in der Erinnerung: Du läufst auf ihr, die Geschichte trägt dich ja, auf jedem Quadratmeter, der, wie wir wissen, mit Blut getränkt ist – dem Blut zweier einjähriger Belagerungen, im Krim-Krieg und im Zweiten Weltkrieg. Blut und Boden, das sagt dir noch nichts, du saugst es wie das Einmaleins auf, diesen ersten absoluten Wert, und wirst die Beste in Mathe, weil deine Eltern vorbeten, dass du als Tochter zweier Ingenieure gut in Naturwissenschaften sein wirst. Du verstehst im Laufe des Schuljahres, dass der Geschichtslehrer nicht böse ist, sondern im Liebesdienst steht, mit jedem Zentimeter seines imposanten Wuchses. Ein Minnesangkoloss. Er ist in die Stadt verliebt, in all die zahlenmässig erfassbaren und trotzdem unfassbaren Situationen, die die Helden seiner Stundengeschichten durchlitten haben. Er führt dich an den Trog des Lokalpatriotismus, dort ertränkt er dich. Nein, er tauft die Schulklasse, auf dass sie, ungeachtet der knurrenden Mägen in den 90er Jahren und der sie später flügge machenden Business- und Lebensziele, ihre Stadt, das zur Stadt nicht passende Land, das zur neuen Ukraine nicht passende untergegangene Sowjetrussland, das zur alten Krim nicht passende Imperiumperlenbrimborium, die ganze dauer-sowjetische und möchtegern-nichtsowjetische Beziehungskiste, diesen Baukasten aus nie richtig einzustellenden Kubik-Rubiks scharenweise verlassen, aber niemals vergessen werden. Wir haben nur nicht gelernt, der erinnerten Stadt und dem willkür-lichen Diktat der Erinnerung andere als vorgegebene, vererbte Bedeutungen zu verleihen. Verleihen und verzeihen, das wäre mal ein neues Tutorium.

Er konnte es nicht aufhalten, es kam, wie es kommen musste: Imperiumkrimborium. Krimatorium.

Die Denkmäler für Lenin, Nachimow und Suworow (ein Alpenbezug zieht herauf) sind, so gesehen, Denkmäler für un-seren Geschichtslehrer. Wie sie von ihren Plätzen auf die mit den Jahren schrumpfende Bevölkerung herunterschauen, kann man ihnen keine alte Grösse mehr beimessen, kann man die Vokale nur noch kurz sprechen, und die übrig gebliebene amor-phe Skulpturenmasse mit Schulklassen auf dem Pausenhof ver-gleichen, womöglich auch mit vorbeiziehenden oder wartenden Touristen, die man nicht allzu sehr willkommen heisst, weil sie ohnehin kommen, ob man will oder nicht. Die Denkmäler sagen den Leuten immer seltener etwas, sie werden Zuschauer des Treibens unter und um sich auf ihren vereinsamenden und sich wieder füllenden Plätzen, Zuschauer beim Umschreiben der Geschichte, wenn Plätze der Freiheit zu Belohnungsplätzchen für verordnete Demokratisierung werden – sie sehen zu, wie die Bühne zurückschlägt.

Was sagt mir *Heldenstadt*? Dass sie 200 Jahre länger als ich dem Rest der Welt getrotzt hat? Dass die russische Helmenwelt sie wie selbstverständlich ins Russischsein zurückbringt, dass sie in ihrer historischen und kulturellen Überbelegung schillert, eigentlich unrussisch, das Nördliche ergänzend. Ein buntes

Bouquet, ohne welches der russische Festtagstisch nicht feierlich gedeckt werden kann. Irgendwie so. Ich frage mich, in meiner kindlichen Naivität, die ich nicht abstreifen kann, ausser manchmal im sophisticated German, doch selbst da nur so schlecht wie die russischen Soldaten auf der Krim maskiert gewesen sind, ich frage mich im existentiellen Unverständnis, was „russisch" mittlerweile für andere und für mich bedeutet. Es lässt sich für mich weniger greifen als das Ukrainische, bei dem ich emotional bis zu einer Grenze, sozusagen einer internen, persönlichen Grenze des An- und Abstands mitgehe. Das Russische, wie ich es kannte, habe ich längst verlernt, verdeutscht und verdeutliche es noch einmal: Ich habe diesen im Heimathafen stationierten Eindringling erst mit der Geburt meines Sohnes in mein erwachsenes Leben eintreten lassen – nicht zuletzt mit Worten der Höflichkeit. Als gutes grünes Menschlein, das sich vom Verfremdling alles Bestehenden zum einzig Eigenen entwickelt hat. Der Sohn kann nichts dafür, er sagt, seinen Vater wiederholend, er sei Deutscher und ich sei Russin. Er könnte mir einen Pass ausstellen. Bin mir sicher, er findet eine Lösung, einen effektiven und fairen Insektenstaat. Dann bin ich seine Insektianerin. Worauf wir mit Krimsekt anstossen, ohne Kollegen vor den Kopf zu stossen und ohne uns die neuen Argumente und Fakten zu Kopf steigen zu lassen.

Bitte dem Osthirnmenü am Rand hinzufügen: Krimsekt, der aneckt, anstössig-erregend.

Unser Geschichtslehrer war mindestens zwei Meter lang, (habe ich das schon erwähnt?), er musste so überdimensional sein wie die Bedeutung dieser Stadt und sein Unterricht wie eine Ganzkörpermassage. Die ganze Klasse lernte also seine diktierten Geschichtsvorlesungen auswendig, um sie im Chor an verschiedenen Orten der Welt nonverbal verlauten zu lassen. Ich höre die anderen der Schuluniformzeit lauschen, ich sehe sie vor ihren Fernsehern sitzen und blind seufzen, meine tatarische Mitschülerin spürt unseren Glauben an die Standhaftigkeit unserer Stadt von damals wie jede und jeder andere auch – wir sind vereint in unserer Einsamkeit. Wir haben längst vergessen, welche Daten und Schlachten wir damals von einem Ohr ins andere geschickt haben, aber wir sind mittlerweile Pioniere in den Metropolen dieser noch nicht untergegangenen Welt geworden. Halstücher fliegen in die Luft wie Bürgern vom spitzen Kopf der Hut. Auf der nächsten Moskaureise werden es die Richtigrussen trotzdem weder vom Flugzeug aus sehen – die Blutspur einer falschen Fährte – noch mit ihrer eingefrorenen Herzseelensülze je verstehen.

Unsere Stadt ist verweiblicht, merkt es euch, meine Heldinnen. Alle Kriege lang dieses wehleidige Wehren, fast so lange, wie eine Schwangerschaft dauert, und dann fällt sie, ehrenvoll, voller unversehrter Verwesender, und sei es drum gewesen, aber nein, es sei, als ob es noch präsent sei. Wladimir Sorokins Geburtstext klingt lustiger, als so eine Geburt vonstatten geht. In dieser Stadt, gestatten Sie, läuft die Selbstgeburt am Nabelschnürchen. Diese vielen Schnürchen strahlen wie Pipelines aus. Wenn in Belgien unterirdische Rohre fürs Bier verlegt werden, so hat Moskau auf die Krim längst einen Geheimtunnel für den Mythosabtransport verlegt. Ist den Eisenbahnhistorikern entwichen. Hélas, Geschichte kann man ebenfalls verbergen, verwehren und gebären.

Man ist überall sonst sonnig gescheitert, obwohl man doch gescheit gewesen ist, aber man hat uns erfolgreich diese eine zum Scheitern verurteilte Raumliebe eingebläut – gescheitert auch dies, es sei denn, wir transportieren sie auf den Planeten unserer Vorstellungswelt, statt gelähmt zuzuschauen, wie der letzte Rest einer rastlos ruhigen Sommerkindheit vergilbt. Unsere Stadt, eine heilige Kuh, geschichtsträchtig, was springt aus ihr? – Was sie alles überstanden hat. Dann überstehen wir auch viel und viele Mühlenkämpfe, ortsunabhängig. Seht doch, diese starken Arme, die sich im Wind drehen! Türken, Engländer, Franzosen und Deutsche und wer weiss, wann und mit wem die

Sammlung endet. Mit einem halbukrainischen Russen aus Moskau. Himmlische Augen, weizenblondes Haar, die Sympathien fallen mal auf Schwarzerde, mal ins Schwarze Meer. Er sieht meiner besten Freundin in Berlin ähnlich, und in 20 Jahren ähnelt er vielleicht Chruschtschow. Er ist noch nie weiter westlich als in Belarus gewesen. Schenkt er mir meine Krim zurück? Zumindest Kostroma, Moschajsk, Borodino, Polozk, Rostow am Don, Korowje, Pachtino und Pskow hat er geschickt und mich dorthin – wunderbare Fotos mit seitenlangen Erklärungen zur Architektur und Geschichte, so dass hier die Kunst mitten im Leben steht, im einfachen Leben eines Menschen, über den meine Freunde mich fragen würden, aus welchem russischen Roman er stammt.

Er taucht wie selbstverständlich am Flughafen auf, im gründlich gebügelten Hemd, mit glühendem Kopf und dem unschlagbaren Rezept aus Anstand, Reiseplan und Witz. Auf dem Weg in die Stadt wischt er sich eine Träne weg. Eine Woche später blutet seine Nase auf der Zugfahrt zurück nach Domodedowo. Er sagt, wir hätten nichts gemeinsam. Hart, logisch, eine Wand, einwandlos. Es hat ihn nicht davon abgehalten, mich auf Händen zu tragen, wenn der Weg zu einem Kloster in Sandalen zu beschwerlich geworden ist.

Ich sehe alles an, was er liebevoll zeigt, und ich sehe etwas, was er nicht sehen möchte: Auch er arbeitet ständig an seiner Identität. Seit der kollektiven Pubertät der 90er und jener, die wir miteinander geteilt hätten, wenn ich „dort" geblieben wäre. Er festigt sie, wenn er ur-russische Orte stolz in Beschlag nimmt und ihren genius loci atmet. So stark die Spiritualität und Ästhetik der heiligen Historie ihn auch anziehen, Religion lehnt er ab. Er beklettert bei Gelegenheit Gerüste möglichst original erhaltener, als Nazi-Schiessbuden und Sowjetkurorte ergeben gedienter Klöster, um die Fresken Fragment für Fragment, Ecke für Ecke in den persönlichen Erfahrungsschatz einzuspeisen. Während sich die Orthodoxe Kirche und staatliche Museen noch streiten, wer diese so fremden und so eigenen Areale restaurieren soll, betritt er mit belesenem Auge und aufnahmebereitem Kamerablick die Kirchenschiffe, vertritt aufrichtig seinen Atheismus und fliegt, von den Geistlichen auf den Weg gebracht, hinaus, hinaus in sein räumliches wie zeitliches Nomadentum. Die Moskauer fragen mich, wie ich so ein sowjetisches Exemplar in meinem Alter gefunden habe, das sei schon in der Generation vorher zur Rarität geworden.

Meine Zeitmaschine führt mich nebenbei an eine Eisenbahnlinie, die ich bei der Ausreise von Moskau nach Berlin entlang gefahren sein muss. „Sehen Sie, Ihr Zug rollte an Borodino vorbei aus der Heimat." Ich lasse mich auf dem Provinzbahnhof fotografieren. Motiv beim Drücken des Auslösers: Eine Touristin, die das Schlachtfeld samt Panzer und zahmen Storchen durchlaufen hat, grinst neben einer roten Elektritschka ihre erschöpften Füsse, Napoleon und den Zweiten Weltkrieg weg, der friedlichen Abendsonne nachschauend.

Wir lesen sinngemäss Tolstois *Krieg und Frieden*, bevor wir uns nach Borodino zerstreiten. Ich sehe, er sieht Vorurteile, die mir bisher nur als Schulstoff und Interpretationshilfe fürs Ideendrama *Nathan der Weise* begegnet sind, als historische Wahrheit an. Ich sehe die Projektionsmotorik auflodern und lösche fleissig, als ich höre: „Aber was hat das alles mit meinem Verhältnis zu Ihnen zu tun?"

Mich fasziniert sein Post-Wolgodonsk-Projekt. Er kommt aus einer südrussischen Stadt, die als sowjetisches Industrieprojekt aus dem Boden oder wohl aus der Wolga gestampft wurde. Eine kleine Stauseestadt, in der sich fast keine Geschichte staut. Nun versucht er, sich mit der riesigen vorsowjetischen Geschichte zu füllen. Er sieht sie in seinem Mitteleuropa, der „mittleren Zone", wie er sagt, gespeichert – im Umkreis von ungefähr einer Nachtzugreise von Moskau entfernt. Irgendwo dort ist „sein" Dorf, das er wieder aufbaut, mit Blumen und Zaun vorm Holzhaus. Dass es aus dem Zugfenster wie Brandenburg, Meckpomm oder Polen aussieht, hört er gar nicht gern.

Ich schreibe ihm: Meine Eltern und ich beantragen die Staatsbürgerschaft, wir (wir?) wollen geltend machen, dass wir von der Krim sind, uns russisch gefühlt haben und fühlen und künftig fühlen werden, Amen. ~~Er versteht es nicht. Ich soll für ihn der Westen bleiben, er für mich~~ der Osten, wir sollen nicht von der Stelle. Er braucht die Differenz, um seine Geschichte zu spüren, ich die Symbiose, um meiner nachzugehen. Wozu machen Sie das? Fragt er, genauso wie die Botschafterrussen.

Wir haben einen Knall, tauscht bitte die sowjetischen Pässe meiner Eltern niemals um. Museumsstücke! Allein, was ihre so viel jüngeren und so viel müderen Gesichter auf den nie verblassenden Schwarzweissfotos ausstrahlen, geht durch Mark und Bein. Erlaubt nur mir, ohne das Botschaftsprozedere, dass ich meine Kindheit mit visumsüberschreitenden Erfahrungen überschreibe. Sonst muss ich hier eine Zeit- und besser noch: eine Raummaschine bauen, einen Hebekran, einen die Stimmung hebenden E-Kran (elektronischen Kran), einen *ekran* (russ. für Bildschirm) und eine Dolce&Vita-Brille zum Durchblicken des sowjetischen way of straight life aufsetzen.

Die Geschichtsstunde von damals endet mit einer Übersetzungsübung. Moskau, könntest du nicht so freundlich sein und eine zusätzliche Pipeline bauen, eine rauchende Pfeife jemandem in den Mund legen, der oder die es drauf hat, dichternd aus dem Russischen ins Deutsche zu blasen? Rauchwolken auszusenden, die wie eine Urstromquelle im Wortfluss das treffende Wort durchsickern lassen. Das wäre eine nützliche Erfindung der neubesten Zukunft.

Nun, der borstig nette Neuslawophile schreibt ungefähr das:

Hallo T.!
Danke für die Photographien. Einige Bildunterschriften haben mich gezwungen zu lächeln, manchmal wegen Ihrer Ironie,

manchmal wegen der lustigen Orthographie. Das zeitgenössische Berlin erinnert demnach vom allgemeinen Kolorit an Moskau und so manch andere russische Megapolis. Sicherlich findet sich eine bestimmte Spezifik der örtlichen Bedingungen ein, und dennoch dominiert der Geist der Globalisierung. Dabei habe ich gedacht, dass man in Europa darunter nicht leiden würde, doch offensichtlich kriegt es auch das Grossmütterchen Europa gehörig ab. In Russland ist es allerdings so, dass der Globalisierung ein nationaler Charakterzug Vorschub leistet … Das ist sehr gut in Leskows Erzählung *Der versiegelte Engel* beschrieben:

„Der Engländer lächelte nachdenklich und sagte dann leise, daß in England jedes Gemälde von Generation zu Generation bewahrt werde und auf diese Weise Zeugnis von der Herkunft jeder Familie ablege.
‚Da haben wir wohl eine andere Bildung' sagte ich.
‚Wir zerreißen das Band mit den Überlieferungen der Vorfahren, um möglichst neu zu erscheinen, und wir tun so, als sei das ganze russische Geschlecht erst gestern unter einer Brennesselstaude aus dem Ei gekrochen.'"[2]

Im Übrigen, wenn ich schon Leskow erwähne, empfehle ich Ihnen, seine Erzählung *Eiserner Wille* über den Unterschied zwischen dem russischen und dem deutschen Nationalcharakter zu lesen. Ich bin mir sicher, Sie werden es zu schätzen wissen.

Die adrette Adressatin antwortet mit einem Tagebucheintrag aus dem Frühwerk einer vergessenen Reinickendorfer Dichterin kurz vor der Jahrtausendwende. Dieses aktuellere Beispiel illustriert den unverwechselbaren – ach, es knirscht und kracht – Nationalcharakter:

2 Nikolaj Leskow: Der versiegelte Engel. Aus dem Russ. von Erich Müller-Kamp. Zürich 1998, S. 57.

Jahreswechsel

Ich träumte diese Nacht
vom großen Feuerwerk
im kleinen Sewastopol.
Unauffällig in alter Tracht
standen die Leute wohl,
schauten andächtig vom Berg.
Sie sagten später,
sie fanden mich im Kohl.

Die bunten Sterne fuhren
schnell hoch, langsam herunter
hinter bekannte Bauten.
Frisch strahlten die Figuren,
lächelnd und munter,
Ovale und Rauten.
Ein Mädchenzopf mit weißer Schürze,
Ein Schuljungenkragen –
all das, was zu eng saß.
Kaum geboren, schon entwachsen.
Namendüfte wie Gewürze.
Die Dinge hatten ihr Maß.

Den Himmelshintergrund
– Vorhang aus dunklen Schürzenjacken –
zerriss ich schweigend lippenwund.
Mit Opa Sonnenblumen knacken
im Sonnenklarinettenklang
auf dem Promenadenplatz,
auf der Festtreppe in der Schattenecke.
Auf ewig flammt das Panorama:
Nachimow, Matrosenmut und noch ein Satz.
Über den Kopf gestülpte Decke.
Rosa Flanellpyjama.

Wissensdafl die Rede

Erdrutsch, Worte futsch, Ortsverlust. Wie ein Platzregen reisst wissenschaftliche Rede die Erde auseinander, schafft Wissen und lässt es verschwimmen, presst das physisch Erinnerte fest, weiter runter, die Schlammmasse trocknet, so dass das breite slawische Gesicht Jahr für Jahr, Angriff für Verteidigung, germanisch schmal wird, bis niemand mehr fragt, wo es herkommt, wo es hingehört und all diesen Kr-Kram, auf den die Fragenden wahrscheinlich selbst nichts ohne Themenkomplexe erwidern würden, fragte man sie dasselbe über ihr Zu- und Umgezogensein, Aus- und Ungezogensein, Ost- oder West- oder Ausgebrandenburgtsein.

Ich könnte sagen, meine Kindheit sei schön gewesen. Mein Arkadien – mein Arkadij, dem ich heimlich ewige Liebe geschworen habe. Oder sonst etwas Romantisches. Gehört dazu. Fühlt sich gar nicht überdreht an, angesichts von hiesigen wie dortigen Massstäben der Liebesfähigkeit, der Ortsobsession. In dem Moment, wo sich so etwas hier auf einer strahlenden Wiese am See einer ordentlichen Stadt „campy" (engl. für affektiert, kitschig) anfühlt, entfremdet man sich von der Emphase. Pathos als ein Vitamin mit Minengrund, als formuliertes Textgewimmel, Formel, formgebendes, auffrischendes Attribut und als kritischer Stempel fängt ein, ohne es nahezubringen, schafft Distanz, von der man liest, sie sei lindernd – und so weiter, weiter, weiter … Verhindert, dass man sich darauf einlässt. So ein Lass-mal-gut-sein-Lasso.

Aber was, wenn man zu jung, noch vorironisch ignorant ist, unschuldig in die Pathosfalle hineingerät und sich einem Engel gleich in Eden wähnt: Verbundenheit, Gebundenheit, ohne dass jemand Buh rufen würde. Zu dieser Beziehung zu dieser Stadt zu dieser Halbinsel ruft die Sowjetunion (bzw. ihre Inkarnation à la russe): Hurra! Kein Neid, dieses niedere Gefühl verbittet man sich als Reaktion. Nur Anerkennung. In diesem Moment eine Art von Teilhabe an der Stadt, aus der für mich Frau Krim überwiegend besteht, die – egal, was kommt – eine verehrte Heldin in jenem Selbstverständnis bleibt, ein Denkmal und Erinnerdichmal, ein Schaumal und Malschaum, der die Reliefkonturen modelliert.

Pathos passt nicht zu Kulturen des Understatements, die Bemerkungen meiner Eltern passen nicht zum politischen Konsens in Westeuropa. Ich höre mir beides an, gefühllos, sag ich, gefühllos. Ein Fisch im Aquarium. Das innere Reimschwein geschlachtet. Aus mir ist etwas geworden, höre ich andere sagen. (Schweinswurst?) Sie staunen, wenn sie hören, wo ich geboren bin. Dann folgen die erwähnten Lobsätze, die auf die Glaubenssätze dahinter schliessen lassen: Wie gut ich die Fremdsprache beherrsche, – schweinegut –, wie angepasst ich bin, man merke mir ja nichts an, oder wenn, dann nur minimal, das habe ich gut gemacht. Wie viel Schwein ich gehabt habe.

Mittlerweile sind die Traumata so weit heruntergespült, als hätten sie nie einen Platz gehabt, seien nie auf der Hirnplatte eingeprägt gewesen, oder zumindest gründlich auf dem Meeresgrund und passé. Da bin ich nun endlich befreit von meinem Felsgestein. Den anderen im Westen ebenbürtig, eine Bürgerin. Wie gut ich darin bin, ist das meine Profession? Ich fürchte, leider nicht. Ich suche nicht mehr nach Strategien der Distanzierung, ich suche nach Nähe, jener schamlos pulsierenden Nähe, die ich dort mit allen Sinnen erlebt zu haben meine.

Putin habe es geschickt eingefädelt, die Krim zurückgeholt. Es sei eine durchdachte Aktion gewesen, zum passenden Zeitpunkt, kein einziges Opfer habe sie gefordert: die Ukraine zerrüttet und ohne eine gewählte Regierung. Putin habe die Nerven eines hervorragenden Schachspielers. Die Krim, das sei der Schlüssel zum Schwarzen Meer. Wer die Krim habe, habe die Macht über das Meer. Diesen Stützpunkt könne man nicht ersetzen, durch nichts und nirgendwo. Nur dort gebe es ein Trockendock. Ob ich wisse, was das heisse. Eine Möglichkeit, Schiffe zu reparieren. Im Schwarzmeerraum gebe es sonst keine. Und im Norden der Krim, dort befindet sich ein besonderer Flughafen mit einer kilometerlangen Landebahn – für die sowjetische Variante des Space Shuttle, für den Buran.

In Buran klingt der Name *Burewestnik* (russ. für Sturmvogel) an. So lautete der Name des Lebensmittelgeschäfts neben unserem Hochhaus. Der kleine Balkon unserer Zweizimmerwohnung ging auf das Dach des „Burewestnik", abgekürzt „Burik", hinaus. Ich wusste, dass der Name des Ladens die Bezeichnung für einen Vogel war, der einen Sturm ankündigt, wenn er zu tief über dem Meer fliegt. Aber „Burik" hörte sich fast wie „burjak" an – die ukrainische Bezeichnung für Rote Bete, die wichtigste Zutat des ukrainisch-russisch-weissrussischen Borsch. Des polnischen auch, aber das nur am Rande. Die Aufzählung zieht sonst zu schnell eine Grenze: einen Borsch-Belt. Und wir wissen, Randen essen wir hier auch.

Ich verstand daher die Aufregung meiner Mutter darüber, dass es in diesem Laden nie etwas zu kaufen gab: Rote Bete habe ich im Burik wirklich nie gesehen. Heute fällt mir auf, dass der Name auch den Westen in sich barg. Am besten hätte unser Laden *Burewestnik Ewropy* geheissen. Dann hätte man, als die Regale Anfang der 90er Jahre leer wurden, sie wie schwergewichtige Zeilen einer *dicken Zeitschrift* hintereinander weg lesen können, mit vereinzelten Baguettes als Kommata und Hilferufzeichen.

Doch nicht der Laden verkündete mir etwas, sondern ich war Kundschafterin. Ich gab Bescheid, wenn ein Lastwagen davor hielt und ausgeladen wurde: Die Lieferungen riefen mich sofort nach oben in die Wohnung, um Geld zu holen und damit den Beutekampf zu eröffnen, das Seelenheil schläfriger Nachmittage aufzuwirbeln und nicht zuletzt meine Erwartungen, satt zu werden. Hochrennen in den siebten Stock. Der Fahrstuhl funktionierte schon vor den Stromausfällen selten, wohl die nahende Stagnation des Landes signalisierend. Wechsel von Hunger und Nicht-Hunger, wie die Vorfreude auf das Besteigen eines Berges, wobei ich mich zwischendurch daran gewöhnte, im Unterland zu bleiben. Entscheidender Schritt bei der Nahrungsmitteljagd: das gekonnte, geduldige und gesprächige Anstehen in der Schlange. Schon hier lernt man das Belagern und Okkupieren eines bestimmten, strategisch wichtigen Raums. Immerhin war die Ware frisch, wenn es sie mal gab. Oder sie schmeckte so, der Mühe wegen. So wie die Krim immer charmant bleiben wird, selbst wenn dort ein Atomkraftwerk beim nächsten Erdbeben explodieren sollte oder die Müllberge bei allgemeiner Verbauung zum höchsten Gebirge ansteigen.

Bei einer der Unterhaltungen in der Schlange erklärten mir zwei Frauen, die hinter mir standen und mich „erkannten", dass sie sich freuten, mich so zu sehen, wie ich bin. Als Baby sei ich aus dem Kinderwagen, auf den mein mittlerer Bruder aufpassen sollte, herausgeflogen. Er sass mit dem Kinderwagen auf dem Hügel, auf dem die Hauptstrasse unseres Bezirks angelegt war, relativ weit oben, und las wohl einen seiner geliebten Agatha-Christie-Romane, die spannender als ein schlafendes Baby sind, zugegeben. Die Liebe zur Geschwindigkeit ist mir tatsächlich in die Wiege gelegt worden – oder aus ihr. Der Wagen raste den halben Bezirk hinunter, bis er umfiel und ich herauskullerte, gepuckt in einer Decke. Eine dieser Frauen wickelte mich wieder ein, die Geschichte zog keine Verwicklungen nach sich.

Der Hof des Geschäfts und sein Dach, das waren Landebahnen langer Abende. Man konnte an beiden Orten bestens Federball spielen. Unsere Schläger, *raketki*, liessen den Federball raketenartig durch die Luft fliegen. Auf diesem Hof versammelten sich übrigens die Anwohner bei Erdbeben – in der Nähe ihrer Wohnhäuser und ausser Reichweite der potentiellen Trümmer bei deren Zusammenbruch. Auf dem Dach des *Bure-*

westnik gab es noch die Besonderheit, dass es an einer Stelle uneben war, so dass sich dort eine riesige, tiefschwarze Pfütze bildete, wenn es geregnet hatte. Auf dem Ovalsee segelten wir auf Fahrrädern jauchzend hin und her, die Beine zur Seite gestreckt, wie bei Luftsprüngen der Männer eines Folkloretanzes.

Beben. Die Erde, die zum wankenden Meer wird oder zur Abwechslung mal: Tsunami – hatten wir auch, zum Glück im Kleinformat – schüttelten uns ein paar Mal durch, zum Glück ohne ernsthaftere Dachschäden. Der Moment, in dem man realisiert, dass es sich um ein Erdbeben handelt. Die Möwen hatte man noch nicht so gut trainiert, dass sie Erdplattenstürme vorhersagen konnten. Einmal, nach dem Mittagessen, in der allgemeinen Müdigkeit eines sommerlich gefüllten Melonenbauchs spielte ich mit meiner Freundin Vika aus dem zehnten Stock: Ich zeigte ihr meinen filigranen, hellblau-weissen Puppenwagen, in den ich schon mal ein Kätzchen hineingestopft und es herumgefahren hatte. Auf einmal rollte der Puppenwagen zielstrebig über den dunkelroten Teppich mit den gelben Pflanzenkringeln, von einer Zimmerecke in die andere, vom Teppich aufs Linoleum, bis er umfiel.

Danach hatten einige Häuser ein paar Risse mehr. Niemand wusste, ob weitere Beben folgen würden. Ich packte ein Plastiktäschli mit dem wichtigsten Spielzeug – für den Fall, dass wir fliehen müssten. Nachts überlegte ich, ob man sieben Stockwerke so schnell hinunterrennen könnte, dass das Haus einen noch nicht begräbt. Meine Mutter war später seltsamerweise verreist, keine Ahnung, warum und wohin, normalerweise fuhren meine Eltern nie getrennt voneinander weg. Ich fühlte mich unglaublich erwachsen – ich war allein mit meinen statistisch-statischen Überlegungen: In meiner Rechnung bestand eine Chance, wenn die obersten Etagen unseres Zwölfgeschossers zuerst herunterfallen würden.

Ich lag im Bett und übte mit gliedmassengenauer Anspannung, wie ich beim kleinsten Beben mit einem Griff diese

Plastiktasche mit etwas, was später überlebenswichtig wird, noch voller bepacke, mir etwas anziehe und Etage für Etage die Treppe hinabspringe. Doch egal, welche mathematischen Vorgänge ich, das prognostizierte Mathegenie, mir zurechtlegte, die Aufgabe liess sich nicht zur Befriedigung aller lösen. Meine Eltern tauchten in diesen Übungen nicht auf, wie sie auch sonst durch Abwesenheit glänzten. Ich begann, froh drum zu werden, dass meine Mutter weg war – sie war in Sicherheit, in einer anderen Stadt, auf einem anderen Erdenstand. Ich weiss auch nicht, wo meine Brüder damals waren. Ich erinnere mich nur, dass mein Vater mich das Spielzeug und noch einen Koffer mit Klamotten packen liess. Er hatte diese Tasche nie überprüft, es war ihm gleich, wie ich sie füllte, wohingegen meine Mutter sorgfältig die Relevanz eines jeden Gegenstandes begutachtet und einiges aussortiert hätte.

So war ich wenigstens in dieser Hinsicht bereit, als wir ein Jahr später die Zweizimmerwohnung samt Möbeln, Hausrat und ihrer gesamten Welt verliessen, jeder mit je einer Tasche. Die Wohnung, das Hochhaus in Sewastopol-Ostrjaki neben dem *Burewestnik*, dem Sturmankündiger, auf den während der Perestroika kein Verlass war. Als heimlichen Zusatz stopfte ich die Pupsikpuppe in die Tasche obendrauf, ungeachtet der elterlichen Gebote, nicht so viel Spielzeug mitzunehmen. Etwas später schlug ich meiner Mutter, als sie verzweifelt überlegte, wie sie ihre Ringe über die Grenze bringt, ohne, dass sie ihr von den hungrigen Grenzern abgeluchst werden, vor, dass der kindlich überproportionale Kopf der Pupsikpuppe den Schmuck ausser Landes schmuggelt. Etwas Rotgold und ein paar Rubinsteine waren die einzige Ware, die gegenüber der Inflation resistent war. Ausserdem gibt es in einigen slawischen Familien die Tradition, dass die Frau nach der Entbindung eines Kindes von ihrem Mann ein Juwel geschenkt bekommt. Für mich hatte meine Mutter einen Ring mit einem rautenartigen Rubinstein erhalten, und sie hat ihn behalten.

Es hat geklappt, die Grenzer interessierten sich im Gegensatz zu mir nicht dafür, wie Puppenhaare wachsen. Mutter nannte mich vernünftig. Später auch: mein Püppchen. Eine ganze Stilkunde zersetzender Liebesbekundungen. Noch später werden diese schnuckligen Schmuckstücke, die ich in Berlin auch an anderen Frauen mit sowjetischer Vergangenheit mit gewisser Enttäuschung ob der Verwechselbarkeit solcher Kostbarkeit gesehen habe, in einen runden plumpen Kopftopf hineinkriechen und eines herrlichen Sommers, *prekrasnym letom*, die Lethe entlang treiben. Nur den Stolz darauf kriegen wir nicht umgeschmolzen.

MITTELEUROPÄERIN

Ein Vortrag in Wien vor vollem Hörsaal. Ob Menschenreihen oder Textzeilen, ich muss nun reden üben und ich wähle mir ein Thema, das mir beim Ordnen und Wegschmeissen einiger Unterlagen der letzten Jahre auffällt, in die Seele hineinfällt, wie die Russen sagen, und bevor es in den Abfall fällt, möchte ich es ein wenig zum besonderen Fall umschreiben. Das Thema lautet „Der Mitteleuropäer". Ich möchte ihn nicht mehr so verstanden wissen, wie ihn westukrainische Intellektuelle seit einem Jahrzehnt oder länger verstanden wissen wollen. Ich möchte ihn flexibler, fluider, freundlicher gegenüber West UND Ost verstehen. Gewaltfreiheit vom Osten zu erwarten, könnte damit beginnen, selbst keine gewaltvolle, Gewalt schon voraussetzende Kommunikation gegenüber dem Osten an den Tag zu legen – das führt auf Dauer zu nichts Gutem.

Irgendwie müssen wir den Mitteleuropäer oder noch besser die Mitteleuropäerin so auffassen, dass sie bis auf die Krim reichen und Moskau erreichen, und zwar ein frühlingshaft-futuristisches Moskau, kein Burning-Westnik, keine feurige Furie. Umgebaut wurde es ohnehin schon so, als ob die 90er Jahre einen Stadtbrand mit sich gebracht hätten, verheerender als jener zu Napoleons Zeiten. Wenn man sich schon erlaubt, einen idealen Menschentypus zu entwerfen, dann doch bitte als Überbrückungswurf und nicht als kleinmaschige Nische der Abstossung, Verneinung, Absonderung. „Die Russen" blicken – der Tradition nach – aus einem Inbetween heraus sowohl gen Westen als auch gen Osten und auf sich selbst mit Verachtung und defensiver Brusthervorstülpung. Oder? Gen Westen oft genug mit dem Gedanken, dort brenne ein sicheres Lebensfeuer, auch wenn ihres flammender ist; und sie müssten ihre eigene Würde hegen und pflegen, um das auszuhalten, oder kopieren, den Westen überbieten, ihn übertrumpfen, ihm erst zeigen, wie der Hase läuft. Na, warte, Westen! Schreien die Schaufenster von Petersburger und Moskauer Promenaden, als ob Peter oder Katharina sie persönlich vorsorglich aufgestellt hätten.

Irgendwie wäre es an der Zeit, diesen PassantInnen gentleman-like die Hand zu reichen, sie gar auf ihre Schulter zu legen, gemeinsam etwas zu trinken, noch besser: gemeinsam gut zu essen und über „sowohl als auch" nachzudenken, anstatt das outfashioned Muster „entweder oder" durchzuspielen, das sogar meine Generation noch zu gut aus dem Kalten Krieg kennen dürfte. Vor 25 Jahren ist die Mauer gefallen. Auf eine Neuauflage bin ich sauer. „Feschenebelno", sagt man auf Russisch für „fashionable" und ich meine, es ist weder fesch noch feldwebelno, an den Grenzziehungen eifrig mitzuarbeiten, dann lieber nebulös vermischen und philosophische Igel im Nebel suchen.

In Zeiten eines Informationskrieges fliege ich wahrscheinlich zwischen allen Stühlen hindurch, sei es so: Ich verweigere mich

einer aktiven Teilnahme am neuen Mauerbau, es ist outer space,
diese Kälte aus dem bequemen Westwohnzimmer oder vom
warmen russischen Diwan aus. Ich erlaube mir ein Vorurteil:
Ich glaube, dass das Verbindende Frauen (ohne Rundzöpfe, sie
engen die Stirn zu sehr ein) eher gelingen kann als Männern.
Wir haben Ahnung von Mode, wir schneidern einen neuen
Modus zu, es wird uns hier und dort kleiden, unseren Gesichtern stehen und sie wahren helfen. Das Label, das mag auch
„ME" heissen, denn wie es mit allen Kollektionen so ist, es wird
auch andere geben.

Ich übersetze den Brief an die Botschaft der Russischen
Föderation wegen der Staatsbürgerschaft und breche ab, ich
übersetze nicht weiter und nie wieder, weder für meine Eltern
noch für mich, schreibe ihn nicht ab, unterschreibe ihn nicht.
Ich tippe diesen handschriftlich auf Russisch geschriebenen
Zettel ab, tippe auf ihn, bin davon berührt, dass uns all diese
Worte doch wichtig sind, und zwar peinlich. Der Adressat wird
keinen Finger krümmen, genau, wie Mutter es mir tausendfach
vorgeworfen hat.

Ich reisse aus, reise aus, bin keine Adressatin. Vielleicht eine
Passantin, eine entkommende und kommende Reisende. Ich
nehme Anlauf, im Exil, im Exkurs.

Einen sowjetischen Pass hatte ich selbst nie, ich war im Pass
meiner Mutter eingetragen. In Berlin war ich acht Jahre lang
staatenlos – eine Ausrede, um ja nicht irgendwohin zu fahren
und irgendwohin zu gehören. Dann und dort, aufs Wort: lasse
das doch sein. Ich gebe den Staatsbürgerschaften und Bürgern
dieser Staaten einen Laufpass, ein Passepartout im Rahmen
meiner Möglichkeiten: Ich passe.

Dissoziation, Erschwerung der Wahrnehmung. Das von aussen in der Beflissenheit, die einige mit „wat kiekste so traurig?" auf den Punkt brachten, angepasste, nach innen immerwilde Kind verschreibt sich der sperrigen Authentizität. Daran wird es wie früher an den flatternden Zopfschleifchen (rot wie das künftige Halstuch) festhalten. Einmal am Rednerpult bei einem kulturwissenschaftlichen Referat ausgesprochen, sinkt das Wort in den Brunnen eines mulmigen Ichgefühls. Rieselt. Es darf davon getrunken werden, damit gewaschen, es darf bis zum Berliner Himmelsgrau verwaschen werden. Oder auf einer Weide ausgebreitet, so gehen die hartnäckigsten Flecken raus. Am Stadtrand, generös grün, wo sich das Wort zum Nachmittag erbeten lässt, ohne Hort, ohne Wörterbücher von früher zu horten.

Viktor Schklowski nennt das Sperrige der Sprache, ihre Abweichung von der gewohnten Sprachnorm *Verfremdung*. Sie ist nötig, um Dinge, Wörter, Menschen neu wahrzunehmen, ungewohnte Zusammenhänge zu sehen, verschiedene Perspektiven zu suchen. Genau darin liege der Schlüssel zur Kunst, nicht einmal verborgen, nur etwas verbogen, um den Zugang zu ihr nicht zu schnell zu öffnen. *Ostranenije*, was für ein Begriff! Wir haben es hier mit dem Osten zu tun und mit *ranenije*, Verletzung.

Es muss mir folglich gar nicht ungeheuer sein, eine vermeintliche Muttersprache als eine vermeintliche zu beherrschen, zu befrauschen. An den Kopf greifen, den Butterzopf leise auflösen. Mit dem Deutschen flutscht es. Mit dem Russischen ist jede Mail jedes Mal ein Rudern entlang eines unsichtbaren Ufers. Jede aktive Verwendung eine Erinnerung an den endgültigen Abschied von der ersten Muttersprache, von der wahrhaften Mutter, der nahrhaften Schokoladenbutter auf dem Geburtstagsbutterbrot, dem Hochgefühl eines sowjetischen Kindes.

Vorerst auf Russisch lesen und auf Deutsch schreiben, auf Englisch mit zwei Silben auf mich und dich, auf sie und auf euch schimpfen, Mani Matters und Wyssozkis Sprechgesang hören, französische Chansons einschalten, englische Subtitel ausblenden.

Wenn man der autobiografischen Vertextlichung nicht entfliehen kann, in jeder neuen Konstellation, an jedem neuen Ort, mit jedem neuen Menschen auf einem flexiblen und unter den Füssen davon rollenden Skateboard kultureller Identitätsgrundlagen steht (stehen muss) und darin eine produktive Reibungsfläche zu sehen hat, saugt sich das Irgendwie leichterhand fest. Anfänge, die auf befremdliche Endungen hinauslaufen. Nicht-Syntax, in der Synergie steckt. Undurchdringliche Pluralregeln; manchmal geht es hinter die Regenwand, wenn der Sinn durch sie hindurchrinnt.

Kann ja sein, dass es gar kein Leben ausserhalb gibt. Nur eins in den verwinkelten Gassen der vom Zweiten Weltkrieg unberührten, von der unerträglichen Schwere jener Themenkomplexe verschont gebliebenen, in ihrem römischen Grund wie im Römertopf vor sich hin gärenden, wohl riechenden Altstädte. Was tun? Den Elfenbeinturm sprengen, den Buchstaben aufsitzen, auf den Er-Satz-Wellen reiten, den Blicken folgen, wie man in den Märchen – den russischen? den Grimmschen? jenen von Charles Perrault? – seinen Augen folgt. So, wie man Textzeilen folgt, wie man Reihen von Studenten im Vorlesungssaal oder die Publikumsköpfe bei Lesungen überfliegt. Über 100 oder unter 200? Auf der Bühne checkst du es nicht, weil du dich mit- und überliest. Weil du dich über hast, du hast es über, dich irgendwo einzulesen oder einzuschreiben, du fällst sowieso früher oder später aus der Zeilenreihe hinaus. Du bist ein Paramauerblümchen, ohne dein Para gefunden zu haben, oder eine Diskurswerferin. Dir bleibt nichts und alles übrig: *Selbstverlust* bezeichnet einen vollen Teller grünen Gemüses, für Sportler empfohlen. Du bist ein Buchstabensalat, der dich zusammensetzt, bei jeder Lektürereise und Diskussion, wenn sie denn in Fahrt gerät. Nun stopf in dich endlich den Vitaminmix, Smoothies sollen alles Unheil abhalten. Du schmeisst dich auf die Farben der wartenden Früchte, des Fallobstes, in dem Fall auf der Leinwand des ungeteilten Stadthimmels.

GIFT

Wir sprechen vom postmodernen, postsowjetischen Raum, und seine Bewohner wünschen sich zum beträchtlichen Teil, er sei kein fluider, sondern ein re-identifikatorischer. Kein Skateboard, sondern ein sich vor Essen biegender Holztisch. Je stereotyper, desto stabiler. Der Raum, an den ich denke, schreit, er sei nur als ein postmoderner zu denken: als ein brüchiger, nicht nur am Rand. Er ist Bruchschokolade per se, mit ihm / ihr läuft man rollenlos als Nomadin, als Nomaidli-Madame, über Nonames und Majdane, pervers, per Vers, per Brieftaubenpost, meine ich.

Vielleicht wäre die Krim als ein Gift-Ort zu denken, wie ihn Ioan Augustin sieht (und Heideggers Schriften zur Architektur, die in Osteuropa zu einschneidende Wirkung hätten, zur Seite schiebt): „Andere Konzepte, in denen Begriffe wie *Ortlosigkeit*, *Gift-Ort* oder *vergifteter Ort* eine Rolle spielen, könnten meiner Meinung nach die trostlosen und autistischen Stätten in unseren Städten besser erfassen als eine Begrifflichkeit, der es um die Schönheit mittelalterlicher Städte des Abendlandes zu tun war."[3]

3   Augustin, Ioan: „ScarCity. Vom Genius Loci (ver)Gift(ete) Orte zu einem denkwürdigen Stadtbild". In: Groys, Boris u.a. (Hg.): *Zurück aus der Zukunft. Osteuropäische Kulturen im Zeitalter des Postkommunismus*. Frankfurt a. M. 2005, S. 364–406, S. 367.

Das „Gift" der verlorenen ersten Stadt zirkuliert wie eine Ladung immunisierender Antikörper im Blut, kein anderer Bodenname kann unter die Haut dringen. Die Ansteckung mit neuen Meeren und Bergen befindet sich in Arbeit, das Bosporusforum ruft.

Ich fahre nicht auf die Krim, ich liege im unbeheizten Altbau einer Berliner Freundin oder auf der Wiese im aufgeheizten Vorgarten meines beschaulichen Hüslis, um die übersüsste Halbinsel wie das Bild einer noch ganzen Sahnetorte zu geniessen. Eine Entgiftungskur im Verzicht auf die Tour. Diäten für analytische Asketen? Von Magersucht bin ich weiter entfernt als von der Krim. Noch ist nicht Abend. Möglich, wenn auch nicht wahrscheinlich, dass sich die Halbinsel von den Umbrüchen erholt, in jeglicher Hinsicht. Bis dahin auf diese Weise, von dieser Wiese, mein *Krim revisited*, Osthirn representations. Ein vollständiges Menü, die Bruchschokolade kommt zum Nachtisch auf den runden Tisch.

Angst, dass Sewastopol genauso überbaut und verschwunden ist wie andere Städte im Osten, Moskau, Petersburg, Kiew und Odessa voran. Dieses Andere will ich nicht sehen, diese Neubauhäuser aus türkischer Produktion, diese Geschmacklosigkeit, die jene aus den 80ern überbietet. In ihr wird es keine Häuslichkeit geben – nur in jener sowjetischen Hässlichkeit, die ich nie als solche wahrgenommen habe.

Die schwarz-weissen Vergegenwärtigungen meines privaten Territoriums, von keiner selbst- und mediengerechten Revolution lanciert, haben wenig mit Beschreibungen gottgegebener und durch jungfräuliche Kindheitsglückseligkeiten wichtig gewordener Orte zu tun. Sie haben auch nichts mit dem Wunsch nach sprachlicher Hervorbringung, Schöpfung, demiurgenhafter (Wieder-)Herstellung gemein. Es geht einzig und allein um ein – irgendwie selbständig aufgefülltes – Nachfühlen, und das geht besonders gut beim Hauen auf die Tasten. Lasst uns dem Lärm der Raumträume lauschen.

Es geht um den Gruss an eine Komposition, von der ich mir

einbilde, sie einmal gesehen-gehört, wenn nicht selbst mit den Füssen mitgehopst zu haben, und die einer Schachtel Sprüngli-Pralinen gleich sich öffnet, im Körper wohlig unkontrollierbar sich ausbreitet, wenn auf der Klaviatur der zur Verfügung stehenden und angeschafften, gar jahrelang unverzinst angesparten Buchstaben gesprungen wird – auf abgeriebenen Tasten des historischen Laptops und eines erleuchteten Äpfelchens. Dessen süsssaurer Saft kocht in der Buchsuppe (russischer Rhythmus-Mus) die unverträgliche Schwere der verdammten Raumentfremdung, Verheimatung, der scheiternd-heiteren Verschreibung schäumend auf – zum *Most* (russ. für Brücke).

FOTOS

Oder Fötus. Fotos, folgend nur noch mit F, sind wie Abtreibungen, wenn man sie macht und verbrennt, bevor das leibliche Kind sie sehen kann, wie es meine Eltern mit tausenden von Fotos getan hatten, bevor wir von der untergegangenen Sowjetunion in Berlin-Lichtenberg ausgespuckt wurden. Fötus auch, wenn man aufhört sie zu machen und das eigene Kind sie deutlich sieht, schwarz auf weiss, weiss, weiss, sie hallen im Ultraschall des Bewusstseins nach, überbelichtet. Mein Vater war nicht nur Ingenieur, er hat seine vielen Fotos mit uns nachts entwickelt. Ein sehr sowjetisches Medium, übrigens. Viele alte Kameras gesammelt, viele Fotos gestapelt. Er hat mich häufig fotografiert, er hat sich gefreut, ich habe mich gefreut. Als ich sieben war, hörte er damit auf. Warum, fragte ich ihn damals, nicht mehr? „Weil du nicht mehr das niedliche Mädchen bist, das du mal gewesen bist."

Ein wahres Erlebnis waren die Familienaufnahmen. Alle mussten ordentliche Sachen anziehen, Haare bürsten und freundlich sein. Niemand war freundlich, weil es immer jemanden gab, der stresste. Man habe keine Zeit, die Sonne stehe perfekt, man müsse jetzt sofort alles stehen und liegen lassen, die Zeit renne davon. Ich wurde in ein chinesisches Kleid gesteckt, von denen ich zwei besass: eines, das meinen Hintern bedeckte, bis ich circa sechs Jahre alt war, und eines, das zur selben Zeit auf Zuwachs gekauft wurde und das ich mit acht Jahren tragen konnte. Feine Rüschen, Täschchen, Farbgestaltung in Blümchenstickereien. Ich habe fest daran geglaubt, dass ich dieses letzte Kleid mein Leben lang zu festlichen Anlässen anziehen werde und es noch lernen werde, der Kamera nichts, aber auch rein gar nichts von der und von dem zu verraten, die und das unter dem Kleid steckt.

Mutter hat die Fotos weggeschlossen. Sie fand es nicht mehr in Ordnung, dass ich das Wohnzimmer mit ihnen ausgelegt hatte. „Wie soll man bitte hier Staub wischen?" Die Lawine startete meist pragmatisch, oft mit dem Wunsch nach Aufräumen, Säubern, Pflegen, und dann wand sich ein Staubkorn zum Schimpfgeröll auf. Die Fotos rochen nach Bedrohung.

In unserer Schrankwand war unter dem ausklappbaren *sekreter* (russ. für Schreibschrank) alles mit Fotoalben und Umschlägen feiner Abzüge vollgestopft. Wohlsortiert von meiner Mutter, von mir gelegentlich rausgeholt und nach meiner Anordnung (welche Gesichter, welche Zeiten) wieder eingeräumt. Komisch, dass ich noch als Kind einen Hang zum Anschauen dieser visuellen O-Töne hatte. Aus Sehnsucht zu verstehen, in welcher Familie ich gelandet war, denn ihre Mitglieder hatten schon vor mir eine Geschichte. Alle paar Monate zog ich die Fotos hervor. Jedes Mal gab es Bilder, bei denen ich etwas vergessen oder die ich noch nie richtig angesehen hatte. Eines Tages entdeckte ich beim Blick auf die Frauen in Bikinis, dass meine Mutter mal geraucht hatte. Sie lag auf einer Lichtung, umgeben von hohen

Nadelbäumen, neben meinem Vater und ein paar unbekannten Leuten. Alle jung, verraucht-verrucht. Meine Mutter mit hochgesteckten Haaren, eine schlanke Schönheit, die sich auf der Decke rekelt, die Zigarette zwischen zwei Fingern kaum noch zu erkennen, so sehr passt sie in diesem Moment zu ihr.

Hat sie sich aufgeregt. Mir erklärte sie, sie habe es an dem Tag nur ausprobiert, weil die Freunde sie darum gebeten hätten. Ich war schockiert, nicht nur wegen der Zigarette, ich wusste ja, dass mein Vater eine Zeit lang sehr viel geraucht hatte und dass er sich diese Gewohnheit mit eisernem Willen und vielen Äpfeln abgewöhnte, so dass bei uns danach niemand ausser dem lieben Opa rauchte. Ich war überrascht, wie schön meine Mutter aussah, wie anders, als ich sie kannte, wie delikat ihr Gesicht ein Geheimnis anzudeuten schien. Ich wollte genauso schön werden, aber es blieb beim Schockiertsein. Schockschoggi, das wäre auch etwas für unser Osthirn. Fürs Stammhirn, für die Stammkunden, wie nach einer erfolgreichen Landung beim Abschied, von der Fluglinie.

Was machen die Leute, die unsere Wohnung gekauft haben, mit diesen Fotos? Die Eltern liessen Möbel an ihrem Platz, Bücher und private Gegenstände. Oder schaffte mein Vater sie in die Wohn-Garage? Meine Eltern flohen wie Tschernobyl-Opfer, die *chata* (ukr. für Haus) ihrem Schicksal überlassend, in der Zuversicht, dass es woanders bessere Luft zum Gedeihen ihrer Kinder gebe. Sie evakuierten uns, ohne Leichenschmaus, ohne Ritual, mit ein paar Koffern, einer davon aus der DDR, da passen heute nicht mal meine Leinwände hinein.

Die Garage besteht aus zwei Stockwerken. Über dem Garagenraum liegt eine fast bezugsfertige Einzimmerwohnung, soweit ich mich entsinne. Die Wohnung in Rohform – eine Reaktion auf die Gorbatschowsche Reform. Mein Vater baute eine Bleibe für einen meiner Brüder. Die Schlüssel händigte mein Vater einem Kollegen und Freund aus. Wir werden nie erfahren, was aus dieser Immobilie geworden ist. Im Osten ist nichts immobil.

Möglich, dass der Kollege sie längst im Suff verloren hat. Oder, dass er diese coolste aller Garagen verkaufte, weil er mit ihr nichts anzufangen wusste und dass sie jetzt mindestens 50 Tausend Dollar wert wäre. Wie auch immer, ich wüsste zu gern, was mit den Aufnahmen geschehen ist. Einmal habe ich gehört, dass Vater, als er in der Garage war, um etwas zu basteln, die meisten Fotos vorm Eingangstor, das wir gemeinsam grün gestrichen haben, verbrannte.

Musste es meinen Eltern nicht so gehen wie mir, als wir das letzte Mal an der Trolleybushaltestelle standen und warteten und ich meine Mutter fragte, wohin der Karton mit dem grössten Teil meines Spielzeugs verschwunden war. Mein Spielzeug fotografierte meine Innenwelt, sie wussten es doch.

Meine Eltern heulen nicht wegen der Fotos, weil sie sie wahrscheinlich gemeinsam ins Feuer warfen. Die freigesetzten Chemikalien dufteten nach Freiheitsfunken, nicht wahr, nach Silvesterknallern des Neubeginns. Sie haben ihren Kindern die Bilder ihrer Vergangenheit genommen. Wir entwickelten die Fotos nachts in der Küche, wir opferten unsere Träume dafür, jeder von uns half dabei mit, selbst wenn es nur das Wegräumen der Geräte in die überfüllte Rumpelkammer war. Ich durfte im Sommer bis zum Umfallen aufbleiben, um im gedämpften Rotlicht das nasse Papier aus einer Flüssigkeit in die nächste zu tauchen und etwas zutage treten zu sehen.

Genauso verweigern sie mir die Familiengeschichte. Sie wollen sie mir weder erzählen noch aufschreiben. Sie wollen sie mit ins Grab nehmen, sie wollen sie mit niemandem teilen. Sie verurteilen ihre Kinder zum Kampf gegen die materielle Obdachlosigkeit.

Manchmal träumt mein Vater von unserer Heldenstadt, sagt er. „Sogar vom Schiffsdienst." Sind es Alpträume, habe ich aufs Geratewohl gefragt. Er hat genickt. Ihm sieht man die Traurigkeit nicht an, sein Gesicht weist nur auf eines hin: Dieser Mann denkt, sorgt und ist Vater. Vater eines Kleinkindes, das wird er wohl spüren oder muss man ihn daran erinnern: Vater des ewigen Mädchens, das nicht erwachsen wird. Er ist ratlos, alle sind es, die Räte haben nur Rat-Schläge auf den Hintern gegeben, und das Mädchen wird beides, erwachsen und klein. Merci vielmal.

Später: Ich wollte mich anhand von ein paar mitgenommenen, aussortierten, vielen anderen Bildern erinnern, mit Absicht, die Fragmente zum inneren Film montieren. Ich wollte sie klauen. Ein paar bei jedem Elternbesuch in dem kalten Buchzimmer, in welches sie mich mal zwischen fulminanten Essenspausen platzierten, damit das Frauenzimmer in Ruhe arbeitet. Dort steht die Puschkin-Ausgabe, die noch im Regal in Sewastopol gestanden hat – um die bettle ich jedes Mal, wenn ich in dieses Kabinett gerate, und jedes Mal heisst es netterweise: net. Nun errate ich die Lösung, so schwer ist es nicht, vielleicht ein paar Kilogramm. Ich fahre nach Russland, kaufe dort meinen Puschkin und bin nie mehr allein. Mein Russe sagt, der ganze Puschkin sei online. Den kann man weder verkaufen noch verbrennen, er ist für alle da, ohne Schlange stehen.

Puschkinspeise zum Volkspreis gehört unabdingbar auf unsere Karte. Kein noch so problematischer Emigrationsweg führt am Klassiker vorbei. Im chinesischen Kleid, arriviert, servieren wir bauschige Pelmeni mit leichtem Dandytouch auf die Schulter.

Führt mich an den Trog. Jede Russlandreise bereichert. Ich weiss nicht genau, um was. Doch das Gepäck auf der Rückkehr wiegt nicht nur wegen des Buchweizens und wegen der Bücher schwerer als auf dem Hinflug.

Wenn ich erwachsen bin, in dieses Kleid hineinwachse, werde ich Puschkinistin. Derweil erfolgt eine kritische Auseinandersetzung mit Putinismen: *Putjatina* verwenden wir als kreative Übersetzung einer Fleischsorte, und zwar für Putenbrust. Das Verdienstkreuz geht an die Schlagfertigkeit meiner Mutter. Dieses Unternehmen hatte schon mal öligen Erfolg bei einem Essen mit Vertretern verschiedener Moskauer Universitäten, für die ich gedolmetscht habe, unter anderem die Speisekarte, auf der *gebratene Putenbrust* aufgelistet war. Das Schweigen fragender Blicke führte dazu, dass ich nonchalant wiederholte: *scharenaja putjatina (gebratenes Putinfleisch)*. Da war ich gerade schwanger, müde, verzeihlich.

Im Moment ersuche ich um etwas Anderes: eine Art von Harmonie, Folgen erleichterten Harndrangs oder einer ausgeleerten Hirnanhangsdrüse. Es ist im Grunde Abenteuerlust, die Lust am Überschwang, Gas zu geben (auch wenn die da drüben keins brauchen). Das Vorgefühl der kindlichen Allmöglichkeit, der Möglichkeit, sich völlig aufzulösen. Die teutonisch-helvetische Agendenhaftigkeit zugunsten eines Agentenvorwurfs, einer anspornenden Spontanität verlassen. Erkundung heisst auf Russisch *raswedka* und hat, ob man es möchte oder nicht, einen militärischen Touch des Auskundschaftens. Im Wissen, nach ein bis zwei Wochen zurückzukehren. Was ist aus unseren Träumen geworden? Die Kosmonauten haben in grösseren Bahnen gedacht. Drei absolvierte Schulklassen reichen dafür nicht aus.

Das wäre befreiend: sich nicht mehr erinnern zu wollen, zu müssen, zu sollen. Keine Rechnung, Rechenschaft, Rechtschaffenheit. Es ist, wie es ist, mit all den Narben und Nabenschaltungen im Tour-de-Suisse-Velo. Es nicht mehr tun, weder dran denken noch hinfahren, sondern die Sihl rauf und runter, bis Adliswil, bis Enge. Sich beschränken, sich in seine Ecke drängen, wohlig einengen.

Der Russe mit den Igelhaaren schaut in Fahrtrichtung aus dem Zugfenster; er verlässt sein verlassenes Dorf, seine Radio- und Wetterstation und sein magnetisches Moskau nie. Er schreibt, ich würde mich wie ein zehnjähriges Mädchen benehmen und auch, dass ich Dostojewskis Tagebuch lesen sollte, damit ich seinen Antisemitismus verstehe. Mein Ethnologentraum platzt. Ich habe das Interesse an diesem Russland, für das er standhaft stehen möchte, satt, aber es verlässt mich nicht.

Es ist an der Zeit und es ist der Ort, aufzuwachen und die Leinwände aus Berliner Mietshäusern als Erinnerungsföteli gut aufzustellen. Auf den Balkon treten, den Wind an der Schweizer Fahne der Lieblingsnachbarn ablesen. Auf die grüne Leinwand des Entlisbergs einen Eintagesfilm klatschen, mit Pferdehufen des Türlihofs und Bravorufen der jungen Reiterinnen, die den Weg von Adliswil die Sihl entlang noch besser kennen, und nicht vergessen: Die Grüntöne ablesen, sie lassen sich später mit dem Wind pastellisieren, der die Wangen bepinselt. Mein Make-Up. Eine Entschuldigung, Schul- und Schuldfreiheit. Gegebenenfalls das Zimmer wechseln, unter dem Zwinkern des Uetlibergs in der nächsten Nacht traumfrei aufwachen. Mein Gesichtsbuch zeigt einen Metallbaukasten an. Das Profilbild lässt sich austauschen, ich werde Profi im Konstruieren von Hebekränen. Mit solchen werden nicht nur Marineschiffe repariert, mit solchen werden Denkmäler abgerissen.

GESCHWINDIGKEIT

Meine Wurzeln? Sie bilden Minihügel in der Nähe von Bäumen, sie bewegen sich unauffällig unter dem Asphalt. Habe früh gelernt, diese Erhebungen auf Rollschuhen als willkommene Hindernisse zu nehmen: sie entweder vorsichtig zu umfahren oder auf sie zu steigen, um danach das Tempo zu steigern. *Skatert* heisst übrigens Tischtuch, und Tischtücher können sich in russischen Märchen von selbst decken, sie können fliegen. Sie haben ein Eigenleben, wenn du dich von dem tragen lässt, was man dir auftischt.

Du stehst in Berlin auf Skates, die in Sewastopol noch Rollschuhe gewesen sind. Du merkst gar nicht, wie du fährst. Du starrst auf den Boden auf der Suche nach einem Muster, nach dunklen Punkten auf hellem Asphalt. Unerwartete Steinchen in Beton, die sich zu Linien vereinen, wenn du das richtige Tempo erreicht hast und dann noch den Mumm aufbringst, unter die Füsse zu schauen. Du bewegst dich schneller, deine Beine stossen den Boden bei jeder Berührung heftig weg. Du spürst, wie die wenigen Passanten aus ihrem Trott in Hektik geraten – sie weichen auf dem Trottoir ehrfurchtsvoll zurück, während du den Boden zunehmend weniger als solchen akzeptierst. Ein Muster ergibt sich nicht, es ziehen sich längere Linien und brausen in Wellen auf, grobkörniger leuchtet das Asphaltpapier. Der Wind kämmt dein Haar, du quillst über vor Frische und Luft, die dir den Atem verschlägt. Du liebst seitdem die Schnelligkeit, in der du zerschellen könntest und in der sich die Angst wie Zucker im Tee auflöst – so sehr, dass du dich nicht traust, jemals hinter dem Steuer eines gewöhnlichen Autos zu sitzen: Du würdest es in ein Rennauto verwandeln. Rasen, unaufhaltsam, unten und oben, mit den Füssen und mit den Zöpfen, durch Blumen und Sonnenblumen verkaufende Omis und fütternde Mütter hindurch. Komme, was wolle.

Zu Rollschuhen kam ich zufällig wegen des allgemeinen Schuhproblems. Meine Turnschuhe, passend und unpassend getragen zum dunkelblauen Schulkleid, wurden mir zu klein, Mutters Hasstiraden immer grösser. Unermesslich, dieses Mutterland an Unzufriedenheit im Hinblick auf das Mass der Versorgung: Sie wusste nicht, wo sie neue Schuhe für mich kriegt. Verkauft wurden erstaunlicherweise Rollschuhe, nur diese Schuhe, in mehreren Geschäften, die wir abgelaufen sind. Diese Tour prägte sich mir als ein besonderes Sightseeing der Stadt ein. Wir waren in Bezirken, die wir sonst nie betraten, und auf Märkten, deren Geruch mir vorher nicht untergekommen war. Meine neuen Schuhe. Metallisch, ausziehbar, sie wachsen in der Länge mit. Doch brauchte man feste Schuhe, mit denen man auf die Rollschuhe draufstieg. Irgendwo fanden sich welche, Jungenschuhe, aus Opas Veteranengeschäft. Wohl das, was man „ubogij" (russ. für „plump") nennt, aber das war mir, bei Gott (russ.: „u boga"), egal. Die Eitelkeit hat erst ein paar Jahre später Einzug gehalten, als jene Kinder ihre Schuluniformen anbehielten, die etwas verbergen mussten.

Anfang der 90er wurde es freigestellt, noch in der Uniform zur Schule zu gehen oder in Freizeitkleidung. Nur, dass es letztere nicht gab und erstere noch kurz vorher auf Zuwachs gekauft worden war. Die Kinder spiegelten zwei Klassen, aus denen die Stadt auf einmal bestand – einige Eltern, die westliche Sachen kaufen, und die meisten Eltern, die kein Schulbrot mehr mitgeben konnten.

So glitt ich kurz vor dem Verschwinden der Sowjetunion auf den besten Rollschuhen der 80er in die beginnenden 90er hinein. Hat jemand im Westen jemals solche robusten, blitzgescheiten und leisen Räder gesehen? Möglicherweise warten sie im Museum in einer ostalgischen Provinz auf ein weinendes Auge. Ein Metallbaukastenerzeugnis für die Fortbewegung im Kiez, im Quartier, im Jagdrevier des Glücks. Sie gehören zur Geschichte der Freiheit, nicht mehr kontrollierbarer Geschwindigkeit und fehlender Müdigkeit. Auf diesen Dingern verlor ich den Antrieb nicht, und wenn, kehrte ich geschwind wieder zu Kräften zurück.

Meine Begeisterung steckte andere Kinder an. Sie holten Rollschuhe ihrer älteren Geschwister oder gar ihrer Eltern aus den Kellern. Nur hatten sie kleinere, laute, langsame Räder. Ich war auf meinem letzten sowjetischen Rollschuhmodell einen Sommer lang fünf Zentimeter höher als sonst und schwebte auf unsichtbaren Flügeln. Unsere Hügel fügten sich hervorragend in die Landschaft der Errungenschaften – zur Abwechslung die Gipfel einer schwindelerregenden Mechanikproduktion.

Die riesigen, selbst auf unendlich breiten Prospekten flotten Räder liessen diesen Sport in allen benachbarten Höfen aufleben. Die Kinder mühten sich auf der Vorgängergeneration aus den 70ern ab, meine sahen in unserer Räderepublik im Vergleich dazu wie Space Shuttles aus. Wir halten fest: Ich raste geradewegs frohgemut in die bessere Zukunft hinein, die Blumensträusse am illegalen Verkaufsstand der Trolleybusstation flogen in die Luft, und wie eine Kosmonautin nach der erfolgreichen Rückkehr verbarg ich mein Gesicht in ihrem Duft.

Natürlich waren jene magischen Rollschuhe viel zu schwer, um sie mit nach Berlin zu nehmen. Ich wusste damals noch nicht, dass es der letzte unbeschwerte Sommer meines Lebens sein würde.

Schnell bist du eine Acht-, Neun-, Zehnjährige. Vergiss den Boden, den du unter deinen Füssen hattest. Wach auf und denk an die Rollschuhe. Was für eine Erfindung. Ein Denkmal deiner Kindheit, so müsste es sein, zwei überkreuzte, ineinandergeschobene Metallplatten. Edelstahl. Die Skulptur glänzt in der Sommersprossensonne – deine Sonne war ferienhaft aus Prinzip –, sie strahlt unvorhersehbar hinaus, so dass selbst Natascha, die mit ihren 14 Jahren wie ein Fotomodel gebaut ist, die Retrodinger ihrer Mutter herausholt und unter ihre perfekten Beine schnallt. Doch nicht einmal sie konnte sich mit dir messen, du warst der Schönheitskönigin überlegen. Das war deine Schuhkrone, einmal und nie wieder bist du dir wie das Allroundgenie aus den russischen Märchen vorgekommen, das auf Turbostiefeln durch Hindernisse, Länder und Tageszeiten flitzt.

Von deinen Rollschuhen wolltest du dich nicht einmal in der Wohnung trennen, du bist über die Linoleumwellen und Türschwellen geglitten, auf einmal weit über deinen in den Türbalken eingeritzten Wuchs hinausgeschossen. Unbemerkt, ungehört, die dicken Gummireifen ertrugen schweigsam jede Last.

Auch die Räder der alten Modelle gefielen dir, sie sahen wie kleine Fässer aus. Ihren Besitzerinnen und Besitzern gefielen sie nicht, sie ratterten disharmonisch bei kleinsten Unebenheiten. Sie haben es über die Baumwurzeln nie ohne Spassverlust geschafft. Du bist ungehindert gelaufen, im Kreis, in der Quadratur des Kindergartens, von Hof zu Hof, von da nach dort, und wenn ich daran zurückdenke, bin ich schon glücklich.

Oleg muss mitbekommen haben, dass du die Mode losgetreten hast. Er hat dich beobachtet, wie du um den riesigen Kindergarten gefahren bist, auf der Strasse. Du hattest keine Angst vor Autos. Es fuhren selten welche dort entlang, aber trotzdem, sie fuhren. Und du musstest auf der rechten Seite einen recht steilen Hügel hinuntersausen, nach dem du sofort die Kurve links kriegen musstest, um nicht in den geöffneten Hausaufgang der fünfstöckigen Platte hineinzufahren. Auf der anderen Seite sammelst du dafür ordentlich Drive, um eine ähnlich steile Steigung zu erklimmen. Erkrimmen. Nicht ergrimmen, höchstens im Sinne der Gebrüder Grimm. Da fällt mir eine neue Zeile fürs Menü ein: Grimmsülze. Frischer Fisch aus dem Zürisee, eingelegt im eigenen Sud, mit Rübli an Knoblauch garniert. Wenn man dem Fischli sein Leid klagt, sagt es: Lass mich frei, dann hast du einen Wunsch frei.

Wenn du die Runde geschafft hast, bist du die grob asphaltierte Strecke zwischen deinem Hochhaus und der Frontseite des Kindergartens entlang gerollt. Du hast dich oben hingestellt, ein wenig Anlauf genommen und dich der Abwärtsneigung überlassen. Immer wieder, immer wieder von Neuem.

Meinen Berliner Nichten kann ich mitnichten erklären, dass es Kindheiten gibt, die keine geraden Flächen kennen, da es spürbar nach oben oder nach unten geht. Dauerkindheiten, in denen man wie in einem Fahrstuhl stecken bleibt. Wo man sich entweder hinstellt und das ansteigende Rütteln unter den Fusssohlen wie eine Massage hinnimmt oder sich bis zur Entkräftung an einer Steigung abstrampelt – als ob man für spätere Bergwanderungen auf professionell speckigen Skiern üben würde.

Re-Enactment, von der Massage zur Message: Ich werde zur Arbeit auf Inlineskates andüsen. Dann schaffe ich, bis es vollbracht ist. So lange, bis ich in einer Horde von Skatern anlange und auf ein Skateboard gumpe, auf welchem sich die Balance beim Davongleiten halten lässt.

Zu den Rollschuhen, nur anders, gehört das Fahrenlernen auf dem selbst gebauten Skateboard des ersten Freundes, des ewigen Oleg, und die Mathelehrerin, die zufällig vorbeigeht. Oleg hielt mich fest, während ich mich langsam auf seinem Brett zum Trottoirrand bewegte. Scham, bei so einer Beschäftigung mit einem älteren Jungen, der mir fürs Leben eine Lektion darüber erteilte, dass es so etwas wie einen gemeinsamen Tanz in *eine* Richtung gibt, also mitten im Festgehaltenwerden, erwischt zu werden. Das Schmunzeln der jungen Lehrerin. Ich hatte in Mathe Bestnoten und galt nicht gerade als Strassenkind. Sie hat es mir gegönnt, ich mir nicht.

Das Fahren mit dem Nachtzug zwischen Zürich und Gesundbrunnen – CityNightLine führt die besten Beziehungen zu Zhadans Sumy-Luhansk-Zug und wird passenderweise eingestellt – gleicht jenem Skateboardfahren. Es findet auf einem sehr langen Board statt, gestreckt auf der Liege, lange liegend, bis zur Endhaltestelle, bis zum Beginn eines neuen Aufenthaltszyklus.

Der nicht zu verlassende, verlässliche Dorfrusse, dessen Spuren sich auf den Spuren Zinowjews bei Kostroma verlaufen, hat natürlich Olegs Augen. Ein blau-blondes Lebendfoto, im O-Ton, unnachgiebig dazu in der theatralischen Gestikulation und Impulsivität an einen Nächsten erinnernd, den es wenn, dann genauso gegeben hat, plötzlich und vehement und fürsorglich-mitdenkend, und dann wieder nicht, ohne Halt auf dem Asphalt. Und wenn es mal brennt – Zement.

TELEFONZELLE

Konstantin, das Sandwichkind, neun Jahre alt, ruft Anfang der 80er von einer Telefonzelle neben dem heimatlichen Hochhaus im nächstgelegenen Krankenhaus an. Seine Mutter hat ihn geschickt, sie liegt in der Wohnung in den Wehen, sie erwartet ihr drittes Kind. In der Neubausiedlung wurde noch kein Telefonanschluss verlegt. Das Warten darauf verkürzt nicht den Weg zur Telefonzelle – die beiden Fahrstühle in dem zwölfgeschossigen Haus sind an jenem Tag ausser Betrieb. Aber die Tante im Krankenhaus meint, der Knabe erlaube sich einen Scherz und schickt ihn wieder zu seiner Mutter. Mutter, sie glauben mir nicht, dass du einen Krankenwagen brauchst. So geht die Mutter selbst runter, Stufe für Stufe. Ruft an. Es eilt. Fürs dritte Kind hat man keine Zeit, schon beim Entbinden nicht. Das städtische Krankenhaus ist überfüllt. Der Kreisssaal hat den Kreis der Gebärenden geschlossen. Die Schwangere wird weitergefahren, an den Rand der Stadt, das Kind wird somit schon der Geburtslegende nach zum Aussenseitertum erwählt bzw. verpflichtet. Die Mutter, auf die 40 zugehend, damals recht ungewöhnlich, befördert das Kind an einem noch heute ungewöhnlichen Ort ans Licht: Chersones, Teil von Sewastopol, früher antike Stadt, seit dem 19. Jahrhundert eine Ausgrabungsstätte, seit kurzem Weltkulturerbe. Die vereinzelt erhaltenen dorischen Säulen stützen sie bei ihrem erhabenen Vorhaben. Die Tochter hätte Dora genannt werden können. Dort soll Fürst Wladimir getauft worden sein, der in Kiew am Dnepr die Rus getauft hat oder getauft haben soll. Ein sehr hellenischer und bis zum äussersten russisch-orthodoxer Ort.

Meine Eltern scherzten, sie hätten mich Isolde nennen wollen, „die aus Eis gemachte", so lustig klingt der Name auf Russisch, meinten sie. Ich hatte damals nichts zu sagen, nicht nur damals, also sage ich jetzt: Pathospatina überzieht die Krimretina. Kretinische Kreta-Assoziationen. Fühlt man das nicht durch die Jahrhunderte hinweg, sieht man nicht, wie sich diese und jene Bedeutung dieser und jener Kultur in die Schichten der Küstenlandschaft mit den antiken Überresten überwältigend eingeschrieben hat? Dank der Ohnmacht der Kulturwissenschaften und der Allmacht der Kulturlandschaft hat sie sich vererbt, kondensiert in dem Baby. Wow! Miau! Kriminell spannendes Kimmerien. Es lebe die Krim! Es lebe das neue Leben, das Erleben ohne Gram und Grimm. So heissen wir das Wesen doch endlich willkommen, egal, wie es heisst. Es ist ein Mädchen, von dem die Mutter später, wenn sie ihm beim Verlassen des Hauses auf dem Weg zur Schule morgens nachschaut, sagen wird, es hätte den Gang eines Hafenarbeiters aus Odessa. Bestimmt wollte sie eine feministische Idee vermitteln, inspiriert von der stabilen Fragilität griechischer Architektur am Felsenrand von Chersones. Aber da hatte ich ihn schon verinnerlicht, den flachen Berliner Gang der Dinge.

Es ist jene Telefonzelle zwischen *Burewestnik* und dem Hochhaus, unserer *wyssotka* (russ. für Hochhaus), wo ich einmal fünf Rubel gefunden habe. Mein erstes Taschengeld. An der Seite stand die Zelle schief, der Geldschein steckte im Asphaltspalt. Eine wilde Wurzel, möglicherweise des nahe wachsenden Walnussbaums, bereitete den Umsturz der etwas stinkenden *budka* (russ. für Zelle) vor. Das alles zählt nicht mehr. Was zählt, ist, dass ich dank dieses Zufalls auf dem zugleich als un- und urrussisch gezählten Territorium geboren bin. Nur ist mir ein profundes Interesse für die Bedeutung alter Schichten unterwegs abhanden gekommen. Tiefer als bis zu Betonbrüchen, feinen Falten und trocken rinnenden Rissen auf Fassaden erschütterter Hochhäuser – fast in der Farbe unserer geliebten Bruchschokolade – reicht es nicht. Chersonessäulen könnten wir im Osthirn von mir aus anbieten, als Waffeltürmchen auf Eiscremewellen.

Die drei ersten Schuljahre habe ich in zwei verschiedenen Schulen in drei verschiedenen Klassen verbracht. Die Schule war grundsätzlich etwas sehr, sehr Wichtiges. Umso seltsamer, dass meine Eltern es vergessen hatten, mich rechtzeitig einzuschulen. Ich wusste damals nicht, ob das gut oder schlecht ist. Jenes durch alle Standard-CVs durchgerutschte „Zwischenjahr" wurde zum besten überhaupt. Habe dadurch verstanden, dass meine Eltern es abgrundtief gut meinten, nur irgendwie nicht für mich da sein konnten. Habe ein paar Momentaufnahmen später verstanden, dass sie in der Tat mit zwei fast erwachsenen Kindern, grösser werdenden Problemen, kleiner werdenden Essportionen und genervten Fressen zu kämpfen hatten. Mit Diebstählen, Einbrüchen, Zusammenbrüchen betrogener Menschen und eines ganzen Staates, Misstrauen und Inflation. Was war da schon ein infantiler Wunsch nach Nähe-Wärme-Verständnis. Ich habe ja auch nicht verstanden, wie das alles geht, zum Beispiel dass hinterhältige Banditen einer Kollegin meiner Mutter die Ohrringe direkt vom Ohrläppchen abgerissen haben, als sie von der Arbeit nach Hause gelaufen ist.

Meine Mutter hat oft gesagt, ich wachse wie Gras vorm Haus, von allein. Sie sagte, meine zwei Brüder hätten tatsächliche Probleme – Eintritt in die Universität, anstehende Familiengründung und die Frage, wo wohnen. Ach wo, sie wüssten nicht, was essen und wohin mit dem von heute auf morgen entwerteten Geld; es gebe weder Geld, noch gebe es Lebensmittel, die man dafür kaufen könnte. Sie tauschten mein Fahrrad gegen ein gepökeltes Huhn. Die Schule rückte in den Hintergrund.

Mit sieben Jahren war ich zu alt für den Kindergarten gewesen und für die Schule, die vorgesehen war, zu schlecht, um zum

Unterricht zugelassen zu werden. Ich habe die Aufnahme-
prüfung nicht bestanden. Meine Brüder haben eine gute alte
Schule mit Englisch-Schwerpunkt im Stadtzentrum besucht.
Meinen Eltern war längst entfallen, dass man nur nach einer
Aufnahmeprüfung angemeldet werden konnte, und für diese
hätte man ein paar Basisvokabeln lernen sollen. Ich ging in die
Prüfung von der Strasse hinein, man schob mich zwischen
Tierkärtchen und Namen hin und her, ich sollte wiederholen,
konnte nur das Wort für „elephant", verlor bald die Übersicht
und hatte Durst. Am Ende teilte eine Lehrerin meinen Eltern
mit, ihre Tochter sei für Sprachen unbegabt. Sie sagten, das sei
ihnen klar, ich hätte ja Talent als Ingenieurin, man denke nur an
den Puppenwagen, den ich aus dem Baukasten gezaubert hätte.

Es war Ende August, eine Woche verflog in Ungewissheit, ich
tüftelte an weiteren unerlässlichen Metallaccessoires für meine
Lieblingspuppe (ihr sollten weder Skateboard noch ein Boot
vorenthalten werden). Auf einmal wurde es unten auf dem Hof
leer, weil für alle anderen ein Schuljahr angebrochen war. Meine
Eltern arbeiteten selbstverständlich beide, der älteste Bruder
studierte in Petersburg, der mittlere schloss gerade die Schule ab
und zog dann auch zum Studium weg. Ich blieb zuhause mit
den Mechanik-, Elektronik- und Chemiebaukästen meiner
Brüder und dem Verbot, die Bücher im obersten Regal heraus-
zugreifen. Mit der Anweisung, wie ich meine Suppe auf dem
Gasherd aufwärme. Allein mit den lateinamerikanischen Seifenopern und anderen herzreissenden Sendungen, die wir übers
türkische Fernsehen heimlich empfingen.

Ich musste später daran denken, wie eindringlich sie das
Leben in Lateinamerika vermittelt haben, als ich einen jungen
Mann aus Chile getroffen habe. Seine Vorfahren waren Deutsche, seine Kindheit hatte er in München verbracht. Er setzte
sich in der Staatsbibliothek neben mich und war fast wie ein
Russe – eine zweite Haut bis zum Peeling mit kulturellen Klum-
pen. Er ass mit Nostalgie die Kinderschokolade in meiner Küche

weg, fühlte sich im Undeutschtum verstanden, wenn es darum ging, auf Parties Brettspiele zu meiden, und warf mir vor, nichts über Lateinamerika zu wissen. Ich entgegnete, mir flimmern die Seifenopern von damals vor Augen. Die Welt in Chile sei ebenso, wie ich sie in den Serien gesehen habe, sagte er, ich solle es endlich begreifen, er komme aus einer unfairen patriarchalen Gesellschaft und sei verflucht, einer von ihnen zu sein. Er wolle die Flucht vor der Ungerechtigkeit ergreifen, wie er sagte und wie er schrieb, einen wissenschaftlichen Artikel über ethische Fragen der Gerechtigkeit und ihr Fehlen. Lateinamerika hin oder her, das war der fliegende Holländer vor sieben Jahren, mittlerweile auf seinen Kontinent zurückgekehrt.

Kurz vor meinem siebten Geburtstag hatte ich mir vorgenommen, das Lesen niemals zu erlernen. Ich wollte nicht zur Mumie über einem Buch verkommen. Mich haben diese absorbiert-abwesenden Gesichter von Menschen, die mit mir doch hätten sprechen, spielen, spazieren gehen können, immens gestört. Vielleicht noch viel mehr, als sich heutzutage ältere Menschen daran stören, dass jüngere Generationen über elektronischen Geräten in Gesichtsstarre geraten.

Ich bin ein paar Mal vor meiner Mutter weggerannt, als sie mir das Alphabet beibringen wollte. Ihre Contenance kommt ihr leichter abhanden als ihre Tochter. Aber als mir das Lesen viel zu anspruchsvoller Bücher mehrmals ausdrücklich verboten wurde, schob ich einen Stuhl an das obere Regal heran. Eines der verbotenen Codewörter: Für Jules Vernes bist du noch zu jung. Kurz darauf, ohne Zeit- und Raumgefühl, feierte ich *In 80 Tagen um die Welt* und *20.000 Meilen unter dem Meer* meine ersten Bücherorgien, die mich ein für allemal entführten. Man konnte die ganze Welt, inklusive ihres Himmels und ihrer Meere, bereisen, wenn man sich von Sätzen berühren liess, ohne sich vom Fleck zu rühren. Die erste Seite war die Hölle, die zweite ging besser, die 200. machte süchtig. Ich stieg im Luftballon empor, warf Sandsäcke ab, fror im Sommer über Kurzgeschichten von Jack London und fieberte im Winter mit Reitern der Roten Armee mit.

Zwischendurch verschlang mich das Astrologiebuch meiner Mutter. Es war noch verbotener, als ein Aufklärungsbuch es je hätte sein können, wobei mir heute auffällt, dass sie sich bald nicht darum scherte, was ich las. Hauptsache, ich las. Und ich las. Auch darüber, dass es zwischen manchen Paaren nicht passen wird, was die Passion angeht, und mit anderen knallen kann, auch wenn man sich nur theoretisch über den sternbereiteten Weg läuft. Bald konnte ich es fast auswendig, es war eine Zeit lang eine Bibel; unten las ich meinen Freundinnen aus ihren Handflächen vor.

Vika aus dem zehnten Stock zeigte mir im Gegenzug eine bebilderte Bibel. Ein genauso geheimnisvoller Augenblick der Einweihung. Ich konnte keinen Unterschied zum Märchenbuch ausmachen. Die Gitarre in ihrem Zimmer, und dass sie ein eigenes Zimmer und eine Gitarre hatte, ein Einzelkind wie Katja aus dem sechsten Stock, machte auf mich viel stärkeren Eindruck. In dieser Hinsicht einstimmig, haben meine Eltern beschlossen, dass ich kein Gehör hätte, da einen eigenen Rhythmus und kein Taktgefühl. Möglicherweise hatte ich mich verhört und sie meinten, dass ich nicht auf sie höre. *Sluch* ist beides auf Russisch, Gehör und Gerücht. Slut. Mit diesem Gerücht wuchs das harmoniebefreite Wildkind musiklos heran, amputiert und zwangsverbal mutiert, bis zur Aversion gegenüber der Frage aller Jugendlichen: Und was hörst du so? Ich hörte nur, was ich las und was der Fernseher von sich gab. Umso schöner das Nachholen: Die Ohren öffnen sich. Ohne Musik ist es kaum möglich, dem Sog der Bilder zu entwachsen.

Mein leises Lesen verbrannte die Schulzeit der anderen. Die Vormittage vergingen auch im Puppenreich auf dem Balkon. Manchmal in Gesellschaft unten: Die überlasteten Schulen unserer geburtenstarken Jahrgänge führten eine Zeit lang ein

Schichtsystem ein, so dass einige Schüler erst am Nachmittag Unterricht hatten. Am Nachmittag und am Abend war ich in jedem Fall unten, sofern es nicht regnete. Wir spielten Karten, erzählten Witze, Gerüchte über UFOs und über den Westen (was einander ähnelte), vergassen nach und nach die zugereisten Kinder, mit denen wir den Sommer verbracht und die für immer oder bis zu den nächsten Sommerferien weg sein würden. Wir brieten im Gebüsch Kartoffeln, die wir den Vorräten unserer Mütter entwendet haben, wir jagten zwischen Garagen einem weichen Fussball hinterher, holten Quellwasser aus einer Höhle, rutschten Grashügel auf Pappe runter – so stellten wir uns das Schlitteln vor. Wir haben nicht auf Schnee gehofft, er fiel fast nie und blieb kaum länger als ein paar Stunden liegen. Wir waren auf uns gestellt. Wir entfernten uns manchmal mehrere Kilometer von unseren Hochhäusern, pflegten Welpen und Kätzchen, lauschten Geschichten in unbekannten Strassen angetroffener Kinder, und kehrten doch mit der untergegangenen Sonne zurück, erschöpft, vom Winken der Pappel- und Akazienzweige begleitet.

Einmal fand ich im Regal hinter den Büchern eine Vase mit einer Plastiktüte voller Patronen. Mein ältester Bruder, der selten da war, weil er in Petersburg Medizin studierte, schoss im Scharfschützenverein in der obersten Liga mit. Ich erinnere mich an den Hochmut, der sich von meiner Mutter auf mich und sogar auf ein Kindergartenkind, dem ich von dem Ereignis berichtet habe, übertragen hat. Wir waren bei einem landesweiten Wettbewerb fast die ersten! Ich lernte, dass man nicht Sieger sein muss, um sich ausgezeichnet zu fühlen. Ich ehrte den zweiten Platz meines Bruders als bescheidener und wollte auch eines Tages irgendwo oben Zweite werden.

Die Patronen waren wohl für sein Training zuhause in den Ferien bestimmt. Er hat mich gelegentlich in den Schiessverein mitgenommen, ich habe auf eine Zielscheibe gezielt und abgedrückt, in der richtigen Haltung, einen Arm im rechten Winkel ausgestreckt, den anderen in die Hüfte gestemmt, mit viel zu grossen Ohrenschützern, wie es sich gehört. Mit diesem Patronenvorrat, den offenbar alle vergessen hatten, bin ich eines Abends nach unten geschlichen. Ich wollte wahrscheinlich Oleg beeindrucken. Die Jungs haben eine kleine Vorrichtung gebaut und die Dinger nacheinander angezündet. Ein kleines Feuerwerk, ein Geheimnis. Wenn das meine Mathelehrerin gesehen hätte, hätte ich nie wieder gute Noten bekommen, in meiner Logik jedenfalls. Ich erinnere mich an das konzentrierte Schweigen dabei, eine Anspannung, eine gewisse Festlichkeit der gesamten Aktion. Wir waren zufrieden, grenzenlos, im Grunde schon imperial, imprägniert vom Verbotenen, vom Vorboten eines Urknalls, vielleicht des Ukraineknalls.

Wenn der Sohn des Hausmeisters die Schlüssel besorgt hatte, spielten wir im Keller unserer *wyssotka* Verstecken. Ein riesiger Keller, unser Hochhaus verfügte über je vier Wohnungen auf einer Etage. Dieser Keller war zudem mit den beiden Kellern der zwei Nachbarhochhäuser verbunden. Lichtschalter waren kein Thema, oder wir benutzten sie mit Absicht nie. In dem Keller passierte allerlei Auwei.

Im Nachhinein fällt mir auf, dass wir es nie mit Drogen zu tun hatten, nicht einmal mit Alkohol oder Zigaretten. Wir kauten höchstens Teer, in der Vorstellung, es gäbe auch schwarze und nicht nur weisse und rosafarbene Kaugummis wie jene, die die „schwimmenden Väter", die Väter, die auf den Schiffen dienten, uns aus dem Westen mitgebracht haben.

Ich wuselte in zwei Cliquen: Eine bestand aus Kindern in meinem Alter – mit ihnen hing ich herum, wenn sonst niemand zugegen war, sozusagen zur Entspannung. Ansonsten in der Clique aus fast nicht mehr Kindern und Jugendlichen. Sie waren im Schnitt vier Jahre älter als ich. Ihre Welt war spannender, aufregender, ihre Geschichten und Reaktionen unerwartet. Gut, sie konnten auf den höchsten Stufen jegliche Figuren beim Gummitwist meistern, waren besser beim Fussball und vor allem nicht so verzweifelt schnell aus der Puste beim Wegrennen vor Betrunkenen. Mich haben ihre amourösen Schwingungen interessiert, sie setzten die nasal synchronisierten Seifenopern live fort. Aus der Welt um die Sklavin Isaura wusste ich schon etwas über das Leiden und die Liebe.

In jener Clique kreisten nicht mehr jungenhafte Jungs auf dem Motorrad. Sie düsten aus einem anderen Stadtteil heran, um die schöne Natascha zu entführen. Sie stand nachdenklich vor dem Hauseingang, im eng anliegenden, lila Minirock. Ihre gebräunten Beine und der Blick in die Ferne suggerierten ein stummes Ausrufezeichen: Holt mich hier raus! Ihre Traurigkeit und Sehnsucht haben mich fasziniert, weil ich sie nicht verstand. Ich wollte nie weg von unseren Hauseingängen, Höfen und Hügeln.

Die *Illustrierte Geschichte der Freiheitsstatue* – der liebe Dad Liberdad ist über die Jahre hinweg etwas unbiegsam geworden, hält aber noch wacker die Fackel – spielt sich unterm Strich auf der magischen Tragfläche zwischen Kindergarten und Schule ab, auf der Loggia, von der man auf den Gartenzaun schauen konnte, und auf dem kleineren, grün gestrichenen Balkon, der eine Direktsicht auf den *Burewestnik* bot; über Büchern, in wenig befahrenen Strassenwinkeln, in Kellern, auf Dächern, und vor allem auf allem, was sich dreht und fährt. Ein abgedrehtes Jahr. Oder: selbst strukturierte Raumzeit, Propädeutikum im Fach Lebensmanagement. Es hallt später nach, ich höre es nur schlecht.

Wir fanden einmal einen Exhibitionisten im Keller und jagten ihn durch die Gegend, damit er nie wieder in unserem Revier aufkreuzt. Jemand, der sehr brav wirkte, erzählte im Kindergarten ausgefeilte erotische Geschichten. Die Eltern waren, wenn sie da waren, dem Wahren gewidmet, darunter den immerzu mangelnden Waren. Wir stimmten alle miteinander, förmlich friedlich, überein, dass es besser war, nicht da zu sein. Die Freiheitsstatue des Gedächtnisses macht sich nicht die

Mühe, so ein Vermächtnis unter den Tisch fallen zu lassen, unter welchem die Füsse angekettet gewesen sind.

Ausserdem waren da und haben mitgespielt:

Katja aus dem sechsten Stock, direkt unter mir. Vier Jahre älter als ich. Weicher weiblicher Körper. Ihre Mutter wusch Wäsche in dem Bad, das an Katjas Zimmer angrenzte, während wir unter einer Decke lagen. Häufiger noch unsere Kommunikation von Balkon zu Balkon. Meine Alpträume, ich würde vom Balkon runterfallen, aus dem siebten Stock, an Katja und unter ihr an Nastja vorbei. Nastja, die mit dem haarigen Colly, auf dem sie durchs Wohnzimmer ritt. Ich stand viel und gerne auf einem Hocker auf der Loggia, beobachtete die Gegend von diesem Posten, passte ab, wer gerade unten war und ob sich das Runtergehen lohnte. Ich konnte Katja herausrufen: Sie trat auf ihren Balkon, ich beugte mich so nah wie möglich zu ihr.

Manchmal haben wir spätabends, wenn alle schon schlafen gegangen waren, unsere Balkongespräche geführt. Ich sprach zu ihrem Hinterkopf, den sie bei einer Antwort nach oben drehte. Ich weiss nicht, ob ihr schwindelig wurde, immerhin wölbten sich über mir noch fünf Stockwerke und der Sternenhimmel. Wir mussten so laut sprechen, dass wir uns verstanden und so leise, dass wir niemanden zum Lauschen anregten. Nastja gehörte nicht ganz zu uns. Wir hatten etwas Eigenes miteinander, was ich erst verstanden habe, als Katja weggezogen ist und ich sie in der neuen Wohnung besucht habe. Es war schon damals alles zerstört: Ich verstand nicht, wie man wegziehen konnte. Dort, bei ihr, in dem noch nicht eingerichteten Zimmer, habe ich das erste Mal eine Schreibmaschine angefasst – schwarze Unterwäsche in Kinderhänden.

Einmal hat mich die Lust überfallen, von der Loggia auf die Jungs unten Melonenschalen zu werfen. Es hockten viele von ihnen auf dem Zaun und viele Schalen warteten nach dem Mittag darauf, entsorgt zu werden. Habe es darauf ankommen lassen, dass sie mitkriegen, wer so viel Schmiss hat. Oleg hat meine

Gegenwart gemerkt, wir spürten uns auf alle Entfernungen hindurch, und obwohl ich mich unter der Balkonbrüstung zu verstecken meinte, hat er gerufen, dass die Tanka aus dem siebten Stock aufhören soll. Sonst gäbe es Dresche, sobald sie sich unten blicken lässt. Diese Liebesdepesche liess mich aufhorchen und aufhören. Als Partisanin dachte ich auf jeder späteren Party an ihn.

Vika aus dem zehnten Stock. Die mit der Bibel und dem schicken Plisseerock. Niedliches Löwengesichtchen, Löwenzahnlächeln, blondrotes Haar, zerbrechlich, rechtfertigt mit dem wiederkehrenden Spruch ihrer Mutter, sie werde alles tragen können mit so einer Figur.

Natascha aus dem ersten Stock. Die, die vor ihrem Balkon stand, mit dem Hintern am Haus gelehnt, in einem der Knautschröcke vom Schwarzmarkt. Ausser in Lila auch in Schwarz. Helle Augen, helles Haar, oft nach oben gesteckt. Habe meine Mutter auch darum gebeten – es hiess, es sei zu früh für Röcke und Frisuren wie bei Brigitte Bardot. Kaum versieht man sich, ist es auch schon zu spät. Natascha schaute, stand, die Jungs auf dem Motorrad siegten. Sie hüpfte seltener Gummitwist, aber wenn, blieb sie die Beste. Sie sprang unter minimalster Anstrengung, teilte ihre Kraft wie eine Gepardin ein. Ich muss zwei oder drei Köpfe kleiner als sie gewesen sein, ihr Gesicht könnte ich nicht wiedererkennen, ihre Knie hingegen schon. Natascha Blum, die mal meinte, ihr Vater sei aus einer deutschen Familie. Womöglich sind wir uns in Berlin, dieser Stadt der Geistergesichter, diesem Hafen zum Rosten verurteilter Wracks, über den Weg gelaufen, nur dass du eine Hose über der unvergänglichen Bräune deiner unnachahmlichen Beine getragen hast?

Was ist es noch, fragst du, liebe Lethe-Fähre, auf der es sich über die Spree und über den Zürisee gleiten lässt? Laissez-faire natürlich, simple und komplizierte Kartenspiele lernen, und dass Lügen kurze Beine haben. Später mit dem Kartenspiel „Durak" die Klasse in Berlin infizieren. Die Lehrer verzweifelten. Sie wussten nicht, dass das Spiel von Anja und mir eingeworfen wurde. Wir hatten viel zu gute Zensuren und entsprechendes Betragen. Streberin, so was wird aus der Sozialisation als brave Partisanin, kurz bevor sie Morgenstern entdeckt und Julimond begegnet. Tarnanzug: fast gutbürgerlich, dauerdepressiver Brillenblick. Und weit und breit kein Oleg zum Identifizieren.

Im Freien lernte ich mit den raffiniertesten Kartenbetrügern gar nicht erst zu spielen. Auch Anstand: Es ist ein Gesetz der Strasse gewesen, entweder nichts von Zuhause Mitgebrachtes vor den Augen anderer zu verzehren oder es mit allen zu teilen. Es ist die Gastfreundschaft, die einige deutsche Freunde, so wie meine erste deutsche Freundin, die ich erst mit 17 für mich „gewonnen" habe, für *zu* nett halten. Mehr geben als genommen zu haben, sei doch dumm. Kluge Freundschaften sind gute Deals, bei denen es sich rentiert, die Zeit in jemanden zu investieren. Bei denen man mit dem Geben spart, mit den Gefühlen sowieso. Alles andere ist zu gutmütig, nein: lächerlich. Andere Worte gibt es dafür nicht. Es ist lächerlich, gutmütig zu sein. Güte verurteilt zum Ausnutzen. Dobro, dobryj, dobrota – gibt es nicht in diesem Sinne. Oder ich entsinne mich nicht.

Es sind Aprikosen und noch viel zu grüne Äpfel aus Vorgärten.

Es ist eine Geschichte der aufgeschnappten Weltgeschichte – Begriffe wie Kalter Krieg, DDR und Berliner Mauer hat mir Katja zwischen Zaun und Seilkreuzsprung erklärt.

Es ist das Weiss der Lettern auf Katjas Schreibmaschine, es sind die Traueraugen Nataschas und ihre perfekt aufs Gummi treffenden weissen Slipper, Grazie und Einmaligkeit, bis Katjas Eltern die Möbel hinausgetragen haben. Sie hat gesagt, den Strassenblock jenes Bezirkes, in den sie gezogen sind, hätten deutsche Kriegsgefangene gebaut, die Wohnungen seien sehr gut. Wenigstens etwas.

Es sind monatelang abwesende Väter, die auf dem Schiff unwiederholbare Worte verinnerlichen, Jeansklamotten und Kaugummis mitbringen oder unsere wimmernden Bestellungen

schlichtweg über Bord werfen. Es sind Sammel- und Tausch-
aktionen der begehrten Kaugummipapiere, es ist das Sparen der
betörenden Würfel im Geheimfach, es ist ihr festliches Durch-
kauen, das den Hunger mit Blasen überzieht. In dieser Disziplin
wurde ich die zweite, Natascha konnte auch das am besten.

Es ist das stabile Glas der Milchflaschen, in denen die Milch
gerinnt, wenn man sie nicht innerhalb von drei Tagen austrinkt.
Es sind die pinken dicken Aludeckel der Milch-, Kefir- und Rja-
schenkaflaschen. Im Übrigen führen wir in unserem lokalen
Osthirn jene grandiosen Milchprodukte, Kefir und Rjaschenka
vorneweg auf der Milchspeisekartenseite. Es ist das Eis-Plombir
in der besten Waffel der Welt und das Erdbeereis im Pappkarton, das es zwei oder drei Mal im Jahr gab. Es sind Jahre ohne
Schokolade und einmal mit gestohlener Fabrikschokolade, ein
dickes Ding, über Beziehungen. Klobiger Zartbitterziegelstein,
zum Backen bestimmt. Schwer zu schneiden. Jeder hat ein kleines Stückchen gelutscht, und um zwischendurch daran zu erinnern, wie Schokolade schmeckt, wurde Schokoladenbutter aus
dem Geschäft für Kriegshelden über einen Talon oder weniger
salonfähig besorgt – eine Kunst das alles, sozusagen Beutekunst.
Während der glorreichen Perestroika konnte man eine Mutter
haben und keine Butter, weder auf dem Tisch noch bei den
Fischen. Ohne zu wissen, wie, versorgte sie uns doch. Das fügen
wir unserer Karte hinzu, setzen es uns auf die Rechnung – in die
Extra-Rubrik: *Heldenprodukte*.

Es ist der Schwimmunterricht, morgens, nach den Trocken-
übungen, zu denen ich mich noch irgendwie überwinden
konnte, aber die sich nie im Wasser verwirklichen liessen. Der
ewige Oleg rettet, wann immer ich ihn vorzitiere. Vielleicht ist
er es, der jedes kalte Wasser, das sich über dem Kopf zusammen-
schlägt, zur Seite schiebt. Oder einen Hebekran ruft, bevor es zu
bunt und zu ungesund wird.

Es ist dieser Glaubenssatz, zur Not Krankenschwester – die
Schwester des angehenden Arztes, der mein ältester Bruder gewor-

den ist –, wenn schon nicht die Nachfolgerin zweier Ingenieure zu werden. Und die beruhigende Gewissheit, dass jemand schon weiss, was aus mir wird, nach aussen hin, während ich für mich beschlossen habe, noch lange, bevor mir Oskar mit der Blechtrommel die Ohren endgültig betäubt hat, dass ich niemals älter als sieben werde, genauso wie ich niemals meinen Hof verlasse.

Es ist heimliche Gewalt, draussen und daheim. Privatsphäre ist oft öffentlich gewesen. Männer, die nicht nur in warnenden Erzählungen Fremder mit etwas Leckerem anlocken, sondern die bei Tage an eine Gruppe Kinder mit ihren Anliegen herantreten. Es sind Kinder, die von einem Tag auf den anderen aufhören, unten zu spielen. Es sind Kinder, die sich als Gruppe wehren. Es sind sicherlich noch mehr Geschichten, mit denen wir uns in den Strassen der Welt verstreut haben, in der Gewissheit, bis zum Abendessen zurückzukehren. Als ob dieses Stückchen Meer und dieses Stückchen Erde uns rufen könnten, was für ein Quallenquatsch das alles, die Zwerge von früher sind längst über sieben Berge gerutscht.

Es sind Kinder, die im Sommer für die dreimonatigen Ferien aus Moskau, Petersburg oder Kamtschatka zu ihren Verwandten nach Sewastopol geschickt werden, ihre Geschichten mitbringen und mit unseren braunrot wegfahren. Man wächst schnell aus allem heraus, nur nicht schnell genug in die Klamotten der älteren Geschwister und der Eltern hinein. Ihre Importe haben manchmal länger als die Erinnerung an ihre blassen Gesichter gehalten: Sie haben zum Beispiel das lustige Wort *sugrob* für Schneemasse mitgebracht – ich habe zwei Sommer lang die Fantasie bewundert, dass man sich so etwas ausdenken kann, bis mir jemand ein Foto mit meterhohem Schnee gezeigt hat, Weiss auf Schwarz.

Jungs, die das bordeauxfarbene Springseil aus schwerem Plastik (schmerzhaft beim Peitschen) mit sadistischem Vergnügen aus der Hand reissen. Es ist ihnen egal, dass es gerade dein Geburtstag ist, für dich ein so teures Geschenk, dieses Seil. Du hast ein Kleid an, Kniestrümpfe, mit deinem Geburtstag beginnt das warme Halbjahr, du hüpfst nun deiner müden Mutter davon. Du schaust zu, wie einer der Jungs, der brutal rasch rennen und seinen kleineren Bruder zusammenschimpfen bis -schlagen kann, dein Seil dafür benutzt, zwischen zwei Büschen das Jungenzelt abzugrenzen. Du weisst nicht mehr wie, aber du sitzt auf einmal in dieser Höhle, im Gebüsch neben der Kartoffelbratstelle, mit diesem drahtigen Jungen drin. Ihr sprecht miteinander wie zwei Indianerhäuptlinge verschiedener Stämme. Du versuchst, so vorsichtig wie möglich zu sein und einen Friedensvertrag auszuhandeln. Jungs, die im Rudel lieber zu meiden und alleine lieb sind – stille Momente, auf der Atemnotnote gehaltene Unterhaltungen, spontane Poetiken unausgesprochener Sympathien.

Alte Frauen mit ständigen Moralpredigten über Anständigkeit, rätselhafte Stimmen aus dem Signalknopf der Fahrstuhltastatur (wie passt eine sprechende Frau in den hübsch leuchtenden Notfallknopf?), aus dem düsteren Himmel steckenbleibende Kabinen. Einmal hatte ich eine Schachtel Pralinen dabei. Habe sie in den vier Stunden, die ich warten musste, mich mit meinem Lifttod abfindend, alle aufgegessen. So rollte der Tod erst einmal süss heran und stieg danach in Gestalt von Übelkeit herauf. Habe seitdem so etwas wie eine Todeswürde entwickelt und bin nicht bereit, als im Dreck aufgeweichte Leiche auf dem Asphalt unter einem Hochhaus zu enden.

Mittenmang: Lieder von Wyssozki. Einige konnte ich im Kindergarten auswendig, habe sie wie Gedichte aufgesagt. Habe mir meine Erklärungen für seine Metaphern zurechtgelegt und an deren dramatische Tragik geglaubt, genauso wie ich die Anordnung der Herbstblätter auf dem Trottoir zu interpretieren meinte … Ich sang innerlich auch *Queen* und Michael Jackson mit. Sagte laut und deutlich – wie eine Moderatorin, meinte meine Mutter – alte Sprüche beim Klatschen auf, darunter über einen Scheich in den hohen Bergen des Kaukasus. Jetzt stimme ich eine Zeile an, mein Sohn dichtet eine weitere darauf. Er hat das Alter meines schulfreien Lernjahres erreicht, wir nähern uns unendlich an.

Auch: ein Spiel, bei dem man nur in Reimen sprechen darf oder gar nicht. Die Notwendigkeit, aus dem Stegreif Witze, Pointen, Spitzfindigkeiten zu produzieren, zu parieren, die allgemeine Stimmung und die persönliche Position mit ihnen schlagfertig zu lenken, ohne fertig zu werden. Eine derartige Gesprächsführung habe ich erst wieder bei Diskussionen russischer Dichtung im Café *Nimmersatt* in Berlin erlebt, als ein paar Männer aus dem Publikum die Dichter mit Fragen herausgefordert haben, die sie nicht Fragen, sondern „Schachzüge", „chody" genannt haben – hat nichts mit Hoden zu tun, also vielleicht doch, diese Gesprächspartner regten einander sichtbar an und auf. Eigentlich sind „chody" Gänge, Höhlen- oder Gedankengänge, zum Beispiel solche Fragen, ob der Dichter der „ready written"-Gedichte sich schamlos in die Nachfolge der Konzeptualisten stelle, weil er selbst keine Potenz habe. Die Männer müssen das Gegenteil beweisen, ihren Mann stehen. Die stylischen Frauen der Fragenden mit den breiten Schultern verbreiten jene Energie, mit der sie die Männer anfeuern. Ich betrachte das Bühnenrevier von der dritten Publikumsreihe aus, vom Balkon des siebten Stocks eines Plattenbaus, als leidenschaftlich neutrale Sewazürchrin, Sewaslerin, Seglerin. (Diese speziellen Bezeichnungen haben grosszügigerweise nach dem Zügeln einen Schwitzertatsch erhalten, sie können nur von Schweizern korrekt ausgesprochen und verstanden werden, und zwar auch nur von solchen aus jenem Randen-Kanton, wo es nicht weh tut, sich an einer Kante zu stossen und in einer Kartonkarre zu rasen.)

Der halbukrainische Russe baut weiter ein Dorf in der „mittleren Zone" auf, Sommer für Sommer. Sein Dorf, wie er sagt, er spricht von seiner *derewnja* wie von einer Frau. Sie ist seine Poesie, und jedes Haus, jeder Zaun ein Lyrikband. Er schreibt, er sei ein *dobryj fej*, eine gutmütige männliche Fee. Es reimt sich auf *smej* (russ. für Drache). Auch wenn er mich für eine Spionin hält, er möchte etwas von Russland zeigen, from Russia with love. Wir irren in Ruinen, klettern auf Baugerüste und kleben in

Klöstern an Fresken. Der Reiseführer findet immer eine Erklärung und hinaus. Bestens belesen, erklärt er die ewigen Denkmäler, und ich sehe: Oje, er ersetzt Oleg.

Zurück zu den gründlich geglaubten Gerüchten und einer werbesprachlichen Tendenz, für andere Spitznamen zu erfinden. Sie klebten fest, von anderen im Nu aufgegriffen und festgestempelt, während ich für alle „die aus dem siebten Stock" hiess. Oder den Namen verloren habe. Ob sie gerätselt haben, wo ich hin bin? Wahrscheinlich erinnert sich keiner von diesen ehemaligen Kindern so obsessiv an unsere gemeinsame Zeit. Unsere *skakalka* (russ. für Springseil) und *sakalka* (russ. für Abhärtung), unsere Kreide- und Grasgraffitis, unsere Hitzemüdigkeit, die schwer zu erreichen und leicht wegzupusten gewesen ist. Ich habe mein Freundesvolk an einem Junitag im Jahr 1993 das letzte Mal gesehen. Da die Spitznamen die Nachnamen ersetzen, werde ich sie nicht übers Internet finden, es sei denn, es gibt bald ein soziales Subnetzwerk *Vkontakte* mit höfisch-närrischen Spitzbuben- und Mädchennamen, den Taufscheinen der Strasse – eine Art Kindheitsfriedhof, auf dem es erlaubt ist, Grabsteine fürs Damals zu errichten. Über googlemaps habe ich mal einen Rundflug über meine Ostrjaki, unser unscheinbares Neubaugebiet, gewagt und es bereut: Die Hügel, denen wir im Sommer den Buckel runtergerutscht sind, in der Hoffnung, so würde sich das Gleiten auf Schnee anfühlen, bedeckt nun eine Betonschicht.

Mein Jahr der Freiheit fiel mit dem letzten Atemzug der Sowjetunion zusammen. Wenn ich mir erlaube, mich stellvertretend für andere zu sehen, sehe ich eine Generation des *Homo postsovieticus*, die dieser Bruch mindestens so stark prägt wie das Aufwachsen im Spätsozialismus. Ich sehe verschiedene Typen dieses Postsovieticus: Die mit migrantischem Knacks und die, die mehr oder weniger vor Ort geblieben sind und sich eigene Lebensmuster gestrickt, sie mit Sinn (Geld, Auto, Kindern, Eigentumswohnung, Reisen in den Westen, oder auch: Datschen-, Dorf- und Ausbauprojekten) aufgeladen haben, um nicht in die

Kindheit zurückzufallen, aber auch nicht zu weit weg von ihr zu geraten. Manche lesen vehement viel über lokale Geschichte, Architektur, Kunst. Wandeln beim Pilze- und Beerensammeln als Freizeitschatzgräber auf der Suche nach den Quellen der Vergangenheit, in der sich die Identität verbirgt und verbürgt, nach dem Code einer *russkost* (russ. für „Russischkeit"), die sie *ihre* nennen können, um auf ihre Kosten zu kommen. Das sei von nun an der Name des russischen Bistros (von *bystro*, russ. für schnell), welches wir rasch als nasch (russ. für unser) errichten: *Russkost*. Mit einer Filiale namens *Krimkost*. Ein Genussbeweis dafür, dass alle von der Krimküstenkruste etwas abhaben können; dass es einiges an feinen Traditionen zu entdecken und einiges zu verfeinern gibt. Wir eröffnen es hiermit öffentlich in einer globalen Edelfastfoodkette, bestehend aus visumsfreien *Osthirn*-Filialen. Eine von ihnen heisst *Mys Fiolent* und eine *Burewestnik*.

Reale Dostojewski-Figuren halten ballaststoffreiche geistige Russkost sich und anderen vor Augen, betreten und inkorporieren sie. Bei diesem Verkörpern einer Idee, beim Zusammensuchen datierter und zeitloser Stückchen des Wertekuchens decken sie ihren Tisch ständig neu, in der Ungezwungenheit von Hauskleidung in den Eisenbahnwagen und in den Bahnen dessen, was und wie es sich gehört. Manche Sätze besudeln die Decke auf Anhieb, zum Beispiel mit Flecken waschechter Um- und Verrisse des Anderen: der „Schwarzen", wie jemand in Moskau für Tadschiken und andere Kaukasier sagt, und Juden, die angeblich die Elite steuern und die Russen verdrängen. Passt gar nicht zum Inkludierenden eines Imperiums. Das übrigens vor allem dann auftaucht, wenn es heisst, Russland habe nie andere beeinträchtigt. Es wird so selbstverständlich serviert, als ob es sich um Sauerrahm für Borsch handeln würde.

Ich möchte wohl nichts mehr davon haben. Es macht früher oder später sauer, ohne verdauungsförderliche Bakterien. Habe weder Weihnachten noch Ostern gemerkt, weder Tischmanieren noch Koketterie. Was zu essen doch irgendwie, das rechne ich den Eltern hoch an, aber ob das Russkost gewesen ist? Habe wenig von Traditionsfestem, was ich meinem Sohn vorzelebrieren könnte. Er dürfte sehen, hinter der Balkonbrüstung steckt unfreiwillige Postmodernität. Die Betonholzbrüstung im siebten Stock war mit Lack bestrichen und glänzte bernsteinfarben. Ich wünschte mir zu allen Festen, das Einatmen möge sich endlos dehnen.

Vom Bug meines Aussichthockers zog und zieht es mich nirgendwohin, nur zu jener unterkellerten und balkonierten Jahreswolke – zu jenen sich mit einem Mal aufschlagenden, von wunderlichen Überraschungen wie Märchenbrei überquellenden Welten der Puppen-, Bücher- und Menschenkinder. Vor Garagen, in Einfahrten und Hauspassagen.

Ich schenke meinem Sohn *sein* siebtes Jahr, eine verlängerte Kindergartenzeit, kein Hort, viel draussen, viel Sonne, Insekten- und Pflanzenversuche, sich anbahnende, abbrechende und wieder aufflammende Freundschaften. Ein schon langjähriger bester Freund. Ich in der Nähe, ich bin da, ich stehe voll dahinter, hinter ihm zu stehen. Ich lasse auch den Computer liegen, wenn es sein muss, aber es muss nicht sein, dass ich ihn überwache oder mich anderen Müttern gegenüber wegen meiner Nichtüberwachung rechtfertigen muss. Gespickt mit der Hoffnung, dass ihm dies am ehesten den Geschmack des guten Geschmacks beibringt.

Mit ihm überlebenswichtige Details austesten und auf sie nicht mehr verzichten. Einander zuhören, sich miteinander verstehen. Ihn das Biologische in Dosen und Regenhosen erforschen lassen, ihm das Lebenswerte zeigen, Laissez-faire à la tun lassen, was gut tut. Entgegen dem Versuch seines Vaters, ihn nach Berlin zurückzuholen, entgegen dem Vor-Schlag der Grosseltern, der Kleine möge bei ihnen aufwachsen und in die Schule der russischen Botschaft gehen. Er lässt seine eigene Story verstreichen, mit und ohne Botschaften, mit den Gestalten, die ihn reizen, mit Marienkäfern und Blattläusen, mit dem eingefangenen und davonhüpfenden Frosch, dem Salamander auf der Handfläche, dem zu Besuch vorbeistolzierenden Kater Garfield und den anderen, oft zwei- und dreisprachigen Kindern in seinem neuen Spielzeugland.

Jene hohe Freizeit, viel höher als eine dorische Statue, höher noch als der Phallus vor dem Museum des Grossen Vaterländischen Krieges. Konkret-abstrakte Alltagskultur, keine Skulptur, du bist nicht mehr zu verformen und du bist doch – it's a kind of magic – am Ende des Zwischenjahres vorgebildet, für die Zukunft, und die Zukunft ist irgendwann Gegenwart.

Wieder zurück, damit das Früher zum Früher wird: In meinem Damals schwamm ein neues Schuljahr heran. Ich wollte nicht die älteste in der ersten Klasse sein. Meine Mutter meinte, ich könnte in die nächstbeste Schule gehen, aber gleich in die zweite Klasse springen. Wieder eine Aufnahmeprüfung, ich sollte etwas laut vorlesen. Das klappte. Meine Mutter kam sogar mit, das erste und einzige Mal bis zur Abiturfeier, dass ich jemanden von meinen Eltern in einer meiner Schulen gesehen habe. Sie sagte zu der Lehrerin, aus mir werde eine ausgezeichnete Schülerin. Ich dachte, dass sie wieder mal etwas sagt, was ich nicht befolgen muss, und es mir genügt, mittelmässig auf dieser Mittelschule zu werden, Hauptsache, in der Balkon- und Hofwelt toben, einmal Zweite sein und mich in unseren Disziplinen steigern.

In der Schule war ich bedrückt, dort sein zu müssen. Man legte es als „ruhig und gut erzogen" aus. Es wurde ja noch mehr gebrüllt und bestraft als anderswo. Ich musste mit ganz anderen Gleichaltrigen Zwangszeit verbringen. Mit ihnen befreundet sein. Ich löste alle Aufgaben, aus Angst vor der Riesin an der Tafel und aus Arroganz: Ich wollte mich von diesen fremden Kindern abheben. Eine Musterschülerin, akkurat, die sich niemals prügelte und nur anständige Worte benutzte. Die Lehrerin lobte mich einmal vor allen anderen dafür, auch für Pünktlichkeit trotz des längsten Schulweges, und ich hoffte, dass keiner merkt, wie mir tafelschwarz vor Augen wird.

Das gute Zeugnis oder nein, die übliche Macht der äusseren Umstände, brachte meine Mutter ein Jahr darauf auf die Idee, mich auf eine andere Schule zu schicken, und zwar auf eine mit mathematischem Schwerpunkt, der logischen Vorbestimmung wegen. Ich wunderte mich später, dass mir jener Input noch am Berliner Gymnasium in Mathe nützlich war, obwohl niemand von uns Sewa-Helden den Unterricht als überfordernd empfunden hat. Dafür den drei mal so langen Schulweg. Die potentiellen Gefahren der Strassenwelt in heimischen Höfen waren gar nichts gegen die tägliche Reise mit dem Trolleybus durch die Stadt und die Treppe den zentralen Hügel hinauf, die es mit der Odessaer Potemkin-Treppe aufnehmen könnte, übrigens in revolutionärem Gleichklang zum herunterrollenden Kinderwagen. Die Maratstrasse hinauf, Gassi gehen mit dem Schweinehund, vorbildlich morgendlicher Anlauf. Oben stand die Schule neben einem weissen, unbenutzten, in der nächsten Klasse plötzlich auflebenden Kloster mit ordentlich aufbewahrten Toten drin, wie sich herausstellte. Sein Glockengeläut konkurrierte erfolgreich mit dem Pausensignal. Selbst die strenge Russischlehrerin hielt inne.

Als die Trolleybusstangen abfielen, so dass man auf eine andere Linie ausweichen musste, bin ich woandershin geraten. Die Panik, mich zum Russischdiktat zu verspäten, und die verpassten Sätze wenn, dann im Eiltempo in der Pause zu kritzeln, erst einmal allerdings im falschen und überquellenden Trolleybus zu stehen, zu sehen, dass man kein einziges Gebäude erkennt und gar nicht mehr sagen kann, wo man ist; das Gefühl, dass alles gleichermassen falsch ist – ob man aussteigt oder weiterfährt, ob man zu Fuss geht und die erste Stunde verpasst, ob man es zuhause erzählt oder nicht – das hat wahrscheinlich eine nachhaltigere Lektion als der logo- und zahlenzentrische Unterricht ergeben.

Vom Nachhauseweg ganz zu schweigen.

PERESTROIKA

„Mama-Obama, warum krachte die Sowjetunion auseinander? Wegen Schermobil?" Schwierige Frage, mon chèr.

Wohlgemerkt „auseinander", nicht „zusammen" – so ist die Frage korrekt. Stellt er sich vor, wie der Reaktor in Tschernobyl explodiert? Hat er etwas gehört? Hat er das Bild und die Worte dafür aus einem Trickfilm, aus der Schule? Für Nicht-Orte gibt es nur Nicht-Worte, was bedeutet, dass Worte Orte schaffen.

Der Weltuntergang fand erst statt, als wir weggefahren sind, und das auch nur für solche wie mich. Seitdem wächst eine Welt nach, gerade dank ihm, aber ich bin nicht sicher, für wen alles.

Vielleicht ist die Sowjetunion untergegangen, weil wir keinen Gummitwist mehr gehüpft sind. Diese Gummiringe aus aneinander gebundenen, mal mehr, mal weniger ausgeleierten Unterhosengummis, die wir unseren Müttern abgequatscht haben. Kann man auf Knöchel-, Knie- und Hüfthöhe bespringen, mit verschiedenen Techniken, Figuren, Arten und Weisen, wie die Füsse auf den Gummi zu treffen haben, wie er überkreuzt, angespannt und wieder losgelassen wird. Mit hoch fliegenden Röcken, mit dafür besser geeigneten, eng anliegenden und wieder angesagten Shorts. Zwischen sozialistischen Boxenbauten hopsten wir auf den Linien unserer kleinen Farm. Und dann, dann waren wir arm. Kleidergummis mussten gespart werden, wie alles, für den Fall der Fälle. Die Geschichte des Realsozialismus ist die Geschichte beengender Armut.

Das Einbrechen der aufklärerischen Perestroika merkte ich daran, dass die Elektrizität in der Stadt schon am frühen Nachmittag verschwand und das Warten auf den Trolleybus eine anschwellende Menschentraube an der Haltestelle zusammentrieb. Auch wenn unsere Winter mild waren, waren es Winter.

Manchmal lief ich nach Hause in der Dunkelheit zu Fuss. Einmal wurde ich wütend – vor Hunger und dem Geruch frisch gebackenen Brots, das unsichtbar war und sein Aroma verströmte, weit im Inneren eines Geschäfts, vor welchem geschätzte Fahrgäste aller Trolleybuslinien ausgestiegen und sich in eine amorphe Schlange, die einem Drachen im Hungerstreik glich, aufgereiht hatten. Zuhause brannte Kerzenlicht, wenn man denn Kerzen hatte. Ich habe später eine Weile gebraucht, um einzusehen, dass daran etwas romantisch sein kann.

Ein Anzeichen für den radikalen Wandel zum Besseren hin wurde ausserdem die demokratische Versorgung mit dem Wasser. Es verschwand zunächst nach einem festen *grafik*, einem Wasserfliessplan. Heisses Wasser schaltete die Stadt am Sonntag ein. Danach stellte man das kalte Wasser tagsüber ab, es floss eine Stunde von 18 bis 19 Uhr. In dieser Zeit füllte man alle zur Verfügung stehenden Behälter und Gefässe auf, so dass im Bad lauter Kochtöpfe mit rarem Nass herumstanden, auf Vorrat.

Die Gesellschaft baute sich um: Die Anwohner reihten sich in eine neue Schlange ein – mit Eimern und Kanistern, um aus einem zu uns geschickten Wassertank einige Liter pro Person zu holen. Denn eines Tages wurde jegliches Wasser abgeschaltet und *grafik* zum Fluch. Jemand empörte sich beim Warten, es sei bei uns nun wie in Afrika. Ich lernte anzustehen, ohne auf den Ärger einzugehen. Ich stand an, weil es so mehr Wasser gab. Ich stand auch für Milch an, mein Bruder weckte mich um fünf Uhr morgens, damit wir vor der Schule je einen Liter pro Person *erstehen*.

Mutter drehte zunehmend am Rad: Sie hatte und hat ihre Hygienevorstellungen. Der Wasserhahn spuckte gelben Rotz. Sie warnte vor Flöhen, Läusen, Kakerlaken und stürzte schluchzend aus ihrem Hamsterrad heraus. Vernebelte Winterwochen knebelten weiter die Stimmung. Vater, der die städtische Heizungsanlage gewartet hat, erlöste uns vom Warten aufs Wasser: Er beschaffte die Schlüssel für eine geheime Sauna seiner Vorgesetzten. Meine Familie hatte nie Zeit für gemeinsame Ausflüge, höchstens ein paar Mal im Hochsommer nach Balaklawa an den Strand, so dass dieser konspirative Saunabesuch in sozialer Hinsicht ein bemerkenswertes Event gewesen ist, obwohl und gerade ich mich dreckig gefühlt habe. Ich erinnere mich nur an den ersten und letzten Teil: Zuerst betraten meine Brüder und mein Vater die Sauna (*banja*), ich beäugte in der Zeit den Billardtisch im Nebenraum. Anschliessend kamen meine Mutter und ich an die Reihe. Sie fand, ich müsste endlich richtig sauber werden und daher noch etwas in der holzgelben Dampfwolke ausharren. Habe das Bewusstsein im Schwimmbecken wiedererlangt.

Noch ein Anzeichen des Umbruchs: Einbrüche. Es war nur eine Frage der Zeit und des Ortes. Wir wurden im einzigen erinnerbaren Familienurlaub ausgeraubt; dabei wurde der beste Fotoapparat meines Vaters geklaut, was ich gern als den Hauptgrund für dessen Fotografierstopp nehme.

Daneben brach die Ökonomie ins Eden ein: Zu der Zeit, als die Schuluniform verschwand, trugen viele Frauen die gleichen zerknautschten Röcke (im erwähnten Natascha-Lila, Knallgrün oder Schwarz) sowie Polyester-Pullover mit überhängenden Schultern und einem schlecht vernähten Pseudomarkenaufdruck vorne, *turezkije switery* (russ. für türkische Pullover), die man für Ehrenkleidung der Stadt halten konnte, wenn sie nicht, der Mode verpflichtet, bunt gewesen wären. Sie wurden massenweise importiert und jeden Samstag auf spontan entstehenden Schwarzmärkten in Fremdwährung vertickt. Diese Märkte nannte man *tutscha*, wörtlich: die Wolke. Wenn wir samstags auf die Dollarwolke stiegen, um in die Warenwelt einzutauchen, liefen wir den Ostrjaki-Hügel bis ganz nach oben hinauf. Diese Strecke zum Stadtrand kannte ich von unserem Weg zur Quellwasserhöhle. Mit Konstantin folgten wir der Regel, auf diesem Weg nur in Reimen zu sprechen. Mit den Eltern ging es gar nicht zu sprechen, sie konnten nichts mehr erklären.

Ein neuer Berufsstand, die *bisnessmeny*, erwirtschaftete leichtes Geld in harten *baksy* (russ. nicht für *bakschisch*, sondern für *bucks*). Auf einmal waren alle um einen herum bisnessmeny und bisnessmenki geworden, sie hatten einen griffigen Uniform-Beruf und Berufswunsch, von dem ich zuvor dachte, er sei den rentenlosen Omas, die an Tram- und Trolleybushaltestellen Sonnenblumenkerne und Blumen verkaufen, vorbehalten. Ich habe meine Eltern gefragt, warum sie keine bisnessmeny werden. Sie wurden böse: Verkaufen hatte etwas an sich, was keine Sauna jemals reinwäscht. Spekulation war das spektakuläre Argument, aus uns werden keine speckigen Spekulanten! Als Mutter sich beruhigt hatte, sagte sie, der Handel liege nicht in unserer Familie. Falls wir handeln müssten, würden wir die Eier, die wir auf den Markt bringen, vorher auf dem heimischen Herd kochen und das Resultat unter dem Rohpreis anbieten.

Etwas schade fand ich es schon: Ich stellte mir vor, dass ich in einem Familienbetrieb meinen unentbehrlichen Platz gehabt hätte, als Teil des Getriebes und nicht als fünftes Rad. Entschlossen zu handeln vermochten meine Eltern ja durchaus. Sie haben zu Beginn der neuen Zeitrechnung überlegt, ob sie einen russischen Imbiss in Berlin eröffnen. Haben sich nicht getraut, es war zu kompliziert mit den Genehmigungen und ihren Ansprüchen: Pelmeni müssen eigenhändig, nicht mit Maschine angefertigt werden; zugleich müssen sie für alle erschwinglich sein und eine Portion sollte satt machen. Kaum mehr als vier Mark war man damals bereit, für einen Döner auszugeben. Warum sollten Pelmeni mehr kosten. Das bedeutete allerdings, dass sie nicht konkurrieren konnten. Qualität rentierte sich nicht. Daher merke: Osthirn serviert Pelmeni nach dem Rezept meiner Mutter. Die Leute zahlen dafür so viel, wie sie für richtig befinden, und sie nehmen sich ihre Portion selbst. Wir glauben an das Gute im Menschen.

Die 80er-Jahre-Mode aus Sewastopol weitet sich auch auf

Zürich aus. Man hat nun mal Geschmack, man versteht sich darauf, man liest einander die Codes von der Schuhspitze ab. Bellevue tönt nach Überbrückung gesprengter Stege zur Vergangenheit. Umwerfend ohne Umbau – zürreal, das Areal. Wieder eine uniformierte Innenstadt, aber so, als ob die Wirtschaft eine Zuckerglasur über frisch frisierte Köpfe, blinkende Ledertaschen und glasige Augen gestrichen hätte. Poliert, Polohemd, Polizei und eine Portion Seeport. Wenn ihr ins Osthirn geht, dürft ihr Miniröcke in Neonfarben tragen und euch von Beinen tragen lassen, die über gummidünne Kleidergleise springen. Männer, ihr dürft in bequemen, doch nicht zu langen, eure Proportionen noch zeigenden, braun-weissen Pullovern mit einer Markenaufschrift in der Mitte erscheinen. Anfang der 90er unisex. Die Bedienung trägt Arbeitskleider aus feiner Schurwolle mit weisser Schürze, white collar und Ärmelbesatz, und in der Ecke spielt mein dunkelblaues Klavier.

UNVERGESSEN

Es ist getan, abgetan, gegessen. Mein Madeleine-Gebäck hätten *tschebureki* sein können. Nicht zu verwechseln mit Tscheburaschka, dem niedlichen Bärchenäffchen aus dem gleichnamigen Trickfilm, dem sowjetischen Ersatz für Micky Mouse. *Tschebureki* dürften krimtatarischen Ursprungs sein – überdimensionale gebratene Piroschki, Teigtaschen im Grunde, oder auch: Börek.

Ich könnte, werde aber keine exquisiten Geschmacksnuancen beschwören; ich könnte, werde aber nicht das kleine Bärchenäffchen, seinen Beschützer Krokodil Gena und ihre traurigfröhlichen Lieder einführen. Ich stelle hiermit einen Antrag auf Ausbürgerung: Ich will über nichts mehr etwas wissen, macht aus mir einen Burger. Einen Scherzkeks. Ich stelle einen Antrag auf Vergegenwärtigung. Ich möchte, dass die Spur der im Fett gebratenen *tschebureki* die Nase kitzelt – und ich kritzle eine Signatur dieser politisch korrekten, aber mit schrecklichen Fettsäuren durchtränkten Teigtaschen, die mit wer weiss wessen Hackfleisch gefüllt sein mögen. Meine Mama hat neulich welche gemacht. In Berlin. Sie haben bestens geschmeckt, hat sie gesagt, die Türken in ihrem Bezirk würden sie nicht besser braten. Wir wissen es nicht, wir waren hier. Manchmal erinnere ich mich an gar nichts.

Und sie erinnert sich doch! Egal was, es richtet sich noch an das Meer, an die Buchten, an den *plow* (Pilaw), den Mama zum Strand in einer Glasdose mitgenommen hat. Der Plow hat besonders gut geduftet, nachdem man direkt aus dem Wasser über die eckigen Steine zur Luftmatratze balanciert ist, wo der warme Mutterbauch in der Sonne ruhte. Dosenplow à la Balaklawa, garniert mit Schwarzmeerwurzeln – eine weitere Köstlichkeit, eingespeist ins ostige Köpfchen, adrett serviert auf dem Silbertablett. Es folgt: Rostik-Aspik à la Flottenanstrich.

Bourdieu hatte schon Recht, im Geschmack verdichtet sich die stärkste Macht. Man kann unendlich viel degoustieren, etwas prägt sich so tief ein, dass es wie ein Leitkompass zu bestimmten Dingen, Produkten, Menschen lotst. Ich esse liebend gern den herbstlichen Hirsch in Zürich. Es bedarf nicht viel und hinter dem süsslichen Nachgeschmack des Rotkohls hängt eine Schnur aus Trockenfrüchten auf dem Balkon – Aprikosenhälften, die hoch baumeln, damit ich nicht an sie heranreiche, und von denen ich in der kalten Jahreszeit ein paar feierlich zum Nachtisch erhalte. Regale mit eingemachten Gläsern, Gurken, Tomaten und Früchten aus Omas Garten. Frage mich erst jetzt als Mutter, wie und wann meine Mutter die Vorräte angelegt hat, neben der Vollzeitarbeit, den Kindern, dem Putzen, der Wäsche, der

Aufgabe (Pflicht, Verantwortung), Schlangen auszustehen, Essen zu jagen, und nie zu wissen, was sich wann wie ergibt. Was der Perestroikagott schickt, wird erworben und verarbeitet, wird in der Endzeitstimmung des jeweiligen Tages verzehrt oder mit Hintergedanken aufbewahrt, und genau dieses Ende, das wird nie so ganz vergessen, denn blöderweise hat es bei Mama prima geschmeckt.

Ein paar Mal – es war etwas Besonderes – schenkte die Erzieherin im Kindergarten Tomatensaft in durstig lassende Tässchen ein.

Zwei Jahre darauf: der erste vom eigenen Taschengeld gekaufte Tomatensaft in einem Riesenglas nach der Schule. Ein Glas Ziegenmilch vom Markt vor der Prüfung, um die vierte Klasse zu überspringen. Mutter sagte, es helfe, und es stimmte.

Beeren und Walnüsse von Bäumen und Büschen.

Ein Höhepunkt auf dem Balkon, unserem Balkan: Ein Paket für den ältesten Bruder, eine Sendung bester Lebensmittel ins kalte, früchte- und marmeladenarme Petersburg. Das Paket stand auf meinem Hocker, meinem Aussichtsturm sozusagen, und hatte keinen festen Kartonboden, was ich nicht wusste. Hierin liegt die Tragik begraben. Ich hob das Paket an, um mich auf meinen Posten zu stellen, sonst reichte mein Kopf noch nicht über die Brüstung. Der Kartoninhalt fiel heraus, knallte auf den Balkonboden, die Johannisbeermarmelade verschmierte, es half weder Wischen noch Wünschen. Der aufgeplatzte Kamelhöcker war meine Plattform, ein Kamelchen-Karamelchen, das mich zu meiner Karawane nach unten ziehen oder davon abhalten würde. Auf Grund der darauf folgenden Konsequenzen kam mir die Aussicht abhanden, im Paradies zu bleiben. Immerhin herrschte an beleidigter Leberwurst kein Mangel.

So schmeckt in Petersburg ein Früchtekörbchen aus dem Süden, nach dem Zusammenbruch oder dem Ausbrechen, nach automatischem Blick vom Plattenbauplateau aufs Meer über meinem Revier, nach ungestillter Sehnsucht, jemanden unten zu erblicken, auch wenn schon der Herbst eingetreten ist, Oleg wieder zurück auf Kamtschatka und die Kummerkrümel auf dem Deckel, auf dem Balkondeck, nicht wegzuschieben. Solch eine Paketspeise schmeckt salzig, nach dröhnendem Fragezeichen, allwaltender Gewalt in der Verpackung des Schicksals – nach dem Russ auf Russlands versengtem Herz.

Das Schicksal heisst auf Russisch *sudba*. Darunter kann sich so viel verstecken wie in einem Karton oder einem Menschenleben. Mit seiner unvorhersehbaren Leichtigkeit kann es aufsteigen, mit seiner ungeheuren Schwere kann es tief fallen (lassen), sieben Stockwerte hindurch nach unten bis in den Keller. Das Leben hat das Schicksal im Griff, da kann man nichts machen, ausser schwarzen Tee zu trinken und sprunghafte Diskussionen zu führen. Eine fiese fatalistische Vorstellung, von der auch Atheisten besessen sind. *Sudja*, mit weich gesprochenem d, bedeutet Richter. Man hört gleich, das Schicksal richtet hier übers Leben, nicht immer weich: Die Leute, die daran glauben, glauben, dass man es aus der Hand gegeben, ja, dass man es niemals selbst in der Hand gehabt hat. Das Leben bereitet sich unvorbereitet von selbst zu, es richtet sich ein, es brätelt oder köchelt vor sich hin, ohne dass man das Rezept kennen würde, aber man kriegt ständig etwas ab – einen überfüllten Teller oder mit einem Löffel auf die Stirn und hat fröhlich einen an der Waffel.

Die Zutaten geraten in den Topf, die Karten legen sich bei der Geburt. Bourdieu unvergessen, entspringt der Habitus der Wiege, und warum nicht der spät- und postsozialistischen Sozialisation. Es gibt doch für alles das passende Märchen, und wenn es so eins gibt, wo der Brei überläuft, dann wäre es sogar logisch. Wenn man auch westeuropäische Märkte bedient, schickt man Karlsson vom Dach in die Küche: Er brät *bliny*, mit Nutella, ausserdem *syrniki* und *oladji*.

Im Osthirn gibt es über Mittag *Schicksalssuppe* ohne angeführte Zutaten, entsprungen der Ursuppe kochender Ozeane. Es gibt Kontingenzbrei und Richterbliny mit Füllungen, die sich der Kunde selbst komponiert. Wir folgen der *sudba*, demütig. Wir erlauben uns eine gewisse Intervention, indem wir übermütig hineinbeissen. Wir stellen schicke Schälchen für die Füllungen auf: Kombinierengarnieren erlaubt, inklusive Johannisbeermarmelade ohne Limit und Strafe.

Das Osthirn bietet noch etwas an, was mir meine Mutter geboten hat. Nur ein Mal, aber ich möchte es gern vervielfachen, pluralisieren und demokratisieren: Gemeinsam Sonnenblumenkerne knacken und dabei Zeitung lesen. That's it. Man kann ein bisschen mehr beschaffen, als man auf einmal möchte, und eine Hand voll in der Jackentasche tragen, um für den Fall der Fälle sich beim Warten schwarz-weisse Samen zwischen die Zähne zu stecken – eine Fotografie aus einer vergangenen Welt, fabelhafter als das Motiv mit Zigarette.

Zu Mutterleibspeisen gehört es, Rjaschenka zu trinken und Chalwa zu knabbern. Die milchfarbene Osthirnrevolution. Ich radle demnächst ins Milchkulturenarchiv und füge anhand essentieller Bakterien die nötige Säure und Süsse zusammen. Das wäre gar nicht so unschweizerisch, ich schwöre es euch bei den heiligen Kühen, und es wäre gesund für die Magenflora, höre ich sie knurren. Wir kriegen auch eine laktosefreie Version hin. Kefiralisation der Föderation à la carte.

Möglich, dass in der Badewanne, aus der man in die Türkei schwimmen kann, ein paar Karpfen aus dem *Ozean der Welt*, dem mehrstöckigen Fischgeschäft auf dem Ostrjaki-Prospekt unten, ungeduldig lungern. Aber um Wurstwaren wird es schlecht bestellt sein. Mein Habitus konserviert sich fleischarm, worunter ich nie gelitten habe, lässt man die Anämie ausser Acht. Kommt eben so, wenn man *sosiski* (russ. für *sausage*) so selten zu Gesicht kriegt wie Dollarnoten, man hält sie für eine Fremdwährung und weiss damit auf dem eigenen Teller so wenig anzufangen wie mit Gold im Portemonnaie.

Mein liebster Balkon, ich verabschiede mich von der Trockenfrüchtekette, von den bald für geräucherte Hühner einzutauschenden *welossipedy* und von den Wäscheleinen, auf denen Laken wie Schiffssegel zu fernen Horizonten aufbrechen. Womöglich nach Interlaken? Mit Dunja aus dem zweiten Stock der Langstrasse. Jedenfalls weit weg vom Essensmangel. Hunger erniedrigt und das kann man niemandem erklären, der / die nicht selbst Entsprechendes in der Perestroika geschluckt hat. *Perestroika* müssen wir auch ein Gericht nennen, wahlweise Konserven oder Saisonales von der Datscha. Du verstehst in dem gemeinten Zustand zu sehr, was „Schicksal" bedeutet: Wenn niemand weiss, was es wo wann für wie viel zu kaufen gibt und die Rede vom „Erwerben" auf einmal hochgestochener als Minnesang klingt. Denn eigentlich, dem Echo der Erwachsenen nach, wirst du übers Ohr gehauen: Zahlst mit Geld, das seinen Wert schon gestern verloren hat, zahlst zu viel, weil meist in Dollar, und kriegst nur etwas dafür, wenn du jemanden kennst, der dir den Gefallen tut, dir die Ware gegen Banknoten auszuhändigen. Ware, auf deren Qualität es nicht mehr ankommt, sondern nur noch darauf, sie zu besitzen.

Anderen Kindern in der Schule geht es nicht besser: Ein Junge bettelt dir eines Tages das Schulbrot weg, du teilst es als praktische Übung theoretischer Inhalte. „Gut sein" ist zentraler Schulstoff – wir lernen eine wichtige Zutat, Zitat: byt dobrym und in Bezug auf Frauen: byt dobroj, sowieso.

Wir haben es mit Käse vom teuren Markt zu tun, den die Mutter sich scheut, dir aufs Brot zur morgendlichen Tasse schwarzen Tees zu legen, weil, stellt sie fest, er wie Seife aussieht. Vom zerschlagenen Hoffnungspaket für den grossen Bruder verabschiede ich mich ebenfalls, und, wen stört es heute im Überfluss an Redefluss, Lebensmitteln und Schlagrahm, es stört nur das Wimmernflimmern im Hintergrund, das haben wir satt.

Wir verabschieden uns auch davon, dass mich der Bodenwischlappen – your wish comes true – auf die Strasse scheucht, wo ich mit meinem Geschenk, dem dunkelroten Springseil,

Glück habe. Mutter ist outragious, ausserhalb von sich selbst, da ich zu meinem siebten Geburtstag Freunde eingeladen habe, ohne sie vorher anzukündigen, und sie für uns Essen zubereiten muss, das sie nicht hat.

Geburtstagskuchen wird im Osthirn leider nicht geführt, ohne Vorstellung keine Nachahmung. Dafür sind Wassermelonen vorrätig, rund ums Jahr, ja! Und Tomaten, die im Mund zergehen, als würde man in sie am Felsenstrand beissen. Das verdient ein eigenes Kapitel, wie der Haus-Plow aus der Dose, die Tomaten gehören zu ihm, ungedörrt, und zum ungestörten Blick aufs Wasser. Ein zweites Kapitel. Wassermelonen, den Balkon schmückende getrocknete Aprikosen. Mir dreht sich der Kopf vor Hunger.

Betreffend Plow: Wir sassen und assen am verbotenen Ort, vor den Toren der geschlossenen Stadt in Balaklawa lauerten geheime U-Boote. Trau dich, Iphigenie auf Tauris und die figurative Angst, *idi na fig* (russ. für verschwinde). Wir hatten in Balaklawa unsere *baba Klawa*. Sie war dabei, als wir dort waren, und auch, als wir fortgingen. Wir, als Familie. Dort zumindest als Familie, der Erinnerung an einen Ausflug und dem einen Foto nach. Aber wenn, dann mit dieser als lustig verrückt geltenden Verwandten Klawa, die ich zwar nie gesehen habe, aber von der Mutter öfters sprach. Diese Baba schaute zu, wenn ich den mohrrübengelben Reis und die Lammfleischstückchen aus der Dose fischte und sie mit einem Tomatenbiss abrundete. Sie grinste, wenn der Saft daneben tröpfelte, auf die heissen Kieselsteine, und sich mit dem Salzgeruch des Meerschaums vereinte.

SCHWIMMEN

Von Klippen springen. Von einer Felsenecke hinab. Das Eintauchen ist das Ziel, und was weiter, weisst du nicht. Steht nicht immer alles auf der Karte. Das trägt man nicht ein, das erträgt man. Das Wasser breitet sich mit seinen Flüssen und Bergwellen aus, immerzu begierig, dich zu verschlucken. Du bist es noch nicht, aber bald wirst du Klippenspringerin. Und noch mal. Schwimm durch die innere Mauer zum nächsten Steingeröll, das sich so einladend aus dem Wasser hebt, dass du, die Nase voller Salzwasser und Freude noch etwas zu spüren, nicht mal merkst, wie du dir die Sohlen und die Fingerkuppen dran zerfletscht hast. So lernst du es. Das Wasser kann gar nicht erschreckend sein. Tief, ja, aber der nächste Halt-Dich-an-mir-fest-Stein wartet schon auf dich, in zehn oder zwanzig Metern Entfernung. Streng dich an und schwimm hin. Muss jeder können. Rein mit dir, raus aus der Welt. Ist doch nicht schwer. Brauchst nur den Kopf unter Wasser zu halten. Ausatmen, ins Wasser. Kopf runter, hab ich gesagt, so!

Jemand hilft nach. Das Wasser strömt die Nase hinauf, flutet das Hirn. Die Beine schwerelos, streben nach dem Grund, aber es gibt nicht immer für alles einen. Die Füsse ertasten keine stachligen Steine, die vergewissern würden, dass alles glitschig gut ist. Die Beine ziehen den Körper nach unten, weiter nichts. Das Wasser strömt weiter nach oben. Das Salz zersticht die Stirn. Du hast einen Felsen verschluckt. Die Hände greifen nach dem versprochenen Stein, sie umarmen das Ziel, sie hassen es, sie wischen Tränen ab, die Tränen des Meeres, das Blut der Meeressteppe, und hinter dem Horizont grüsst die Türkei. Am Ende der Welt geht es doch noch weiter.

Wir sind schliesslich auf der Krim, wo man nicht an Woloschin herumschwimmt und daran, in überhöht-kribbeligen

Kram aus Reim und Aquarell getaucht zu werden. Ihm zu huldigen, tam-tam, kri-kri, kra-kra. Seine Verehrung Kimmeriens und die Verehrung ihm gegenüber als Krimdichter werden den richtigen Weg deuten. Er ist ein einladender Wegmarker, ein ausladender Meilenstein. Man rücke an ihn dicht heran, aufdringlich, in der Ostzone bedarf es keiner Privatzonen, vor allem, wenn es darum geht, seinen Gedichten abermals ein Denkmal aufzustellen, Krimstein für das Urgestein oder umgekehrt.

Ich vergesse seine Gedichte und sehe andere Denkmäler. Sie nehmen überhand, sie zeigen mit ausgestreckter Hand in die siegesgewisse Zukunft, und wenn sie nicht auf Schrottplätzen ukrainischer Unabhängigkeitskämpfe gelandet sind, so ragen sie noch heute über den vorbeilaufenden Menschenzeilen hinauf. Ein bisschen wie Leuchttürme in der Ost- und Nordsee. Wegzeichen und Verirrungspfeiler. Vertikale Anordnung tut Not, das Auge freut sich über eine Unterteilung in Vorder- und Hintergrund, es freut sich über all die Kompositionen einer vertrauten Stadtsilhouette – je nachdem, woher man kommt, wie man sich bewegt, von wo aus man beobachtet und zu welcher Jahres- und Tageszeit. Was brauche ich sie schön zu reden, sie sind schön gewesen, inklusive der Matrosenpatrioten, des historischen Nimbus, der wie jener von Woloschin zu vielen grossen Ohs neigt. Ich habe mir vorgestellt, dass sie mich retten werden, falls ich untergehe, orange wie die Abendsonne in einer der Sewa-Buchten. Wenn sie das Vaterland schon so ehrenhaft gerettet haben, wären die Zöpfe eines Mädchens im Meer ein *pustjak*, eine Nichtigkeit, ein leichtes, im Nu zu erledigendes Häppchen auf dem Menü – de rien und kein rien n'est va plus.

Irgendwie rankt sich bei mir keine blühend-beschwingte Geschichte ums erholsame Baden auf der Krim. Dabei hätte ich sie gern erzählt. Die hätte der kurze und vorzeitig abgebrochene Familienurlaub liefern können, aber ich erinnere mich nur an eine verkrampfte Atmosphäre, einen für uns vier oder fünf viel zu kleinen Bungalow (ich schlief auf einem unbequemen Beistellbett), an ein gemeinsames Frühstück in einer unbelüfteten Mensa. Nach dem Essen das grosse Versprechen: das Soll der Bade- und Sonnenpläne für diesen Sommer erfüllen. Beim Betreten des Bungalows, um die Sachen für den Strand zu packen, das Desaster: Einbruch, Diebstahl, Erholung tot. Ich sammelte Blumen, die ich in der Nähe gefunden habe, und schenkte meiner Mutter ein Sträusschen, um sie aufzuheitern. Sie meinte, es seien Blumen, die man auf einer Beerdigung schenkt. Ihre Trauer schloss mich fest ein. Ich entfloh weiteren Morden, indem ich ab jenem Morgen mit einem Mädchen im Nachbarbungalow spielte. Ich verstand wieder nicht, wie das zwischen den Menschen funktioniert und sie dabei nichts Ungewöhnliches empfinden: Mir erschien es grausam, dass man sich im Paradies anfreundet, dann an verschiedene Orte in verschiedene Jahreszeiten fährt und nie wieder etwas voneinander hört.

Was hört meine Erinnerung? Sprich es aus, erzähl vom Mythos der Badenixen, die Welle rollt heran: Die einzigartige Urlaubsreise, *putjowka*, die mein Vater seinem Halbbruder besorgt hatte und die auch vorzeitig abgebrochen werden musste – ich bin eine erfolgreiche Ferienabbrecherin, wahrscheinlich habe ich deswegen selten welche, ja, ich muss gestehen, dass ich Panik vor dem Reisen hatte, nachdem wir in Berlin gelandet sind. Schön und gut, wir sind noch auf der Krim, verleiben sie uns gemütlich ein. Treiben wir die Annexion bis zur Anorexie.

Von der Existenz seines Halbbruders Konstantin hat mein Vater erst Ende der 80er erfahren. Mein Opa väterlicherseits, der Held der Sowjetunion, hat einen unehelichen Sohn, der fast so alt wie der erste eheliche Sohn ist, verschwiegen. Da mein Vater mit 17 von seinen Eltern rausgeschmissen wurde, vereinigte ihn die Antihaltung gegenüber den Eltern mit dem entdeckten Halbbruder. Er wurde der einzige Verwandte, den meine Eltern als solchen akzeptierten. Wobei meine Mutter bemerkte, es sei kein gutes Omen, wenn in einer Familie zwei denselben Namen tragen – hätte sie gewusst, dass es schon einen Konstantin gibt, hätte sie ihrem Sohn einen anderen Namen gegeben. Dieser Onkel war wohl eine strategische Achse für meine Eltern, der Onkel in Moskau, eine Art Konstantinopol. Bei ihm konnte man übernachten, zum Beispiel wenn mein Vater kurze Zeit später homöopathische Kügelchen für meinen apathisch gewordenen mittleren Bruder auftrieb. Im Gegenzug waren wir für den Onkel sein Zugang zum Schwarzen Meer. Das letzte Mal, als ich ihn in Moskau getroffen habe, und das ein letztes Mal bleiben wird, hat er mich gefragt, ob ich es nicht sehr bereue, von der herrlichen Krim weggezogen zu sein.

Ich habe bei schlechtem Wetter, wenn ich nicht gerade Puppenwelten erbaut oder Bücher und Filme ohne Rücksicht auf Altersbeschränkungen eingesaugt habe, leidenschaftlich gern gemalt. Das war auch später in Berlin wichtig, überlebenswichtig. Mir hat der Halbonkel, mit klarer Strategie, den Zugang zur Kunst eröffnet: Er hat einen Farbkasten, Begeisterung und Kunstbände aus Moskau mitgebracht. Mit dem Pinsel aus Eichhörnchenhaar fasste ich den Entschluss, Künstlerin zu sein. Wann immer ich es mit Papier zu tun habe, auch wenn es Buchstaben sind, dreht sich jene russische Routine: Komponieren, Skizzieren, Schicht für Schicht, Drauflos, Abstand, Perspektive, Details, dekoratives Ergebnis. Roulette. Dekolletétiefes Erlebnis, manchmal, und oft ohne Papier, im blossen Erlebnis, mal schwarz, mal rot.

Ich brauchte in Berlin, wo ich von Aquarell zu Acryl migriert bin, viele Leinwände. Was ich nicht brauchte, waren ermüdende Fragen, warum ich Magenta bevorzuge und was ich eigentlich male. Kein Was und kein Eigentlich, das ist es ja. So hörte ich auf, weder reisen noch malen wollte ich. Mit dem Lesen ging es auch so, ich habe eine Angst vor Buchstaben entwickelt, sie wollten etwas von mir, sie provozierten zur Reaktion und ich war noch beschäftigt, mit Reinkarnation. Sie verlangten nach Aufräumen. Ich verlaufe mich.

Mir scheint, dass das Lesen auch Schreiben ist. Es muss so viel seitens der Leserin dafür getan werden, das merke ich jetzt, wo mir die Energie fehlt, um die Wäsche aufzuhängen, aus den nassen Klamotten eine Zeile zu fügen. Ich mag keine Reihen, ich will dieses Lineare nicht, diese Horizonte, die man aufbaut und trennt, Zeile für Zeile, Zeile gegen Zeile, Ziel ohne Ziel ... Was das Malen angeht, das Krimmalen, trage ich es wie das Lesenschreiben herum – als Blick, Freude, Bedürfnis, Verbot aus Not. Ich verbitte es mir, so lebt es sich leichter, meine ich, und ich meine, ich male weiterhin, wann immer ich etwas sehe, lese, rieche. Es ordnet sich von alleine an, selbst wenn es nicht auf eine Leinwand gerät, sondern im Innenhof versonnen spielt, ohne beobachtet zu werden.

Jedenfalls hatte ich das Vergnügen, auf jene schwer zu ergatternde Urlaubsreise mitgenommen zu werden, um mich mit meinen Brüdern und meinem neu gefundenen Onkel in einer dafür vorgesehenen Anlage zu erholen. Sanatorium insane. Es bleibt neben einem Foto, auf dem ich gross und dünn aussehe, der sich verfestigende Eindruck, mit meinen acht oder neun Jahren damals in einem Film ohne Altersbeschränkungen gestrandet gewesen zu sein.

Mein Onkel hatte die Anweisung von meiner Mutter erhalten, er solle mir nach dem Strandbesuch die Haare waschen, um Läusen vorzubeugen, so die eiserne Logik. Das hiess, nackt vor einem Mann zu stehen und sich von ihm auf Befehl der Mutter hin den Kopf einseifen zu lassen. Aber auf dem Weg zum Strand und zurück hat man mich ermahnt, die Augen zu bedecken („Nudisty!"). Am Meer dann weitere Erweckungen.

Meine Brüder waren der Meinung, ich würde diesen Sommer das Schwimmen endlich erlernen. Sie zerrten mich zum Frühbaden um sechs aus dem Bett. Ich kletterte mit ihnen gemeinsam, ohne etwas gegessen, vor allem ohne getrunken zu haben, das Küstengeröll entlang bis zu ihrer Lieblingsstelle. Habe das Baden schon bei der Ankunft gehasst. Ein hervorragender Platz: ein hervorragender Stein, von dem ich in Folge eines Anstosses ins metertiefe Wasser flog. Wie immer stand die

Möglichkeit zur Verfügung, bis zum nächstliegenden Stein zu paddeln. Oder unterzugehen.

Mein Durst interessierte niemanden, weder morgens noch beim Nachmittagsbaden. Mir wurde klar, dass diesen Männern etwas abgeht, und ich wiederum nicht einsehe, warum ich sie respektieren soll. Es war egal, dass ich seit Tagen nicht mehr zur Toilette ging, nicht mehr schlief und stundenlang dieselben Steine und trockenen Bäume um unseren Bungalow herum bestieg, meditativ oder mich an ihnen festhaltend, weil ich mit Felsen immer etwas anfangen konnte, so wie die Alpinistka bei Wyssozki. Das Einschlafen regelte mein ältester Bruder, der Medizinstudent, durch Hypnose. Dein Muskel mit dem lateinischen Namen soundso entspannt sich neben der Sehne, die gaaanz elaaastisch wird …

Am vierten Tag behelligte mich die Idee, meine Eltern anzurufen. Ich wollte ihre Stimme hören, ob sie noch existieren, und ob es noch eine Instanz gibt, der Brutalitäten an ihrer Brut nicht egal sind. Als die schöne Stimme meiner Mutter fragte, wie es mir geht, heulte ich los. Die Verdauung ist etwas, was in ihrer Philosophie gut funktioniert. Mutter sagte, dass Vater mich aus der Neuen Welt, wie das Ferienparadies hiess, abholt. Er kam wirklich. Mit dem dunkelgrünen Wagen der städtischen Heizungswartung.

Nach der Rückkehr von dieser Südküste der Krim – ein Name, der Träume heraufbeschwört – umarmte mich meine Mutter. Ich war verstört. Sie hat sich den ganzen Abend Zeit für mich genommen, eine Heldintat angesichts der kaputt gegangenen Waschmaschine und ihrer regulären Schichtarbeit. Ich habe mich wie nach einer Indianerprüfung gefühlt. Es konnte nicht mehr schlimmer kommen, als Schwimmen zu lernen: Ich sagte ihr, während sie mich duschte, aus Angst, ich könnte vom Strand Läuse mitgebracht haben, ich fände ihre Idee, dass ich die vierte Klasse überspringen soll, doch in Ordnung, und würde die Prüfungen dafür ablegen.

Sie ist mit mir die Lehrbücher der vierten Klasse durchgegangen, jeden Vormittag zwischen Frühstück und Mittag in jenem Sommer. Die Idee meiner Mutter war, dass ich in der fünften Klasse mit dem Englischunterricht beginne und mich so aufs Deutschlernen vorbereite, um es nach dem anvisierten Planetenwechsel nicht allzu schwer zu haben. Ich hatte – vor der Reise mit den drei Männern in einen Bungalow – einen Monat lang mit meiner Mutter für diese eleganten Hopsprüfungen gepaukt, hatte aber aufgegeben. Wollte meine Ruhe, unten sein, ich wollte meine Ferien und meine Freunde. Nach der *putjowka* nahm ich die Lernfolter freiwillig auf. Habe die Prüfungen bestanden, vielleicht dank der Ziegenmilch vorher, war die jüngste in der fünften Klasse und hielt die Bezeichnung meiner Freunde – „Wunderkind" – weiterhin für eine Beleidigung à la King Kong, die sich als vertraut rauer Ton der Strasse aushalten liess.

In Berlin, wo ich meinen Kosenamen, den Codenamen aus meinem Hof hätte verstehen können, fühlte ich mich richtig affig, denn ich musste die fünfte Klasse wiederholen. Wie immer kamen meine Eltern nicht mit in die Schule, ich hatte es selbst zu regeln. Man sagte mir, mit zehn Jahren gehe man in die fünfte Klasse, für alles andere sei ich zu jung und müsste erst einmal die Sprache lernen, so habe ich es zumindest verstanden. Diskussionen waren ja nicht möglich. Altersbeschränkungen auf einmal schon.

Sobald der Kopf die Wasseroberfläche durchstösst, schnappst du mit der Stange vor Augen nach Luft, mit den Händen nach der Stange. Fies entzieht sie sich, du rückst vor Wut von der Stelle. Am Ende, wenn du die Siegertreppe erreicht hast, die aus dem Schwimmbecken im Hafen neben den Schiffskielen zur betonierten Anlegestelle hinausführt, merkst du zwar, du bist fast verreckt, aber du stehst darüber und spürst, dass du sogar bereit bist, die Prozedur zu wiederholen, die *prozedura*. Jemand wird dir *molodez* (laut Wörterbuch russ. für Prachtkerl) dafür sagen, und jemand: *dura* (russ. für Dummköpfin). Du vergisst bald alles bis auf die Kälte der trocknenden Tropfen auf der Haut.

Es kann keiner dafür, dass der Schwimmlehrer trinkt und nicht mehr weiss, ob du in der Anfänger- oder in der Fortgeschrittenengruppe bist, ob du ins flache Becken oder neben die Schiffskiele und in die Bahn der auf Geschwindigkeit kraulenden Jungs mit breiten Schultern und prustenden Gesichtern gehörst. In diese Schwimmschule sind auch deine Brüder gegangen, der Gerechtigkeit halber wird dir dieser Unterricht auch zuteil. Damals war wohl aber wirklich alles besser.

Man sagt, für Russland sei es typisch, Utopie und Dystopie in einem vorzufinden, neben- und ineinander. Die Krim spielt diesem Doublebind einen Ball zu, da gräbt man viel Tod und viel Leben an, Blut und Glut, alte Helden und Neureiche, Kampf und Genuss. Geschichte und Nicht-Geschichte. Meine Ungeschichte des Meeresungeheuers hört heuer auf. Gefahr und Schutz, Steppe oder etwas Karges und Berge oder Gewelltes, dauernd begleitende Draufsicht aufs Meer, Schwimmmeer und Grimmmeer, schön und gut. Aber wie die Sonne in jedem Atematom glänzt, wie das Wassersalz in die Poren dringt, wie die Pinien Schatten werfen und wie man beim Rasten döst, sich ihnen vertrauensvoll hingebend, das bleibt auf dem Grund eines durchsichtigen Riechbildes, im läusefrei-lauschigen Leseschrein.

UKRAINE

Osteopatin. Könnte das die neue deutsche Rechtschreibung sein? Ein Berufswunsch? Nicht ostdeutsch und rechtens, nicht ordentlich und nicht Patin des Ostens. Ostbahnhöfe im Westen und globale Psychopathinnen. Denk ich an die Ukraine, bin ich am Rand. Des Wahnsinns oder des Schlafes, wach. Denk ich an die Ukraine, bin ich um Träume gebracht. Bringe Opferschafe. Ergreife unpolitische Flucht, mit einem Feigenblatt bedeckt, und zwar einem von *dort*, gar mit einem Lorbeerblatt. Wir hatten einen Lorbeerbusch, der vor dem Hochhaus wuchs, und manchmal brachte ich meiner Mutter diese wichtige Suppenzutat aus meinem ersten Reich, die Lorbeeren hatte sie lieber als Blumensträusse. Das ist das wahre Salz der Suppe, das einzig Richtige, richten Sie es ein, damit ich nicht abdrifte, vom Rand springe, rüberschwimme in die Türkei über den Züri- oder den Wannsee.

Alupka, Aluschta, jüdische Höhlenstadt, Jalta? Konferenzen, Weltgeschehen? Wir wissen, wir sind eine Weltstadt. Es genügt, die schattigen Hinterseiten der Fassaden für Wandmalerei bereit zu wissen, vom Meerwasser in der Nase umgeben zu sein, und Brüder zu haben, die Englisch können. Ich erinnere mich nicht an eine ethnisch homogene Familie. Der beste Freund meines ältesten Bruders war ein Grieche, die Mutter meiner Freundin Nastja aus dem fünften Stock entstammte einer Zigeunerfamilie (das hiess damals noch so), in meine Klasse ging ein tatarisches Mädchen mit polangen Zöpfen und eine Freundin aus dem Hof den Hügel weiter runter war Polin mit einem sprechenden Namen, Wanda. Tataren kamen häufig zu dem Hausmeister im Erdgeschoss zu Besuch, ihre runden Mützenmuster haben wir uns genau angeschaut, so wie jeden, der ein- und ausging. Gegensprechanlagen gab es nicht. Die Tür stand offen, Kindern wie Kinderschändern, sozialistische Gleichberechtigung.

Durcheinander in den Genen, in den Familien, in den Orten und Sprachen, die zu diesen Familien gehörten. Kein Anflug eines Denkens der Trennung nach innen hin, nur eine eisern klare, aber nie eisige Trennlinie gegenüber dem Rest der Welt. Idee, es zu entwirren. Wir dachten in Mahl- und Jahreszeiten, in Malzeiten und Wetterstimmungen: Was sagt der Blick vom Backbord, wie wir den Balkon nannten, ist das Meer heute schwimmbar oder sind zu viele Wellenschaumschäfchen drauf? Meine Eltern dachten in Fragen, die unsere Welt bewegten: Was werden meine Brüder studieren, wo werden sie wohnen, wo und wie gründen sie nach dem Studium eine Familie?

Meine Krim hat wenig mit der Ukraine zu tun, es tut mir leid. Nach 1991 kam die Ukraine vor allem auf dem neuen Geld vor, das täglich an Wert verlor. Die *kupony* coupierten die Existenz, meine Eltern fühlten sich genarrt. Grundsätzliche Gefahr durchtränkte die Luft. Ich trennte mich von meiner Rubelmünzensammlung.

Auf einmal tauchte Kiew zuhause auf, weil mein Vater dorthin in die bundesdeutsche Botschaft fuhr, mehrmals. Probleme tauchten auf. Sah fast so aus, als ob die Botschaft lautete: bestechen, damit alles seinen geregelten, vom Gesetz über Kontingentflüchtlinge her ordentlichen Gang geht. Ich hatte mich gewundert, warum denn Kiew. Mutter sagte, das sei die Hauptstadt der Ukraine. Ich fragte, ob wir in der Ukraine leben. Ja, ich wunderte mich, aber andererseits, wenn man sich ständig darüber wundert, dass Tag, Nacht, Wasserhähne und Freundschaften auseinanderbrechen, dass die Mutter ein Brecheisen neben der Wohnungstür lagert, falls es wieder einen Einbruch geben sollte, dass die Schuhe wieder drücken und wie es damit weitergeht, dann vergeht auf wundervolle Weise das Wundern auf der wunderbaren Halbinsel, der Schatzinsel unserer russischen Seele, ihrem frohen Fried- oder Hinterhof, oder: Vorhof, Vorhut, Avantgarde. Im Grossen und Ganzen dachte ich in der Tat, wir würden in Russland leben, und zwar im Zentrum. Mir fehlte jegliche Vorstellung davon, was die Ukrainer oder die Ukraine sein könnten – dieses Konzept ist auch ein Wunschkonzert, sagte später jemand. Wie auch immer, ich bin mit einem Begriff des „Unterschiedlichen" aufgewachsen, nicht mit jenem des „Anderen". Das begann im Westen. Aber der Westen segelte ja zu uns, und er stand im Buchregal. Er hiess am ehesten USA.

Erst vor kurzem, vor ein paar Jahren, als ich Ukrainisch gelernt habe, habe ich festgestellt, dass meine Mutter Ukrainismen in ihr Hausrussisch gesät hat. Ich dachte, das sei der sowieso eigenartig formierte, von Witzen, Anspielungen und Zitaten durchwebte Jargon unserer Familie. Meine Mutter, die mit zehn in eine ukrainische Schule in Winniza gekommen und auf diese Weise zweisprachig geworden war, hat manchmal mit meinem Vater ein paar Sätze auf Ukrainisch gewechselt, Zeilen aus einem Gedicht oder einem Lied oder auch nur mit einigen Wörtern durchsetzte Sätze auf Russisch. Sie haben einander ständig Zeilen zugeworfen, das ist ihre Sprache der Liebe, und ich habe sie nicht einmal nach einem Slawistikstudium verstanden. Das Studium hat ohnehin nicht dazu verholfen, in Berlin spriessenden Sprachbarrieren zu meinen Eltern entgegenzuwirken, derweil sie die ihrigen zum Gastland langsam abbauten. Im Endeffekt trafen wir uns nur noch manchmal wie in einem Büro, damit ich ihnen Behördenbriefe tippte. Aber das ist viel langweiliger als die Ukrainegeschichte meiner Eltern – auch, weil sie mir diese, wie die ganze Familiengeschichte, vorenthalten.

Ich weiss vage, irgendwo zwischen Russisch und Ukrainisch, dass mein Vater in Winniza dieselbe Schule wie meine Mutter besucht hat, nachdem er von der koreanisch angehauchten Verbannung in Sachalin zurückgekehrt war. Er hat ihr Nachhilfe-Unterricht in Mathe und Physik gegeben, damit sie die Zeit, die sie mit Fabrikarbeit statt Schule zubringen musste, aufholt.

Während mein Vater etwas Ernsthaftes mit den Nieren auf Sachalin hatte, musste er Medikamente nehmen. Er ist deswegen nicht weiter gewachsen, und er hat ein oder zwei Schuljahre verpasst. Trotz dieser widrigen Umstände, wie es sich für eine Heldengeschichte gehört, hat er es geschafft, in den Naturwissenschaften in der Schule der Beste zu sein. Die Lehrerin hat ihn meiner Mutter empfohlen. Sie trafen sich nach Schulschluss, wie es heisst, um zu üben.

Durch die gemeinsame Zeit in Winniza hatten sie über das Ukrainische etwas gemeinsam, wenn sie es kurz einstreuten, oder wenn Mutter sich mal wieder in eine, sagen wir mal aus heutiger Distanz heraus, antisowjetische Hassrede hineinsteigerte, die alles und jeden in einen Schneesturm mitriss, wohl auch jede Sprache, die ihr dafür zur Verfügung stand. Oder wenn ich sie beim Radiohören gestört habe – sie hörte Sendungen auf Russisch, Ukrainisch und Weissrussisch. Oder wenn sie vom siebten Stock nach mir „Tanzja" rief (die anderen Kinder wunderten sich und fragten, ob ich etwas vortanzen könnte). Sie hat mich nie anders genannt und ich dachte lange, dass ich so heisse. Den Namen gibt es nicht, es ist eine ukrainisierte Wortneuschöpfung, analog zu „Hanzja". Wenn mir ein anstrengender Tag mit Prüfungen bevorstand, rief sie mir morgens beim Abschied nach: „Kosake, halt durch, eines Tages wirst du Ataman!"

Nun, das alles half nicht sehr, um mir zu verdeutlichen, dass ich in der Ukraine lebe. Die ukrainischen Einsprengsel waren als solche nicht gekennzeichnet, ich habe sie unter sprachlichen Spielereien verbucht. Sie plätscherten genauso auffällig, aber dazugehörig daher wie *bozman, lozmán, mitschman* und auch: Gofman – männlich und noch mehr: maritim.

An dieser Stelle rufen darüber hinaus die weiten polnischen Felder um das Städtchen Radziłów danach, genauer betrachtet und mit ihren – und vielleicht meinen – Geschichten angehört zu werden. Es gilt ja nicht mehr und nicht weniger als zurückzukehren. Am Tau ziehen, auftauen. Nächstes Mal. Noch ist das Feld zu weit, das Eis zu dünn, der Ruf zu leise. Ein weiterer, tief liegender Grund, der diese Welle hinausschiebt: Mir gefällt die Vorstellung, ganz signifikant und als Signifikant erst ganz, eine der Hinterhöfe zu bleiben. Damit das nicht allzu auffällt, aber als Signatur prägt und schützt, habe ich mich für *Hofmann* ausgesprochen.

Zurück zur Sprache der Mutter: Die Bezüge auf die Ukraine gingen oft mit einer relativ relaxten Stimmung meiner Eltern einher. In dieser Stimmung tauchte auch Petersburg auf, mein Vater hat dort studiert, sie haben fünf Jahre lang eine Fernbeziehung zwischen Winniza und Petersburg geführt. Es tauchte auch Turkmenistan auf. „Deine Mutter kommt von dort", pflegte mein Vater schmunzelnd zu sagen und meine Mutter zu fragen, gegen wie viele Kamele er sie eingetauscht hätte. Turkmenistan? Ist das mit der Türkei verwandt? Das war doch das Land, von welchem es hiess, ich solle nicht dorthin schwimmen und wo ich Jahre später bei einem Urlaub schwimmen lernen würde, was für eine Ironie. Ehrlich gesagt spricht es nicht für meinen weiten Horizont, der vom Balkon aus Richtung Türkei gerichtet gewesen ist. Doch damals habe ich topografische Vektoren, die über die dorischen Tore meiner Stadt hinausführten, für Erwachsenenscherze gehalten.

Vor den letzten Sommerferien in Sewastopol sagte unsere Klassenlehrerin, sie müsse ab dem neuen Schuljahr mit uns Ukrainisch sprechen. Auch wenn sie es nicht könne. Meine Mutter sagte, ich würde es schon lernen, das sei kein Problem, sie hätte auch als Schülerin Ukrainisch gelernt und sei nach einem halben Jahr die Beste im Ukrainischunterricht geworden. Ich hätte mir sagen können: Kein Problem, habe zwei Klassen ausgelassen, da ist eine neue Sprache doch ein *pustjak*, ein Snack zwischendurch, aber ich merkte einen Widerwillen. Ich habe doch die Aufnahmeprüfung auf der Schule mit Englisch-Schwerpunkt nicht bestanden, ich war für Sprachen unbegabt, hat man mir bescheinigt, und glaubte logischerweise daran, dass ich rein naturwissenschaftlich ticke.

Ich merkte den Widerwillen auch in Deutschland. Es tut mir leid, ich mochte Deutsch nicht, die Melodie und die Leute dazu waren mir nicht geheuer. Es gibt keine weiteren Erklärungen, ich hatte einfach keine Lust, eine fremde Sprache zu lernen oder gar auf eine Metaebene geschubst zu werden. Ich wollte Russisch sprechen, darüber gar nicht nachdenken, welche Sprache ich warum und wie spreche, sondern Mathe-Aufgaben lösen.

Ich betrachtete oft die Gesichter meiner deutschen Mitschüle-rinnen. Wer sucht, der findet: Manche kamen mir nach einer Weile vertraut vor, und eine, die praktischerweise Katharina hiess, fragte ich, ob sie nicht zufällig Russisch spreche. Sie ver-zerrte angewidert ihr angeslawischtes Gesicht. Nicht nur sie, meine ganze Schule, allen voran die Lehrerinnen, die früher Russisch lernen mussten, mochten kein Russisch. Deutsch er-setzte Ukrainisch. Aus Wut wurde ich gut.

Andere Anzeichen der Krankheit namens Kultur, vor der Ausreise: Meine Eltern regen sich über ukrainische Politiker auf, es gibt Demonstrationen, die Winterkälte fühlt sich wie unter Null Grad an, die Feuchtigkeit feuchter. Die Zeit stellt man in Sewastopol nach Moskauer Zeit um, auch in unserer Wohnung, und meine Mutter frohlockt. Ich höre, dass sie auf das Projekt „Ukraine" schimpft, und zum ersten Mal schimpft sie auf etwas, ohne mich in die Lawine einzubeziehen. Sie vergessen mich komplett, so politisiert ist die Lage, sie werfen mir allenfalls einen Stapel des ukrainischen Geldes hin, da die *kupony* ange-sichts der Inflation nur noch Spielwert haben. Ich habe meine Ruhe, allerdings nur so lange, bis ich höre, wie sich der Plan konkretisiert, nach Moskau zu ziehen. Dort würde der begabte Konstantin – der mittlere Sohn, das eigentliche Wunderkind – Sprachen studieren können. Sie schauten schon die Zeitungs-anzeigen durch. Sie wollten unsere Wohnung gegen eine in oder bei Moskau tauschen. Doch dann rief meine Mutter zu Silvester ihren Cousin an und erfuhr zufällig von dem Kontingentflücht-lingsgesetz. So flüchteten sie vom Kontinent der Kontingenz, wobei nur ihnen klar war, was sie tun; ich behaupte mal, meinen Brüdern war es wie mir schleierhaft, und ich weiss nicht, ob wir den Schleier je gelüftet haben.

Hier halte ich kurz inne und frage abermals: Wie geht es den Leuten, die dort geblieben sind und die den Zerfall der Sowjet-union weiter vor Ort erlebt haben? Sind sie migriert, ohne ihr Land zu verlassen? So oder so, *es* wäre irgendwann bei mir angekommen. Damit auch dieses „Gefühl", dass es früher und dort, an diesem Dortfrüher, das richtige Wort gegeben hat. Die richtige Nähe. Die richtige Familie, die richtigen Eltern, die richtigen Freunde und Freuden. Eine Welt ohne Anführungszeichen, selbst wenn sie politisch-ökonomisch zerfiel.

Ich bewahrte mir nicht nur diese kindisch-kindliche Vorstellung, ich bewahrte mich selbst in dieser Vorstellung, irgendwo mal kein stranger auf der Strasse gewesen zu sein. Ich mag sie nicht Nostalgie nennen, sie hat überhaupt keinen Namen, sie ist eine sie oder es, mal so, mal so. Siees ist nötig gewesen, um nicht weitere Jahre in einer Depression stecken zu bleiben. Eine Bedrückung, die das auflöst, was dich zerdrückt: Du entwickelst dich dank deiner Vorfahren zum Verfahren, verrückst das Verrückt zu *verfremdet*. Beweist, dass Gleichungen nur auf Papier aufgehen. Klebst auf dem Rückweg von der Schule im Bus am Sitz, obwohl der Bus vor „deiner" Haustür hält. Bleiern und bleich, vor die Entscheidung gestellt, mit dem Plastikbezug des Ikarusbusses zusammenzuwachsen oder vor ihn zu springen, vom DDR-Hochhaus runter oder sich doch davor zu ekeln, unten auf fremdem nackten Gebüschmüll aufzuschlagen.

Das tut weh: Saiten eines Instruments berühren, dem ich nie Musik entlocken konnte. Erklären wir das Tippen zum Herumtappen im Keller beim Versteckenspielen. Mit Oleg an der Seite, der mich zufällig umarmt, während er sich nach Gefahren umschaut, und mir vorsichtig den Finger an den Mund legt, damit ich schweige, ihm folge und wir uns an der Wand abmelden – und als Nicht-Gefangene die Runde gewinnen. Voilà, ich habe einmal so tief gefühlt, wie es später nicht mehr adäquat sein wird. Ich bin einmal sicher gewesen, an einem verbotenen und verschlossenen Ort, mit und ohne Menschen. Würde man der Statistik ein Schnippchen schlagen, ich würde ihn nicht wieder erkennen, ausser im Schlüsselrussen zum originalen Wortort. Obwohl ich begreife, wie hoffnungslos sie ist, diese Vorstellung, die ich mir selbst geboten habe – wie bei einem Essen, das man zwar Freunden serviert, aber für das man sich verantwortlich zeichnet, so dass es das eigene Essen bleibt, egal, von wem es gegessen wird.

Diese Vorstellung macht mich bis heute sprachlos, auch wenn ich mir noch so viele Ersatzsprachen, Jargons und Register einspritze. Ich bespiele sie nie so ganz richtig, Gehör hab ich nicht, liege daneben, liege in einem Homi-Bhabhaschen Dazwischen, streichle zwei Häschen auf einmal, statt wenigstens mal eines zu schlachten. In der vermissten Russkost gibt es wenig Trenn- oder Rohkost und viele verbreite (wenn auch nicht verbreitete), versalatierte, in Butter gedünstete Speisen. Alles parat, mein Marat, fahren wir fort – ungeachtet der tierischen Versuche, sich in Askese zu üben oder im Gegenteil, sich von Traditionen auf dickschichtigem Tortenboden tragen zu lassen.

FOREVER-OLEG

Oleg, ich dachte, von deinem Vornamen gäbe es keine Verniedlichungsform. Olescha, habe ich nun in einem ukrainischen Text gelesen. Dabei klingt dieses Nämeli nach einem russischen Autor polnischer Herkunft. Habe mir nie viel aus Namen gemacht – Hauptsache, ich wusste, wer auf welcher Etage wohnte. Du auf der höchsten, das Anhimmeln war vorprogrammiert. Oleg aus dem zwölften Stock. Ich konnte aus Vikas Zimmer zu deinem Balkon hinaufschauen. Von meinen Balkonen aus konnte ich nur prüfen, ob du unten bist. Dich so lange von oben beobachten, bis du den Blick hebst – ebenso, wie ich manchmal deinen Balkon von unten abgescannt und dein mir zugewandtes Gesicht erwischt habe.

Vielleicht erkennen wir einander doch, eines Tages, eines Ortes. Mir fällt dein Geruch ein, wenn ich daran denke, wie hell du gewesen bist. Wenn du zu uns gekommen bist, warst du dunkelblond, und am Ende des Sommers, wenn du genauso plötzlich verschwunden bist, winkte dein Haar mondblond. Lebendig, scherzhaft, aber nicht so übertrieben wie manche deiner Freunde. Oft gelacht hast du und ich habe dir gern aus den Augenwinkeln zugehört: Du standest vor deiner Clique, sie sassen auf dem Trottoirbord, du warst der Kapitän ihrer Vibes. Wer vorne stand, musste unterhalten, jedes Wort mit Witz im Griff halten können. Tanzende Lippen, das ist alles in meinem Kopf, und zwar nicht, weil es mir wichtig war, sondern weil du mir wichtig warst, unerklärlicherweise, und diese äusseren Merkmale zu dir gehörten.

Ein bestimmter Sonnenuntergang stimmte mich beim Gedanken an den nächsten Tag traurig und dann, als es dunkel wurde und wir als letzte heimgingen, glücklich. Der Erinnerung daran gebe ich gern meine Stimmung an die Hand, dem vitaminösen Blutorange über dem *Burewestnik*. Als du neben mir abends auf der Bank gesessen hast und die anderen Jungs (sogar der, der mir mein Springseil abgenommen hat) sich taktvoll nach Hause verzogen haben. Mag sein, dich habe ich auf immer verloren, aber die Bank ohne Lehne mit den dunkelgrünen Holzstäben, von denen einer ausgerissen und einer abgebrochen gewesen ist, diese Szene um sie, um uns, das Uns, das sitzt auf immer.

Ich erzählte dir von dem Schwimmunterricht und dass ich gar keine Lust habe, am nächsten Morgen von meinem Bruder an den Hafen gebracht zu werden. Von dem Sprachgenie, das sich in einen englischen Roman vertiefen und nichts sehen wird, nicht einmal, wie ein Junge, der nicht ins Wasser geworfen werden will, sich am Rock seiner Oma festhalten und diesen zur allgemeinen Konfusion runterziehen wird. Du, Oleg, sagtest, man könne es sein lassen, wenn man etwas gar nicht möchte. Ich wiederhole deinen Einsatz, diesen Satz, ich werde ihn meinen Kindern und Studenten als die einzig gültige Wahrheit beibringen. Das ist mein Verlobungsring – ich bin voller Lob für jene Möglichkeit der Befreiung, den Satz hat meine Mutter verstanden. Angesichts der Berliner Plattenbauten, die mir mit ihrer Regelmässigkeit und gleichermassen ordentlichen Nichtindividualität wie Kulissen eines Filmes erschienen, für den ich keine geeignete Besetzung bin, habe ich dir geschworen, dass du meine gr. L. bleibst. Lasse mich von keiner Westdeko, von keinen Balkonblumen täuschen. Meine grüne Limette blüht bei jedem Wetter.

Die Studenten von heute sind wohl erzogen und modisch angezogen. Ich wüsste gern, was sie für Kindheiten hatten, welche Kindheiten nach 1991 möglich sind … Du hast dir nicht viel aus Klamotten gemacht (wie sollte das auch gehen). Dein beigefarbenes Hemd mit dem Pflanzenmuster aus den 70ern. Das Muster war ebenso auf Haushaltsschürzen von Omas zu finden, habe ich genauestens im Trolleybus auf einer Fahrt an den Strand bemerkt, nur in dunkleren, blau-grünen Tönen. An dir aber war alles hell, wenn auch gebräunt. Ein weisses Mara-Gespenst aus dem Fernen Osten, ein dunkelhäutiger Matrose aus unbekannten Gefilden.

Oh, leg schon los. Wenn ich den gesehen habe, zuckte in mir etwas zusammen, wie bei einem Zuckerwürfel mit Zitrone, den man trotz Erkältungsdämpfung plötzlich überdeutlich schmeckt. Vier Jahre älter als ich. In den drei Ferienmonaten zog er zu seinem Halbbruder in das Hochhaus gegenüber. Das ist der, in dessen Schrankwand ich dort, wo bei uns die Fotos lagen, kleine Panzer bestaunt habe, dazu noch eine Liege auf dem Balkon – sie hatten eine Wohnung wie wir, nur im obersten Geschoss des Nachbarhochhauses. Dort wohnte die Oma, der Halbbruder und Oleg im Sommer, aber nein, eine Zeit lang war er auch im Winter da. Ich hatte keine Ferien, ich lief in die zweite Schulschicht den Hügel entlang, den wir sonst auf Pappe runtergerutscht sind. Ich schaute hoch, er beobachtete mich. Er sah einen streng geflochtenen Pferdeschwanz, den er sonst vom Wind durchwurstelt kannte. Ein wenig wie der Junge aus *Kogda ja stanu welikanom*, nur dass ich für ihn die Gedichte schreiben würde, auf Deutsch.

Mein damals noch nicht anders gewordener Bruder war mit Olegs Halbbruder befreundet, daher bin ich als die kleine Schwester in jener Wohnung gewesen, sie still mit Megaherz abfotografierend. Ich kann ausser dem Halbbruder kein Gesicht hervorkramen, das mit ihm verwandt wäre, nicht mal das der Oma. Aber seins sehe ich in vielen verschiedenen Aufnahmen. Blaue oder blaugraue oder blaugrüne Augen, das ganze Schwarze Meer darin. Einer, der aus Sibirien direkt auf den Strand und aufs Skateboard zugesteuert ist. Heute ist aus ihm ein Macho geworden, der gar nicht weiss, dass es mich gegeben hat. Oder er sitzt gerade sentimental bei dem Gedanken an Sewa herum und sieht das zerzauste Mädchen aus dem siebten Stock, dem er damals, wenn es keiner sah, von Zeit zu Zeit fesch zugewinkt hat.

Wenn ich an ihm auf Rollschuhen vorbeifuhr, während er vor seinen auf der Bordsteinkante hockenden Kumpels die Stimmung dirigierte, war ich so konzentriert darauf, unbeteiligt zu wirken, dass ich nie erfahren habe, mit welchen Witzen er sie unterhalten hat. – Der unbeschreibliche Traummann, irgendwo zwischen Portugal und Kamtschatka. Das Leben kommt mir manchmal wie ein obvious pun vor. In die Pfanne gehauen und nun etwas Essbares daraus braten. Ich bin Mutter, ich bin es nicht nur geworden, ich bin es. Punkt, Ende, Flasche leer, habe fertig.

Und das alles nur, weil ich mich nicht getraut habe, nach dem Nachnamen des ewigen Oleg zu fragen. Nennen wir ihn doch Oleg aus Kamtschatka. Von dort, wo der beste geräucherte Fisch stammt, mit dem die Redaktion von *Russkij Berlin* gelegentlich versorgt wird. Hat mir meine einzige Russisch sprechende Freundin in Berlin erzählt, mit genauem Essensbericht: Dem Laut nach erlebten wir gerade alle einen multiplen Höhepunkt. Na gut, sie hat es nicht mir erzählt, sondern dem Gesichtsbuch. Auf Deutsch. In Deutschland assimiliert man sich oder meliert vor sich hin, und zwar egal, ob man mit zehn wie ich oder mit 13 wie sie hingeraten ist. Auf den Zukunftswunsch der Eltern hin mitgenommen worden ist. Habe sie dafür bewundert, dass sie sich eben nicht so stark angepasst hat wie ich, und dass sie sich vor allem das Talent zu lachen bewahrt hat. Ich bin gespannt, was sie sagt, wenn sie mich in der Schweiz besucht. Da bleibe ich erst einmal, komme, was und wer wolle. Es ist mir egal, wie solche libidinösen Anti- und Proheimatwünsche tönen, sie haben mich längst verfärbt, ich bin im O-Ton für Helvetia.

Schnitt: das halbfestliche Kleid. Jenes für Samstage und Tage, an denen sowohl meine Mutter als auch ich gut gelaunt sind. Auf ihm sind Ebereschenzweige abgebildet, blau-weiss, etwas ausgewaschene Baumwolle, im kühlen Widerspruch zur Realität, Ebereschen denkt man sich sonst orange-rot. Das Kleid, in dem meine Mutter gut drauf war, hob auf schwarzer Grundierung weiss-rot-gelbe Blumen hervor. Sie hat es in Berlin weggeworfen – ich hatte Angst, dass sie nie wieder gute Laune haben wird.

Die kurzen Ärmel meines halbfestlichen Kleides sind ein wenig durch den Gummibund aufgeplustert, Mutter nennt sie *fonariki*, „Leuchtlampen". Den Bauch umkreist auch ein Gummizug. Von da an fällt der Rock bis zu den Knien in wiederkehrenden senkrechten Wellen. Jeden Sommer unaufhaltsam kürzer. Aber mit demselben Schwung, mit dem frau vorsichtig ist: Kaum weht von der Meeresseite eine Böe, muss sie den Rock bändigen, Hüpfen geht nicht mehr. Gemeine Vogelbeeren, ihr habt nicht über der Nabelhöhe zu flattern. Fast-Festlichkeit der Kleider angesichts der sonst umgenähten Shorts aus den Hosen meiner Brüder. Prüderie der Farbgebung angesichts

der schwarz empfangenen Westtrickfilme wie die Gummibären-
bande …

Sein beigefarbenes Hemd schenkt mir Kaffeekringel zum
Meditieren; habe das Naturereignis, das diesem Muster zu-
grunde lag, nie entziffert. Seine trainierten Arme schauen braun
aus den kurzen Ärmeln heraus. Ich schenke dir ein Hemd mit
Vergissmeinnicht-Muster, wäre das was? Ich wollte schon lange
ein Kleidungsstück aus weissem Leinen nähen, mit schwarzer
Stickerei: Buchstaben, Zeilen, Paragraphen, zerschnitten und
fragmentarisch genug, um ansatzweise gelesen zu werden, sofern
man möchte. Ich zerschneide Zeilen und lasse dir eine Taube
mit diesem Textil zufliegen. Du kannst dich hineinwickeln.
Keine Taube, sondern eine Möwe. Einen Burewestnik, unseren
Sturmvogel. Einen Kran, der dich hierher versetzt, als Muse des
Museums *Milaja ssemja*.

Es gab nicht viel zum Merken. Vika hatte einen rotgelben Rock,
den man im Winter mit Strumpfhosen tragen konnte. Ich sagte
meiner Mutter, sie soll mir so was stricken. Mutter entgegnete, sie
hätte keine Zeit. Ich trug weiter das dunkelblaue Wollkleid der
Schuluniform, mit Kniestrümpfen, die während des Tages runter-
rutschten. Im Winter unter einem Mantel aus künstlichem Pelz, in
der Übergangszeit unter unserer rotblauen Jungenregenjacke aus
den 70ern mit dem perfekten Hosentaschenschnitt – passgenau
für eine Handvoll Sonnenblumenkerne.

Ich kann keine Kringelhemden sehen und keine Krimhelden,
weit und breit nicht. Selbst wenn, ich könnte jene Blumen- und
Windkreise doch nicht nachzeichnen, obwohl sie vor meinen
Augen flimmern. Ich will sie entweder ganz vergessen oder genau so ein Hemd finden, kaufen, tragen. Malen. Malen. Gespens-
ter, die in Fetzen hervorflitzen. Was liegt mir daran? Oh, leg dich
hin, das Hemd verwandelt sich, wie es sich für solche Dinge gehört, es wird zum Schmuck des allerromantischsten Ecktisches:
zur dichterisch durchwirkten Tischdecke unserer Russkost. An
diesem Tisch speisen nur aufeinander hungrige Paare. Auf der

lyrischen Folie stehen hübsche Vasenrosen. Auf sie reimt sich: liebkosen.

Wir gehen sorgfältig mit den Sachen um. Wir hören, man solle mit Dingen wie mit Menschen umgehen. Wir lernen unsere Erkennungszeichen auswendig. Damit das Megaherz auf Entfernung stehen bleiben kann. Schwachsinn ist eben auch ein Sinn.

Der Vorteil ist, dass das Kleid sich mitdreht, wenn man Ballerina spielt. Wirbelt man schnelle Pirouetten, fliegt es in einer Ebene.

Bei einem meiner Spaziergänge rund um den Block und rund um das nicht betretbare Häuschen mit der Aufschrift „hoch gefährlich blabla Elektrizität", gegen dessen Wand wir Bälle in verschiedensten Stärken knallten, sagte ich ein Lied von Wyssozki auf und durchdachte meine Entscheidung. Ich entschied, diese Jungs zu meiden. Olegs Bruder war mindestens sechzehn und hatte was von Tom Cruise – etwas zu Schneidiges. Ich fühlte Angst und wechselte auf die andere Seite des Hofs.

STRASSENKIND

Die Unkenntnis. Das Sein. Der Tag. Die Pusteblumen, die Pappeln, die Malvensträucher. Wir haben Marienkäfer und andere Insekten gesucht, aber nicht so professionell wie mein Sohn. Bin froh, dass auch er eine Kindheit hat, in der er viel draussen ist, auch wenn sein Draussen geordneter, gepflegter und voller Abmachungen ist. Kann mich nicht daran erinnern, dass wir „Strassenkinder" uns anders als spontan getroffen hätten. Unsere Abmachung war anderer Art, sie war prinzipiell, wenngleich unausgesprochen.

Hier, hier grüsst dich der Gärtner wie einen Freund, und dein Freund überlässt dir ein zweites Terrarium auf deinem Gartenterritorium vorm Haus. Wir haben in Sewastopol keinen Gärtner gesehen und schon gar nicht bei der Arbeit, bis auf den rotgesichtigen Dicken im Kindergarten vor dem Haus, auf dessen Zaun wir wie die Hühner hockten und der uns mit dem Wasserschlauch von Zeit zu Zeit vertrieb, aber nie einen, der die vor den Häusern wachsenden Büsche und Bäume gegossen hätte. Es wuchs ja alles von selbst, Pflanzen wie Kinder.

Schon, als du noch ein Baby gewesen bist, in der Altbauwohnung in Berlin, habe ich sorgenvoll gedacht, dass du es nicht verstehen wirst, falls ich dir je erzählen sollte, was das für ein Kindsein ist, wenn man von der weichen, zu Abenteuern neckenden Morgenbrise aufwacht, wie der kleine Lenin aus dem ersten Lesebuch ohne zu zögern in optimistischer Optik aufsteht, kurze gelbe Shorts und ein gelbes T-Shirt, die dem Bruder zu eng geworden sind, anzieht, aufs Geratewohl losläuft, um den Block, um die anderen Blocks, die Gegend nach anderen wach gewordenen, gewaschenen und gefrühstückten Kindern abgrast, heitere bis verwegene Pläne für den Tag entwirft und mit lebenswichtigen Fest- oder Fragestellungen konfrontiert wird: zum Beispiel, wenn ein benutztes Kondom auf dem Buschzweig hängt, unter der Balkonfront der Westseite des Hauses.

Man prüft die Malvenblüten, welche schon aufgehen und welche noch in ihrer Kokonform als abendliche Blumenpuppenkleider verwendet werden können. Man steckt in eine Malve ein Streichholz, das man auch unter den Balkonen finden kann, oder einen dünnen Zweig. Auf die obere Spitze wird eine Löwenzahnblüte aufgespiesst. So entstehen Naturkorkenlocken: Den Stiel in dünne Streifen zerreissen, dieses Medusenhaar bis zur Blüte runterziehen und in Wasser tauchen. Letzteres nur, wenn der Hahn im Müllhäuschen zugänglich ist und der Gestank erträglich. Das bedeutet, wenn jemand ganz mutig ist und hingeht, am besten direkt gegen acht oder an Wochenenden neun

Uhr, wenn der Müllmann den Container geleert, die morgendliche Stille gestört und die erste ernsthafte Aufgabe des Tages gestellt hat: den Gestank überwinden, die Sonnenfrische dahinter herausfiltern. Dafür sollte man eine Wasserpistole bei sich führen, die Mauser der kleinen Mäuschen, die angefeuchteten Pflanzen riechen gleich anders.

Wasserpistolen stehen allzeit bereit, für den Fall, dass eine Schlacht losgeht. Der Fall tritt ein, wenn der Müllmann vergisst, die Tür zur fensterlosen Kammer abzuschliessen, in die der Müll von zwölf Stockwerken durch ein Rohr saust; wenn das Wetter nach Abkühlung und es die Jungs nach Mädchen verlangt, was ich erst heute sehe, aber was sonst, sie haben ihren Wunsch, uns nass zu spritzen, in kriegerische Bahnen gelenkt. Kriegsspiele waren gesellschaftlich akzeptiert – in Zeiten des Kalten Krieges konnte man gar nicht oft genug üben, und die Perestroika ähnelte einem Krieg, einem von Sehnsüchten unerfüllt heiss werdenden. Es empfahl sich, eine tolle Pistole zu besitzen, eine leere gelbe Shampooflasche mit der roten Ente drauf. Wir waren alle mit dieser Waffe ausgerüstet, nur waren einige Jungs geschickter im Nachfüllen und scheuten nicht den Mief der Müllkammer, in der sie Nachschub holten.

Man fülle die Flasche und steche oben ein-zwei Löcher in den roten Deckel. Man achte auf die Breite der Löcher, in Abhängigkeit von ihr sprudeln lange oder kurze Strahlen empor. Man drücke fest auf die beschwingte Pullenente und ziele auf den Jungen, der Vergeltung möchte, um spät abends, wenn die Sonne sich doch nicht oben halten liess, im lufttrocknenden Kleid heimzukehren.

Jeder hatte die gleichen Ausgangsbedingungen, bis auf die älteren Jungs, die irgendwoher grössere Flaschen hatten und damit die grösseren Mädchen jagten. Mein Strahl war zum Verzweifeln lasch und Rennen keine Stärke, so dass die Jungs, die uns angriffen, unsere Blusen, Röckchen, Haarschleifen und Sandalensohlen auf Entfernung verklebten. Ich brauste vor Gewissheit, dass Sommer um Sommer bis zum Tod so verlebt wird. Wir brauchten keine MTV-Videos.

Ich höre, wie mein Sohn einen anderen Jungen, der ihm die Wange zerkratzt hat, in Schweinereimen beleidigt und finde, er darf das mal kurz. Er wehrt sich selbst, ohne „das Mami" zu rufen. Dann lehne ich mich doch aus dem Fenster, Erziehungsauftrag: weise ihn zurecht, in meiner Muttersprache, die ich als Mutter wieder spreche, ohne dass ein Mann auf uns oder den Tisch haut: „Wir sind in Deutschland und hier wird Deutsch gesprochen!" Studierter Germanist.

Mein Sohn antwortet auf Deutsch, der Propaganda seines Vaters in solchen Momenten folgend: „Du bist ein russisches Mädchen, du kannst gar nicht verstehen, was ich gereimt habe." Frechdachs und ein bisschen schimpfe ich ernster, aber im Grunde ist es doch so: Ich werde immer undeutscher, und er wird ein zunehmend verdeutschschweizerter Junge, der mich ganz gut versteht. Sogar, dass ich es nicht allzu streng meine, und dass sein Vater spinnt, wenn er ihm einredet, er wäre Deutscher, nur Deutscher. Wir holen beide die Leichtigkeit der Kindheit ein, ich darf es nur nicht allzu deutlich zeigen, und ich glaube, er versteht das.

Weiss-violette Zürichmalven, die Blüten wie ein barocker Rock, wie damals auf den Stufen des versperrten zweiten Eingangs zu unserem Plattenbauturm. Die Raucher, ach, die Raucher, wenn sie wüssten, wie viel Vergnügen sie kleinen Mädchen bereiten, indem sie aus dem Fenster kaum benutzte Zündstöckchen werfen. Jede Streichholzpuppe sah je nach Malvenkleid anders aus und je nach Perückenkopf, zum Beispiel einer noch verschlossenen Blume. Frühlingshafte, rotblonde Alternative: ein Kopf aus Löwenzahn, dessen Stängel aufgesplittert und in Pfützenwasser getaucht sind. Dauerwelle war modisch. Strassennatur der Blumenpuppen! – Diese Frisur bieten wir Kunden nach einem opulenten Sonntagsfrühstück in einer exklusiven Osthirn-Russkost-Filiale an.

Ausgequetschte, sinnentleerte Erinnerungen legen sich wie Kalk im Teekocher ab. Temporäre Dateien, sie sollen die Festplatte gar nicht belasten. Auf die hinterhältigste Weise beanspruchen sie Platz, als ob sie damit der Wissenschaft den Rücken stützen würden: Man könne herumhirnen, um zu merken, wieviel man vermag und zu diesem Vermögen einen Riss als Zins kassieren. In toto alles auf Rechnung des Totalitarismus.

Der Bahnhof in unserer Heldenstadt, den ich vor der endgültigen Abreise nie gesehen hatte, ist für mich zum Inbegriff aller Bahnhöfe geworden. Dieser Urvater bildet nur einen Teil einer mal mehr, mal weniger laut rasselnden Assoziations- und Erinnerungskette des idiotisch-patriotischen Kindes, das diese Kette um den Hals trägt, sie wie einen ratternden Holzwagen über grobkörniges Asphaltpapier zieht.

Wozu mich niemand erziehen musste, das war die Liebe zum Spiel. Es gab im Prinzip keinen Spielplatz in der Nähe, wir haben unsere Umgebung in einen verwandelt. Die Minimaltopografie zieht meditativ-iterativ Konturen nach: Hauptprotagonisten, zwei an einer ihrer Kanten aneinander geschmiegte zwölfgeschossige Platten. Ungefähr 150 Meter ihnen gegenüber unser erhaben einsamer Zwölfgeschosser. Davor ein weitläufiger, rechteckiger Kindergarten, links und rechts von ihm fünfgeschossige, langgezogene Platten. Die brüderlichen Hochhäuser waren nicht zusammengeschweisst, sie liessen einen schmalen Spalt für ausgefallene Verstecke. Dieser Spinnwebenritz bot für dürre Jungs ohne Ekelgefühle ein strategisches Versteck, denn den Spalt entlang konnte man unbemerkt bis zum Hinterhof laufen. Es gab immer jemanden, der die Heimat noch besser im Griff hatte.

Um das einzelgängerische Hochhaus, in dem wir wohnten, und das „Pärchen" schlängelte sich eine Strasse, auf der eine Elektrizitätsbude stand – eine Abmeldewand fürs Versteckenspielen, an der sonst die Bälle, unsere magischen *mjatschiki*, geschmeidig abprallten, und deren Wände uns vor den zu schnellen *maltschiki*, den Jungs, retteten. Der Ball sollte auf die

Wand geworfen werden und so von ihr zurückfedern, dass er mit einem nicht zu niedrigen Sprung zwischen den Beinen auf den Boden knallte, ohne die Beine zu berühren. Wessen Beine den Ball berührten, der oder eher die schied aus.

Die Wand dieses Elektrizitätshäuschens verzierten verschiedene Schmierereien. Die kleinen Graffitis komponierten ein abstraktes Muster, an das ich später angesichts von Einschusslöchern denken musste, so viele Schlüssel und spitze Gegenstände haben sich auf ihr verewigt. Wir haben sie nie als gefährlich eingestuft, wie unser Leben. Wir wussten, dass es gefährlich ist, aber auch, dass es gar nicht anders geht und dass man den grösstmöglichen *asart* daraus ziehen sollte, bevor es richtig gefährlich wird. Im Französischen bedeutet *hasard* heute Zufall oder Risiko, aber im Russischen sieht man es nicht so eng: *asart* bezeichnet etwas zwischen Leidenschaft, Eifer und Fieber, das es in einem Wort im Deutschen leider noch nicht gibt – wir führen es in der Russkost ein, als allgegenwärtiges Gewürz auf der Tischplatte und für die Hartgesottenen *asart* zum Dessert.

Die erwachsen werdenden Kinder verloren diesen Drive, bewegten sich anders, die Mädchen hörten auf, über den Ball zu hopsen, die Jungs hockten geschlossener und mit anderen Witzen zusammen, die Schule schluckte grausam die Zeit.

Die Loggia unserer winzig werdenden Zweizimmerwohnung eröffnete den Blick auf einen riesigen Kindergarten. Solche Raummassstäbe kennt der Westen nicht. In diesem Kindergarten wurde ich aus irgendwelchen, womöglich parteiunpolitischen Gründen nicht angenommen. Meine arme Mutter zerrte mich zu dem ein Kilometer weiter liegenden, um zum Kochen und Aufräumen wenigstens ein paar Stunden zu haben, wie sie sagte, da ich ihr sonst alle Töpfe und Handtücher ausgeräumt und den Wohnungsboden mit dieser undurchdringlich gusseisernen Landkarte bedeckt hätte.

Der Kindergarten vor der Haustür ersetzte uns jeden erdenklichen Spielplatz, er enthielt selbst mehrere. Wir schauten zu, von unserem Zaunplatz aus, wer wann aus der Sklaverei befreit wurde und auch, mit welchen Gesichtern die Eltern die Hölle passierten – manche besorgt, geistesabwesend, stumpf, obwohl sie das Kind rausführten und doch schon einen Grund zur Freude gehabt hätten … Wir enteigneten den öffentlichen Kindergarten ausserhalb der regulären Öffnungszeiten. Nachdem die kleinen Kinder nachmittags abgeholt worden waren und der Gärtner das blaue Tor geschlossen hatte, kletterten wir über den Zaun.

Das Abenteuer bestand darin, von diesem Gärtner auf den Spielplatzparzellen im Inneren des Gartenareals nicht bemerkt zu werden. In einem Holz-LKW, auf dem Dach einer Veranda oder hinter Ebereschen, die rund um den Basketballplatz auf diesem Gelände wuchsen. Allerdings kannte der Sadist (russ. *sad* für Garten), Wächter und Alkoholiker in einem, unsere Tricks. Der Übergang vom Bewässern der Blumen zu polizeiartiger Wasserbestrahlung unserer Demo-Truppe verlief allzu fliessend, Flaschenpistolen hatten nichts zu melden. Da um den Gärtner die wildesten Gerüchte kursierten, musste man bei seinem Auftauchen so schnell fliehen, wie es Lunge und Beine erlaubten. Die Puste reichte bei mir nie für weite Strecken aus, ich war in dieser Clique die jüngste. Meine Mutter lachte: Sie beobachtete manchmal die Verfolgungsjagd vom Balkon beim Aufhängen der Wäsche. Über den Gärtner – wegen seiner Gesichtsfarbe geheimnis- und unheilvoll „Pomidor" (russ. für Tomate) genannt – schüttelte sie den Kopf. „Musste er euch mit solchen Ausdrücken hinterher jagen? Ihr lernt ja alles von ihm!" Kannten wir alles schon, aber tut nichts zur Sache.

Ich hatte unter anderem zwei wiederkehrende Alpträume: In dem einen rannte ich nackt – alle Kleider sind zu klein geworden – vor Pomidor davon. Am entscheidenden Punkt wurde das Zaunklettern zum Verhängnis: Ich wusste nicht, wie ich über die hohen Metallstangen klettern sollte. Bei diesem unüberwindbaren Hindernis wachte ich gewöhnlich auf. In dem anderen Alptraum war ich dabei, über die Balkonbrüstung zu stürzen. In Sichtweite der Alpen träume ich am Bellevue vom Küssen. Wenn keine Touristen mehr das Staunen inflationieren, wenn die Bürgersteige hochgeklappt und die Lichter am linken und rechten Seeufer nicht mehr allzu schrill sind, schlägt das Megaherz wie ein Freilandei auf und die Seele trieft spiegelrichtig in den Meeressee.

Sonntagsfrühstücksvariante in der Russkost-Abteilung unseres Osthirns: Omelette in Form der Omega-Bucht von Sewastopol, mit Tomate, an fein geschnittenem und glatt gestrichenem Basilikum, dem Basisvokabularstrang. Einmal pro Woche haben wir *Serdze* im Angebot, wenn wir uns mit Dunja zsamä nicht zähmen. Wer dieses Gericht bestellt – die Zutaten sind Betriebsgeheimnis –, löst automatisch aus, dass das Lied von Utjosow (der Name bedeutet übersetzt so etwas wie Felsenegg) eingeschaltet wird, und das geht so: „Das Heeerz strebt keine Ruhe an. Mein Herz, wie gut es ist zu leben. Wie gut es ist, dass es so ist." Kurzform: Ick bin janz hippelig uf de Brust, und dat is jut so.

Dank dem ansteigenden Hügel, auf dem unsere Strasse lag, bildete das Dach des *Burewestnik* mit der nächsthöheren Strasse eine Ebene, auf der ein fünfstöckiger Plattenbau stand. An seinem Ende waren wieder drei Zwölfgeschosser zu sehen, genauso angeordnet und wie unsere konstruiert. Das war der Nachbarhof „Oben". Den Hügel herunter stand das dritte Ensemble, der spiegelförmige Nachbarhof „Pod holmom", das heisst unterm Hügel. Man achte auf den Holmen, nebenbei, in unserem damaligen Wipkingen – wir sind ja mit den Wikingern verwandt und auch in Skandinavien stehen solche sozialen Prachtbauten. Aber es zählt nur das Original. Schon die Nachbarhöfe strahlten im Vergleich zu unserem etwas aus, das wissen lassen wollte, wie spät es schon ist. Man war dort zu Besuch, suchte aber mit dem Blick die Fenster unserer Platte oder den kleinen grünen Balkon – beendet meine Mutter winkendrufend von der Sewastopologgia aus mein Draussensein?

Alle anderen Platten waren aus meiner festgefahrenen Bindungsperspektive fremd. Doch im Vergleich berühren mich die im Osten (ab Polen) noch immer stärker als die im Norden (ab Konstanz). Die mit den individuell verglasten Fassadenfronten heimeln besonders an – egal, ob sie in Moskau auf dem Weg zum Literaturarchiv liegen, ob in Kiew auf dem Weg zum Flughafen oder in Warschau aus dem Zugfenster knapp zu sehen. Sie sind miteinander verwandt, ihre Besitzer haben die Zellen zu Parzellen der Kleinstgemütlichkeit umgemodelt, vom Rest der unberechenbaren Welt getrennt. Auf jedem Quadratmeter ein Universum an Erinnerungsdichte aller Familienmitglieder. Bestimmt erinnern sich Millionen postsowjetischer Menschen an viel poetischere Momente, wenn sie nur möchten. Aber sie möchten sie vielleicht hinter den Balkonverglasungen lassen, wie die Wärme der Wohnungen, wie ihre Vertrauensbrüche und -vorschüsse, Liebesbezeugungen und Lebenszeugungen.

Es gab noch zwei andere Höfe, die ich öfters aufgesucht habe, wenn es in meinem zu öde, zu vertraut wurde oder das Hupen der ständigen Hochzeiten mit Kleingeld und Bonbons dorthin gelockt hat. Geschichtenarme Höfe der lang gestreckten Fünfgeschosser um den Tomatenkindergarten. Von der Loggia aus gesehen gab es entsprechend den „linken" Hof und den „rechten". Im linken war ich häufiger. Ein Schulkamerad meines ältesten Bruders, Gleb, hat dort gewohnt. Deswegen nannten wir den gesamten linken Block „Glebs Haus". Mir waren zwei Aufgänge bekannt, weil da Mädchen in meinem Alter wohnten und eines davon ihr Zuckerbutterbrot mit mir teilte. Der gesamten Mädchenbevölkerung in Glebs Haus habe ich Federball spielen beigebracht. Bei Streitigkeiten holten sie mich als Richterin, sie wählten mich zur Chefin, und ich hatte den Eindruck, gerechte Entscheidungen zu treffen. Nach erfülltem Amt eilte ich heim, in unsere Strasse, zu unserem Haus, aus der Rolle hinaus.

Die Bezeichnungen der Höfe und die Vornamen der Teilnehmer am Hofleben plus die Zahl ihrer Etage schlossen Verwechslungen aus. Unsere Namen glichen Farben aus einem Malkasten mit zwölf Schalen. Koordinatenangabe: Oberer Hof, Anja aus dem dritten Stock. Wie denn sonst ausdrücken, wohin man spielen geht?

Here we go. Es sei denn, meine Freundinnen und Freunde hatten zu viele Hausaufgaben oder Stubenarrest – eine seltsame Strafe, mit der meine Eltern mich nie belegten. Sie wussten mich gern an der frischen Luft. Woher sollten sie wissen, dass diese Luft auch erwürgen konnte und die segelnde Seele, diese Duscha, einer Gefühlsdusche gleich den Atem anhalten, ihn für immer für sich behalten kann.

Nein, die Duscha liesse sich doch mit einem der adretten Zürcher Springbrunnen vergleichen, stadtweit auch im sozrealistischen Trinkwasserversorgungsdesign mit Wasserleckecke für Hunde verstreut. Gut aufgestellt, für den Fall der Fälle.

Die Seele von damals flüstert wie ein freches Kind: Ich werde in der Stadt die einzige Knotenentwirrerin. Das ist mein erster ernster Berufswunsch. Ich träumte davon, dass ich ein Büro eröffne, eine Holzbude errichte, wie jene, in welcher der Schuster neben den Garagen hinterm *Burewestnik* sass. Dunkelgrün hätte ich die Holzbude angestrichen, sie würde unseren kleinen Balkon grüssen und wie ein russischer Eisenbahnwaggon aussehen. Das Büro läge zentral in meinem Lebensmittelpunkt: zwischen meinem Hochhaus und dem oberen Nachbarhof der Fünfgeschosser. Ich hatte mit sechs die klare Vorstellung, dass man bei mir mit einem Anliegen klopft, dass man vor meinem Fensterchen mit verschlungenen Wollknäuel unterm Arm Schlange steht und dass ich mich zwar beeile, aber bei jeder einzelnen Anfertigung und Problemlösung mich voll und ganz in die Aufgabe vertiefe, dauere sie noch so lang. Gestrickt wurde fast überall, wie sollten sich die Frauen sonst zu' helfen wissen. Alle kannten das Problem der Knotenbildung. Zeit und Nerven musste man fürs Entknoten aufbringen, das führte manchmal zum Familienstreit, und ich, ich würde die beste Wolle vor Gedeih und Verderb bewahren.

Zusätzlich würde ich mich auf Spielzeugreparatur speziali-
sieren, denn es ging in meiner Logik auch nicht an, dass viele
Kinder mit solchen Verhängnissen wie abgefallenen oder aus
Neugierde herausgezogenen und nicht mehr auf den Rumpf
passenden Puppenköpfen, -armen, -beinen allein gelassen wurden (wie sind die Haare befestigt, wachsen sie nach, wenn ich
einen Pony schneide?). Die Anatomie der sowjetischen und sogar einiger DDR-Puppen meinte ich genau zu kennen, und ich
kannte mehrere Tricks, um deren Gliedmassen in den Aus-
gangszustand zu bringen, und, falls erwünscht, ihre Kleider zu
nähen bzw. zu stricken. Mein Service würde auch die Königsdis-
ziplin umfassen: Autos wie den Metallmercedes für Puppen
bauen, und – damit schon weniger verwandt – Kräne, die sich
im Gegensatz zu denjenigen, die auf Baustellen herumstanden,
bewegen. Nicht zuletzt hätte ich in meinem Konstruktionsbüro
Rollschuhe entwickelt, auf denen Kinder gut beratener Republi-
ken über schlecht asphaltierte Wege rasen. Marke: *Krimroliki*.

Was für die Zukunft prägt: Auf die Pappel vom Balkonhocker
runterschauen wie auf einen Mann über Bord. Diese Pappel war
durch meinen Blick jeden Tag neu zu retten, sie war wie ein leben-
diges Wesen, wie eine mit mir sprechende rhetorische Figur. Sie
veränderte sich von Jahreszeit zu Jahreszeit und sie verriet mir,
dass der Frühling wie die Kindheit ist, die Kindheit wie der Frühling. Der Sommer, dachte ich, ist die Zeit, wo man Kinder kriegt,
und der Herbst, wo man Oma wird. Der Winter, er bereitet auf
den ewigen Schlaf vor. Winter kam bei uns fast gar nicht vor, und
wenn er kam, war schon wieder Frühjahrsland in Sicht.

Ich metaphorisiere die majestätische Topografie der Platten-
bau-Auen: Egal, wohin ich länger schaute, sie transportierte
Bedeutungen hin und her, verschob die gewohnten Sichtweisen
und Ansichten und hob neue empor. Ich meine allein mit dem
Asphalt an verschiedenen Stellen intensive Gespräche geführt
zu haben. Grundspuren sagten mir allerhand, auch wenn es
unter uns bleibt. Einmal, den Hügel hinauf laufend, eine naht-

lose Bodenstrecke analysierend, kam mir die Idee, dass sich auf so einer Anhöhe Menschen versammeln, verschiedene Worte ausrufen und über ihre Bedeutungen diskutieren, bis sie sich darauf einigen, dass eine bestimmte Buchstabenfolge, ein bestimmter Wortlaut, eine oder mehrere bestimmte Bedeutungen haben. Von wegen Arbitrarität des Zeichens! Es wird früher einmal ein direktdemokratischer Weg gewesen sein, so wie die Meinungsbildung und Entscheidungsfindung. Ich war davon überzeugt, diese Eingebung gehörte zu den Gesetzmässigkeiten, die ich mir durch Beobachtung der Welt abzuleiten meinte. Ich stellte mir archaische Urrussen vor, die auf dem glatt asphaltierten Holm, der Erhebung zwischen Hochhäusern, über die korrekte Schreibweise, Betonung und Deklination ihrer mächtigen Worte abstimmen.

Ganz zu schweigen davon, wie sich die Köpfe mit Visionen füllten, wenn die Strassen leer gefegt waren, sobald unsere liebliche *Besucherin aus der Zukunft* per Raumschiff im Fernseher landete. Oder die *Drei Musketiere*. Mit ihren ansteckend fröhlichen Gesichtern und ihren Liedern, die wir uns noch schicken, wenn wir uns lieben, voneinander getrennt sind und auf das Wunderbare hoffen, das weit in der Ferne auf uns wartet und wofür wir jeden Tag etwas getan haben.

WESTENESSEN

Die Politik war etwas Abstraktes, so wie „Westen" oder „Turkmenistan", und zwar selbst, wenn konkrete Stücke davon auf dem Teller landeten und sich ein Blick über den Tellerrand hinaus anbot – vielleicht ist es bis heute so. Mein ältester Bruder deutete rituell auf die Datscha von Gorbatschow, wenn er mich zu seinem Lieblingsort auf der Krim mitnahm, nach Fiolent.

Gorbatschow kannte ich aus dem Fernsehen. Als ich fünf war, fühlte ich mich von ihm direkt angesprochen: Er betonte die Bedeutung der *pjatiletka*, des Fünfjahresplanes, und wörtlich: der Fünfjährigen. Davon hänge die Zukunft der Sowjetunion ab, wiederholte er. Dann wurde ich sechs Jahre alt. Die Berliner Mauer fiel. Beim Gummitwist, beim Wechsel von der Knöchel- zur Kniehöhe, erklärte Katja aus dem sechsten Stock, dass es kein West- und Ostdeutschland mehr gibt und dass wir uns in einem Kalten Krieg befinden. Das klang für mich so, wie später „Kalter Hund" in Berlin, der bei einer Feier als Nachtisch präsentiert wurde. Meine Mutter antwortete auf meine Frage, was *perestroika* bedeutet, dass die Regale leer sind.

Als ich sechs Jahre alt war, fand auch eine Attraktion der Fülle statt: In unserer Stadt legte ein amerikanisches Schiff an, US-Matrosen strömten hinaus und die Sewas zum Hafen. Es muss ein Feier- oder ein Sonntag gewesen sein. In einer unorganisierten, aber umso organischeren kollektiven Aktion pilgerten die Bewohner des Schlafbezirks Ostrjaki den Holm ihres Prospekts hinunter, vorbei am überfischten *Ozean der Welt* und an nicht fahrenden Trolleybussen, denen ausgerechnet an jenem Tag die Stromabnehmer irreparabel abgefallen sind. Ich erinnere mich, neben meiner Mutter gelaufen zu sein, ihre Neugierde hat sich auf mich übertragen, und bald bin ich im sicheren Abstand vor ihr in die Stadt gehüpft, um die Aufregung durch keine Vorabdiagnosen zu stören.

Wir wollten diese Matrosen sehen, weil wir später sagen wollten, dass wir schon einmal Amerikaner gesehen haben, wir, in unserer introvertierten, doch international bekannten, für unbesiegbare Krieger unentbehrlichen Stadt. Amis in der Stadt waren wie Anis in Zuckerguss, das Ereignis ein Hafenfest. Mutter konstatierte, sie seien stattlich-feist mit gesunder Gesichtsfarbe, was darauf schliessen liesse, dass sie sich nicht nur von *makarony po-flotski*, den mit Fleisch verkochten Flottennudeln, ernähren. Ein paar Dunkelhäutige waren dabei, für mich das Gipferli denkbarer Exotik. Wenn ich nicht gerade in Oleg verliebt war, was spätestens im Frühling geschah, da dann „aus den Augen, aus dem Sinn" eintrat, stellte ich mir vor, dass wenn ich eine hochgewachsene Frau mit stattlichem Vorbau bin, mein Mann vom Schiff nach Hause eilt und mich mit seiner Schokoladenhaut erfreut. Zur Verteidigung meines Vergleichs: US-amerikanische Matrosen und richtige Schokolade habe ich ungefähr gleichermassen oft in unserer Heldenstadt zu Gesicht bekommen.

Wenn ich die sporadischen Teilerzählungen und Erwähnungen richtig verstanden habe, hat mein Vater sein Leben riskiert, um sich vom Schiffsdienst – er war Marine-Ingenieur – suspendieren zu lassen und auf dem Festland zu arbeiten. Meine Mutter hatte nach vielen Jahren des Wartens (auf ihn, auf Frieden, auf das zweite Kind, auf die Zweizimmerwohnung, auf das Telefon) darauf bestanden. Um dieses Ding der Unmöglichkeit zu bewerkstelligen, hätte er eine Flasche Wodka getrunken und sich in diesem Zustand dem Vorgesetzten ausgesetzt. Hat nichts gebracht, man empfahl ihm lediglich, er solle sich wieder ausnüchtern. Er hat es wiederholt und geriet für mehrere Wochen in Untersuchungshaft. Er hätte sich mehrere Jahre Gefängnis einhandeln können, man konnte sich nicht aus der Armee befreien lassen, das gab es nicht, hörte ich. Aber für meinen Vater gibt es eben nichts, was es nicht geben könnte.

Ich glaube, das ist seine Heldengeschichte. Er hat meine Mutter mit zwei kleinen Söhnen nicht allein auf dem Festland gelassen und ich denke, es war für alle besser so, als auf Atom-U-Booten und Flugzeugträgern im Hafen gefangen zu sein oder das Mittelmeer auf Manövern zu durchforsten.

Die Väter anderer Kinder waren aber zur See – für uns fast wie Tote, derer man gelegentlich gedenkt. Das hiess, es war ein Wunder, wenn sie mal zurückkehrten. Wir verbanden sie fast nur mit Süssigkeiten. Auf der Strasse tauschten wir wichtige

Informationen aus, wir verzeichneten in unseren Logbüchern (den Elternlobbüchern), wer welche und wie viele Kaugummis, Haargummies, Schokoriegel oder gar Jeansklamotten erhielt, und ich beschloss, dass Neidleid mir fernbleibt. Mein Vater gehörte nicht mehr zu den Schiffsgeistern.

Der Vater eines netten Mädchens – aus dem Geschlecht der Klavierspielgeister, die man unten fast nie zu Gesicht bekam – hat mal einen Mercedes mitgebracht. Rot, breit und bereit, tatsächlich zu fahren. Wir haben diese *maschyna* wie ein Museumsstück bestaunt und waren umso mehr erstaunt, als der stolze Besitzer uns zum Einsteigen aufforderte. Fünf Kinder passten auf die Rückbank und ich war dabei! Den Spass kann sich keine Nobelkarosse in Zürich leisten. Wir aber konnten danach in der Schule erzählen, dass wir im *Mer-se-dess* gefahren sind. Übrigens kein schlechter Name für ein Himbeersorbet auf Bananenpüree.

Apropos Bananen. Meine erste Lehrerin – eine hohe, voluminöse, resolute Blondine – verkörpert stereotyp die nordische Bärin. Sie konnte laut wie eine Opernsängerin die Namen unanständiger Jungen ausrufen, kompromisslos wie Iwan der Schreckliche mit dem Lineal auf den Tisch hauen und sie konnte mehrere Unterrichtsstunden mit ihren Bananengeschichten füllen. Ich wusste bis dahin nichts von der Existenz dieser Frucht, ebenso wenig die anderen Kinder in meiner Klasse. Von nun an mussten wir wissen, die Dinger kann man vermissen. Ein entscheidender Unterschied zu DDR-Kindheiten. Jene lebten im ständigen Bewusstsein einer symbolisch begehrenswerten Frucht – sie konnten Bananen, wenn auch nicht oft, kaufen.

Wir hatten unsere Äpfel, Birnen und vor allem die allerbesten Pfirsiche, von den wild wachsenden Brombeer- und Johannisbeersträuchern, dem „Fussfutter", wie meine Mutter dazu sagte, abgesehen. Die Banane hat uns nicht interessiert, höchstens ihr Name und Nimbus. Die Lehrerin brachte eines Tages einen gelben Bund in den Unterricht und reichte ihn wie einen raren Buchband zur Anschauung herum. Sie erzählte die dazugehörige Beschaffungsgeschichte: Ihr Sohn sei zur See und habe auf ihren Wunsch hin extra viele davon ergattert. Ich stellte mir vor, wie ein junger Matrose in der Schlange steht und an der Kasse um ein Kilo mehr, als pro Person erlaubt, bittet: Man möge ihm für seine Mutter, eine Lehrerin, etwas mehr Material für den Grundschulunterricht verkaufen. Jedem von uns hat sie ein Scheibchen zum Probieren abgeschnitten. Wir quasselten noch lange aufgeregt über diesen Geschmack, auch wenn er sich mit nichts vergleichen liess. Nun, so konnte ich sagen, ich habe Amis gesehen, bin schon mal im Mercedes gefahren und habe Banane gegessen.

Der Westen brach weiter in unser Leben ein, als Amerikaner an der Küste einen Film drehten und Konstantin, das Sprachgenie, für sie dolmetschte. Er kehrte mit 100 Dollar und mehreren Snickers-Riegeln zurück. Da er über Simferopol zurückfuhr, wo er die letzten zwei Jahre vor unserer Emigration studiert hat, darf man sie getrost *Simfi-Snickers* (à la Aksjonow) nennen und aus der Russkost verbannen (Sanktionen unheiliger Dickmacher). Die Snickers, diese Feuerwerke an Vanille-, Schokolade- und Nussgeschmack, haben wir wie eine Banane im Unterricht in kleine Stücke geschnitten; im Westen weiss man gar nicht, wie lang eine Banane oder ein Riegel sein und wie andauernd sie schmecken können. Ich habe noch Wochen später an dem Verpackungspapier geschnuppert und mich daran mehr berauscht als an Konstantins homöopathischer Medizin. Vielleicht steckte in diesem süssen Gift der heimtückische Beginn des späteren Sprachdurchfalls und der brüderlichen Magersucht. Je schlechter es ihm ging, desto ungewöhnlicher, überstürzter, aber in ihrer Absurdität auch findiger und lustiger wurde seine Sprache. Und desto dünner wurde er. Desto mehr drehten unsere Eltern durch. Logikfreie Logorrhoe. In Berlin haben sie ihm oft Snickersriegel gekauft, und da er sie verweigerte, öffnete ich heimlich die Büchse mit dem Naschzeug und liess die Sternschnuppen steigen.

Genüssliches Einsaugen des nüsslichen Aromas also, eine Newcomer-Anomalie: die Duftsucht. Wie beim kühlen Hauch der frisch gestrichenen Wände im Hausaufgang, wie beim Abhängen auf der Loggia über der lackierten Brüstung – ein unbändiger Drang zu riechen. Wenn das Geschäft mit der Puppenreparatur und die Karriere als Knotenentwirrerin nicht geklappt hätten, hätte ich eine Alternative aus dem Hinterkopf hervorgeholt: Parfümmischerin. Zur Not Friseuse: habe dem gutmütigen Opa, der es sich sprachlos gefallen liess, die beste Punkfrisur der Welt verpasst – ich mochte den Geruch seiner Kopfhaut.

„Friseur" heisst auf Russisch *parikmacher*. Lehnt sich an das deutsche „Perückenmacher" an, setzt sich ab und flüstert panisch: Ein Duft ist eine Perücke, er hüllt in eine andere Wirklichkeit, frau bricht mit dem Accessoire im neuen Outfit unweigerlich zu unbekannten Ufern auf.

Der Snickerskonsum und selbst das Snickerspapier, das sich dufte als Lesezeichen für einen Band mit Kurzgeschichten von Jack London verwenden liess, führten zum Vanille-Schock. Vom Geruch wurde und wird mir schwindelig. Diese Welle überwältigt andere Geschmacksnuancen, wenn man nicht von klein auf mit Vanillespuren in Joghurts, Kuchen und Eis kapitalistische Freundschaft geschlossen hat.

In unserer Russkost werden wir auf Vanillepudding vorerst verzichten. Gelegentlich bieten wir Globuli als Dessert oder Verzierung auf sowjetisch-rahmigem Plombirglacé an.

Meine Sehnsucht nach Zucker schleckte gierig die Bemerkung Konstantins auf, seine Medizin schmecke süss, aber er habe keine Lust sie einzunehmen, denn er fühle sich nicht krank. Das sagt er heute noch und irgendwie stimmt es ja. Ich bin auch deswegen über Bord gesprungen, weil ich nicht helfen konnte – weg, runter, auf meinen geräumigen Spielplatz neben dem Denkmal für Alpträume; migriert zu den Träumen, die kommen, wenn die alten gegangen sein werden; dorthin, wo sie vorerst besser aufbewahrt werden, wie in einer Schublade mit Süsskram.

Damals beneidete ich meinen Bruder um diese Kügelchen in den akkurat beschrifteten Schächtelchen. Als ich wieder einmal einen Tag alleine verbrachte, stellte ich wieder einmal einen Stuhl an die „stenka" heran. So nannte meine Mutter die Schrankwand und schickte oft ihre Heldenerwerbsgeschichte hinterher: Diese kunsthölzerne Errungenschaft, die an der gleichen Stelle in gleicher Ausführung in den Wohnungen meiner Freundinnen und Freunde stand – sie haben sich wohl nur durch die Beschaffungskünste unserer Eltern unterschieden –, erstanden durch das Lösen einer Formel mit mehreren Unbekannten, als Ergebnis eines hochkomplizierten Kauflaufs, eines entbehrungsreichen Wartens und Ersetzens, listig-stolzen sozialen Manövrierens, bei welchem es galt, den eigenen Stolz nicht zu verlieren, und eines Geldbetrags, der wie die Angabe des Stockwerks hinterm Namen die Bedeutung dieses Objekts für immer mitbestimmen würde. Ich kletterte auf den Stuhl, auf dem ich als Baby gesessen habe, wie ein Foto zeigt. Darauf abgebildet: Konstantin, ein wohlgenährter Pionier, hält mich unauffällig fest, damit ich nicht abrutsche. Mein ältester Bruder und er tragen weisse Hemden und rote Halstücher, auf dem Foto schwarz-weiss, ich einen weissen Ganzkörperanzug. Wir lächeln alle drei wie Aliens vom Planeten Unbeschwert.

Auf dem historischen Stuhl ohne fremde Hilfe nunmehr stehend, griff meine Hand hinter den Plattenspieler, wo die beschrifteten Schächtelchen kindersicher lagerten. Ich war sicher viel zu naturwissenschaftlich aufgelegt, um das Prinzip der Homöopathie zu begreifen. Leere kleine Pappkartons dienten als willkommenes Mobiliar in meiner immobilen Puppenwelt, daher mussten sich alle Schachteln nach und nach ihres Inhalts entledigen. Die Zuckerkugeln hielten für Minimini-Bonbons her. Das konnte ja keine Medizin sein, wenn sie lecker schmeckt, dachte ich zu meiner Verteidigung, und liess sie langsam im Mund zergehen, während meine Eltern dachten, dass Konstantin seine Moskauer Globuli, die so schwierig zu besorgen waren wie die Schrankwand, zum Wohl der Allgemeinheit einnimmt.

Seit ich denken kann, geht es um Normen und Normabweichungen, um die Losung „die Zukunft deiner Brüder", um Gerechtigkeit, ihren Mangel, ums Essen und dessen Mangel oder Überschuss. Das alles gärt und quillt, ein märchenhafter Brei. Ohne Snickers bricht die Lebensqualität ein, mit schiesst der Aroma-Überschuss golden in den Kopf, die Defizitwirtschaft erscheint auf einmal gesund. Man übt sich mit nach innen wachsendem Irokesenschnitt in Askese oder isst seine Bringschuld gegenüber den Eltern auf. Sie haben uns in die schöne neue Welt gebracht. Wir bringen nun etwas zustande. Morgen wird das Wetter gut, wenn wir den Teller leer essen.

Ich habe meinen Sohn in der Schweiz ein zweites Mal zur Welt gebracht, er lebt hier auf, und andersherum: Es ist seine Kindheit, die er, seit er fünf Jahre alt ist, als solche erleben kann, die in mir, ob ich will oder nicht, eine streunende Naschkatze füttert. Wir sehen, das Leben kann ohne Extreme verlaufen, ohne Gekeife und Kneifen, ohne durch die Gegend fliegende Hausschuhe, zerbrochenes Geschirr und andere gut gezielte Vorwürfe. Auf einmal redet keiner etwas ein. Habe einen viktorianischen Schrank gekauft, an die Wohnzimmerwand zwischen Tür und Küche gelehnt und russische Bücher in die Vitrine gestellt. Wir haben auf einmal einen eindeutigen Bezug zueinander, unabhängig von Appetit, Sprachen und Wetter und auch von dem, war wir anstellen, er oder ich. Wir stellen uns nicht so an und schaukeln das Kind schon.

Wozu sich da noch erinnern, die Sihl spült alles ins Reine, an der Ecke bei der Kläranlage und beim Wasserfall in Adliswil. Aber irgendwie fühlt es sich so an, als ob man ein Buch aus dem Regal nehmen oder hinter den Plattenspieler greifen würde.

Nun, seit ich das wertvolle Paket, das auf meinem Terrain – auf dem Balkonhocker, meinem Aussichtsturm – gelegen und aufs Versenden nach Leningrad gewartet hatte, zerbrechen liess, rührte ich keine Essenspakete mehr an. Ich interessierte mich auch nicht mehr für ihren verborgenen, köstlichen, an- und abgesparten Inhalt, wie ich mich nicht mehr für die Jeans und die Haarspangen meiner Freundinnen interessierte. Ich würde selbst für mein Süsszeug sorgen, zumal Vika mir das Karamelisieren beigebracht hat und sie in der Küche Zucker hatten. Bald hätte ich auch zu nähen gelernt.

Einschneidende Gerüche und Fleischblut auf dem Markt. Lebensmittel, die mehr als westliche Klamotten kosten. Endlose Diskussionen, wo, wie, was. Das Ergebnis: Nahrungspaket, inklusive Salat *Olivier*, in einer Reisetasche, die Eltern in der Tür. Sie fahren zu Konstantin nach Simferopol, ins Wohnheim. Dort studiert er Sprachen, seit ich auf die Mathe-Schule gehe. Die nackte, hart ausgesprochene, auf den Magen schlagende Angst, er darbe. Was für eine Narbe, wessen? Was heisst schon magersüchtig, vielleicht haben wir den Hungerstreik einfach nie kapiert. Mag man Sehnsüchte haben, mag man zu welchen fähig sein, manchmal mag man gar nichts mehr.

Das Essen aus dem Westen kam auf der Krim langsam an, aber im Westen angelangt, hielt es uns noch als Familie zusammen und bot eine kulturelle Krücke – auf die man sich stützen oder mit der man um sich schlagen konnte. Das Essen, dieses Kapital, das mit Bourdieu nicht zu beschreiben ist, könnte man als Widerstand meiner Eltern gegen das Aufgegessenwerden auffassen, ihr in geordnete Bahnen gelenktes Ausflippen, ihre systematische Aushöhlung des Systems in Gestalt der routinierten Suppen, der feierlich und calvinistisch anmutenden Pelmeni-Sessions, in denen vier Stunden lang mein Vater, meine Mutter und ich, in den letzten Jahren nur die beiden, diese Fleischbällchen in Nudelteig auf Vorrat anfertigen, für besondere Anlässe. Edel und authentisch, wie damals, manchmal mit Lamm vom Türken. In Berlin ist die Türkei näher gerückt, sozial der Paararbeit mit klarer Rollenaufteilung zwischen Fleisch- und Nudelteig zuträglich. Am Ende hat man einen Sack voll eingefrorener Liebe, die man nach Bedarf, portionsweise, aufkocht.

Jeder Schritt ist bei dieser Prozedur festgelegt, der Ablauf hat sich im Laufe der Jahrzehnte fordistisch-formidabel auf die in Berlin vorhandenen Lebensmittel und auf die kleine Grösse der Küche abgestimmt. Während mein Vater zwei bis drei verschiedene Fleischsorten, eine Zwiebel und noch etwas Brot wolft, bereitet meine Mutter den Nudelteig zu, was sie mit einem herzhaften Schlag auf den Teigball abrundet. Nur ihr gelingt das Zusammenspiel von Konsistenz, Teigkreisformat und die hochzeitsträchtige Vereinigung der Teigränder, so dass alle Pelmeni einheitlich festlich aussehen, beim Kochen nicht aufgehen und erst im Mund saftig zergehen.

Eine aufeinander abgestimmte, konzentrierte, kollektive Aktion. Tango und Ausflüge an den Strand erübrigen sich. Menschliche Wärme durch die Verlässlichkeit der Mittagsbrühe. Komme, was wolle, ohne Bouillon läuft nichts. Merken wir uns für unsere Menükarte als zuverlässigen Trumpf vor. Die Suppenspur zieht sich wie ein Schlagäderchen entlang aller Unvorhersehbarkeiten. Die einzige funktionierende Versicherung, zehn Minuten ruhmreicher Harmonie, auch wenn sich keine Gewürze ausser Salz und Pfeffer, Dill und Petersilie einfinden. Die Anhänglichkeit an Suppen und Pelmeni überdauert die Abhängigkeit von Nutellagläsern.

Ein Appetitzügler ist das Zügeln. Manchmal höre ich Rezepte, wo ich hinziehen sollte, obwohl ich nicht danach frage. Das Stigma steigt herauf, das Fragezeichen haut wie ein Haken drauf, seltsame Wege kreuzen sich. Dabei mache ich gerade ja Aliyah – eine Art Radschlagen, Segeln, zurück, nach vorn und bei Windschwäche im Zickzackmanöver, hin zu den Suppen- statt zu den Sippenwurzeln, über einen überschaubaren See des Exils. Ein Lebenselixier, Halleluja.

Einmal malte mich in Berlin ein Künstler aus Leningrad. Er hatte in Piter zufälligerweise mit meinem ältesten Bruder an der

Militärmedizinakademie studiert. Im Gegensatz zu mir fühlte er sich sehr jüdisch, das war sein Thema. Er verstand nicht, dass ich noch nie in Israel war. Ich verstand nicht, dass er mir auf Russisch, dazu noch mit der gleichen Jugend meines coolen Bruders in der coolen Stadt im Erfahrungsschatz, erklärt, er hasse Russen und sei selbst keiner. Es sei für mich schon alles gemacht worden, man habe mir den Westen auf dem Silbertablett serviert. Ich hätte mich nicht darum bemühen müssen, der Hölle zu entfliehen. Ich müsse meinen Eltern zutiefst dankbar sein. Er habe sich den Arsch aufgerissen, um wegzukommen. Er habe ihnen drüben in den ersten Jahren Graupen geschickt. Sie wären sonst verhungert. Er wünsche Russland, dass es verrecke, er habe es so satt! Ich bat ihn, zu Rot und Schwarz doch etwas Gelb zu nehmen, und er presste widerwillig auf die Ockertube.

ALLZU SOWJETISCHES

Üppige Blumenmuster auf der Tapete im kleinen Zimmer der mir nie klein erschienenen Zweizimmerwohnung. Diese Muster erschlagen mit ihrem winselnden Grinsgruss ans Damals, als ich das erste Mal nach vielen Tausend Jahren beruflich, nicht etwa eines inneren Rufs wegen, in Moskau bin, untergebracht im Studentenwohnheim, umzingelt von solchen Tapeten unseres objektiv winzigen Kinderzimmers. Geflasht, gecrasht, laufe ich die ganze Twerskaja bis zum Roten Platz und kaufe in einer Seitengasse orangegelbe Sommerschuhe aus Krokodilsleder.

Zwei Balkone ergeben eine Datscha. Unerklärlich fröhlich tänzelnde Morgenlichtflecken, die den Lärm der abgehetzten Eltern hartnäckig in den Hintergrund rücken, ihre Tiraden auf die Umständlichkeit des Daseins, die häufiger ertönen als Mai- und Widerstandsparaden und mit ihren Schlägen gegens Trommelfell nicht vorbeiziehen wollen. Das alles ist nachvollzogen, verziehen und stellt ihre guten Eigenschaften nicht in den Schatten. Daran merke ich, dass meine Eltern Ingenieure sind, ungeachtet der bitteren Tatsache, dass ihr Studium und ihre Arbeitserfahrung in Deutschland nie anerkannt wurden: Sie sind pragmatisch-effizient wie Zürcher Bänker und gehen mit Ressourcen wie Kreuzberger Ökofreaks um.

Meiner Mutter stiess heftig auf, wenn sie wegen kaputter Haushaltsgeräte, unnötiger Behördengänge oder der alle Bereiche umfassenden Inflation einen komplizierten Weg nehmen musste. Sie besitzt ein Gefühl für die Würde der Rationalität, gesunder Menschenverstand war noch ein absoluter Wert. Einen Blick für die Eleganz der einfachsten Lösung zu behalten, das wünsche ich mir von jener sowjetischen Kindheit. Etwas von der geerdeten Liebe zur Mathematik zu erben; die Frechheit, darauf zu beharren, dass Allgemeinbildung, Vernunft und Güte attraktiver als eng anliegende Jeans, nach hinten gegelte Haare und Konten voller Kohle sind. Das optimiert-funktionale Bauen aus dem, was zur Verfügung steht, hat das Fundament jener Bildung gebildet, die man mir gerade noch kurz vorgelebt hat. Sie ist durch Jahre des Sprachnebels, der mich in Berlin – wie in dem Trickfilm *Hegdehog in the Fog* – eingeigelt hat, verschlissen, in Relativität und Grundsatzzweifeln zerrieben worden. Wenn man sich nicht mehr traut zu schauen, wer man in Ansätzen sein könnte, hilft der Dreisatz. Oder ein Schachtelgedankensatz.

Die Chemieformeln, diese Stoffsymbole, die ansprechend den guten alten Mendelejew mitführten, lösten sich nach ein paar Jahren in Wortwerten auf, für deren Valenz und Ordnung keine Tabelle an der Wand hing. Die Wortfolgen schwappten hartnäckig über, legten sich heimlich neben das Gemeinte, schienen beherrschbar und purzelten ohne Gewähr aufs Papier.

Anfangs in Marzahn, bei der älteren DDR-Lehrerin mit der kurzen, gepflegten, grauen Dauerwelle, die unter die Tests auf Russisch unübersetzbare, da verblüffend korrekte Lobworte hinter die ohnehin kosmisch aussehende 1+ setzte, ging alles pfeilschnell in Reagenzgleichungen über. Ein für uns beide entschlüsselbares Rätsel kochte aus den Ausgangsstoffen hervor, und genussvoll wussten wir, wie. Die unternehmungslustigen Elektronen, die Kraft des Komplementären, die Anziehung … Jene Valenz führt das schweizerische „mol" für „doch" mit, so die Angleichung heute.

Nach einem Schulwechsel änderte sich die gängige Aufgabenstellung. Nun hiess es: Versuche beschreiben. Aus Angst vor dem Knall – giesse Wasser nicht zur Säure, sonst passiert das Ungeheure – folgten statt Formeln Formulierungen, die die hypothetische Forscherin absichern sollten. Mit dem Ergebnis, dass die Lehrerin eine Blütenlese der Testergebnisse veranstaltete. Sie las beste Ausländerliteratur vor. Meine beste Freundin Anja hat sich gleich entlarvt, sie lachte als erste bei dem Zitat auf, sie würde beim Versuchsaufbau eine Maske und eine entsprechende Rüstung anlegen. Meine Schutzvorkehrung lautete überzeitlich: „Ich würde nichts anziehen, was der ätzenden Wirkung nicht standhalten würde." Die Lehrerin krümmte sich nach der ersten Hälfte des Satzes vor Vergnügen, das die pubertierende Klasse multiplizierte, und dessen zweite Hälfte ging darin unter. Die kollektive Schadenfreude riss mich sogar mit. Das Verfahren der Blütenlese kannte ich sonst auf Russisch, und zwar nicht als Schauprozess einer verlachenden Selbstjustiz, sondern als ernste Angelegenheit: Die Ausstellung eines vorbildlichen Standards.

Was ist für mich das Sowjetische ausserdem? Dass „geht nicht" nicht geht. Der Spruch meines Vaters, der mir empfahl, Jura zu studieren: Man müsse die Säulen der Gesellschaft kennen, um zu wissen, wie man sie umgeht. Ideen wie das Ausbauen der Garage am Stadtrand zur Einzimmerwohnung mit einem Stellplatz unter der Wohnung. Sich scheiden lassen, um sich in die Schlange für eine Single-Wohnung anzustellen, die einer meiner Brüder bekommen hätte. Das Ideal der Findigkeit: je grösser die Not, desto grösser die Tugend, die man daraus machen könnte. Würde man hier und heute wohl lösungsorientiert nennen: es trotz aller Widrigkeiten doch schaffen. Aber sich auch Widrigkeiten schaffen, sagen, was man denkt und dass man eben so tickt. Hektik. Stressreden. Drauflossprechen, Brüllen, mit Totschlagrhetorik die anderen überzeugen, unterhalten, schönes Russisch sprechen, Possen und Sommersprossen in jedem zweiten Satz, Anekdoten, Bezüge auf Filme und Literatur, grossartiges Theater und grosse Anstrengung, diplomatisch zu bleiben, ohne langweilig zu wirken.

Da wären die krassen Kinder. Oder waren die Erwachsenen krass, dass sie uns keine Grenzen gesetzt haben, ausser dass wir bei Anbruch der Dunkelheit heimgehen sollen? Die Kinder haben sich gegenseitig aufgeklärt. Da gab es einen Abend, an welchem bei meiner Katja keiner zuhause war und ihr Zimmer voller Kinder, die wissen wollten, wie Mädchen und Jungen nackt aussehen. Sie haben ein Mädchen ausgezogen, es hin und her gedreht und gerufen: Schaut mal, sie hat einen blauen Fleck auf dem Bein! Dann hat sich das Mädchen angezogen und sie haben einen Jungen ausgezogen. So sieht ein nackter Junge aus. Ohne blauen Fleck.

An einem anderen Abend hat Katja ein paar Fotografien ihrer Eltern herumgereicht, die sie in ihrer Schrankwand gefunden hat. (Vielleicht wurden manche Schrankwände mit Inhalt verkauft.) Auf den Bildern posierten nicht ihre Eltern, sondern zwei andere Erwachsene. Sah aus, als ob sie Sport treiben würden und die Sportanzüge Mangelware geworden sind, doch das überstieg die Fantasie. Schwarz-Weiss-Aufnahmen. Es war im ewigen siebten Jahr. So war das eben, die Zeit tickte anders und auch mal aus. Geheimnisse, die auf Malvenbüschen wachsen, vom Winde nie so ganz verweht.

Irgendwie hat man es immerhin reguliert, Intimität und Öffentlichkeit. Was eine tiefere Linie auf der Gefühlskarte hinterlassen hat, ist ein Hang zu Kontrasten. Hohe und häufige Wellen von Willkommen und Abschied, von Schimpfsprache und Liebkoseworten. Karussellpalette an Zuneigung und Gewalt, an Umarmungen und überromantischer Ferne, bodenlose Hoffnungslosigkeit und sämige Einsamkeit – gemischt mit Trotz und Pomp, von innen gesehen fernab von Kitsch. Ist das die „Gefühlsintensität" des Ostens, die es dem Westen angetan hat, ihn nicht nur für das Fehlen von Demokratie zu kritisieren? Oder die Daueranspannung, die Grundambivalenz, der Komplementärfarbkasten, in welchen man eintaucht und dank welchem man später auffällt, aus der Reihe des Harmonisch-Monotonen herausfällt und den Pinsel wie einen Besen schwingt?

Anflüge intimer Mimik: Zwinkern und Witze. Oleg, aber auch: Igor, der Klaviersklave, und Sergej, den man nur mit der Dogge sah. Der dünne, hochgewachsen-langgliedrige Sergej mit dem grossen Lachmund und die treue Dogge sahen einander ähnlich, doch es tut nichts zur Sache. Igor kannte ich überhaupt nicht. Ein Pianist, ein künftiger, hiess es, aus einer richtig jüdischen Familie. Er wurde nicht zum *eigentlichen* Spielen gelassen, zu uns runterzugehen wäre wohl ein Absinken gewesen. Wir sahen ihn nur, wenn er das Haus für einen Auftritt in Begleitung seiner Mutter verliess. Er teilte damit das Schicksal jenes Mädchens aus dem dritten Stock, deren Vater den Mercedes erschwommen hatte. Sie spielte täglich vier Stunden Klavier, berichtete sie. Ich übersetzte, dass sie immerzu so lebte, als ob sie eine Klasse überspringen müsste. Wir äusserten unser Beileid. Wir bewunderten sie für die Rüschenjeanskleider, die ihr Vater im Westen kaufte, und wir beäugten mit gewissem Schauer ihren ausgemergelten Körper, an welchem die Ferien vorbeizogen. Diese Kinder waren uns so unheimlich wie das Mädchen mit der seltenen Krankheit aus dem oberen Hof – sie war viel kleiner und dünner, als sie sein sollte, und sie durfte auch nur selten auf der Strasse sein. Selbst wenn sich die künftigen Genies zufällig unten zeigen durften, waren sie viel zu gut angezogen und mussten entsprechend Acht geben. Nicht nur, dass sie kein einziges Spiel vorschlagen oder mitspielen konnten, sie wussten gar nicht, was sie wollten. Diese Kinder gaben uns eine Ahnung davon, wie prima wir es hatten. Sei es drum, um die Noten und um die Musik. Wir treten zusammen mit Oskar Matzerath im Orchester auf. Er auf seiner Trommel natürlich, und ich hatte ja ein rotes Klavier, auf das ich von Zeit zu Zeit mit dem Kopf einer meiner Puppen haute, um ihrer Frisur den nötigen Impro-Schliff zu verleihen.

GERUCHSFLUCHT

Sewastopol riecht nach Fichten, wenn die Sohlen im Pankower Bürgerpark die Umlaufbahn von alleine abtasten und die Lungen den Kopf nach oben ziehen – zur Luft über der unvereinbaren Stadtvielfalt, in der etwas nachhallt, eine Halluzination aus grünen Kronen, Lichtblicken, Himmelsfetzen, der Stille zwischen der Anstrengung. Die unzerstörbar störrische Gewissheit, dass das Meer hinter der Buschwand, hinter dem Altersheim, hinter dem fulminanten Eingangstor liegt.

Der Eingang zum Pankower Bürgerpark bringt zum Ausgang der Erinnerung. Sie tritt nie entschlossen hinein und verschafft sich Platz, sondern klopft bei Gelegenheit verlegen und zerknittert wie eine verschlafene Berlinerin an. Scheint durch, weht heran. Man möchte ihr einen Kaffee anbieten, sie zum Setzen auffordern, den Kaffeesatz zum Kraftherzen ordnen.

Jenes Tor aus Terrakotta riecht nach bildungsbürgerlichem Sonntagsspaziergang, ragt aus dem vorletzten Jahrhundert in die Gegenwart hinein und signalisiert das Familienparadies, an dessen Grenze wir in der letzten Strasse im Wedding einige Jahre lang gewohnt haben, bis die Hoffnung auf ein Wir sich verflüchtigt hat. Etwas davon, so die einwandfrei funktionierende Waschmaschine, ruht noch in der Nordbahnstrasse, die vergeblich mit einem Weg nach Skandinavien sympathisiert hat. Etwas ist in vielen Pappkartons gen Süden gerutscht und etwas hängt dazwischen wie die Lichterlinien auf überentwickelten Nachtfotos.

Auflösung von Gedanken, mechanische Änderung des Stils hin zur Verlagerung auf den Fussballen (um die Gelenke zu schonen), Ausprobieren der Laufanleitung einer gegoogelten Seite über das Joggen. Noch mehr Schockdämpfung bei der plötzlich erfühlten Steigung auf dem platten Terrain. Unkontrollierbare Glücksströme, Stromfelder, kriechendes Grienen. Nicht denken, nicht lenken, drauflos, lauf, los, so, wie es sich ergibt, und es ergibt sich genau die Route, die ich früher gelaufen bin, nur läuft sie sich diesmal, nach jahrelanger Abwesenheit, hügeliger – und bis hinunter zur Bornholmer. Weihnachten im Sommer. Erschöpfung in der Windstille zwischen Parktor und Narrenfreiheit. Schöpfung. So viel Himmel über dem Kopf, dass es nicht alles der Berliner Himmel auf der breiten Strasse sein kann. Die Heine-Fichten, das Lindenberg-Pankow, die rostenden DDR-Skulpturen, der Rosengarten – ihr winkt gar schon Grüezi und Priwet. Und das Duftbouquet, zu welchem ihr euch solidarisch vereinigt, kommt dem Aroma der Felsen nahe, die über dem Schwarzen Meer in der Brandung bestehen und an die sich das launische Möwenwölkchen anlehnt.

Nicht angeleinter Hund. Gebell. Stehenbleiben. Sein nasses Fell riecht nach der Panke und nass ist auch seine Pranke. Ich sage dem Besitzer: „Ich habe Angst!" Er bewegt sich nicht und brummt: „Das Leben ist kein Ponyhof." Der Hund kläfft weiter, ich laufe weiter.

Eines Tages schreibe ich die Geschichte der Gerüche in Osteuropa. Und die Geschichte des Hungers. Nein, jeweils morgens: Bevor der Trubel beginnt, schnuppert die Nase, die noch die Kraft hat, neugierig zu sein, differenzierter. Habe zuerst zur Präzisierung „in der russischen Literatur" gedacht, aber das stinkt mir, denn „russisch" gibt es nur noch in einem Salat mit „sowjetisch", prä- und post-, und mit all diesen Gewürzfurzen mag es kaum einer, der es nie verdauen musste, das wirkt von aussen weder gediegen noch erlesen. Eine falsche Vinaigrette dran. Winegret heisst auf Russisch eben etwas anderes: Kartoffel-Randen-Rübli-Sauerkraut-Bohnen-Salat. Eine Rüsselallergie rasselt durch das Stadion verlorener Runden. Lieber auf der Regatta zum Heimathafen weitersegeln.

STRANDMÜTZE

Darf ich wegrennen, zum Strand? Aus der Fernsicht, klassisch, in die Nähe des Meeres. Da stehe ich als Fünfjährige, dem Foto nach, und singe auf einem Kieselstrand. Einen Meter hoch rage ich in die Höhe, an Sonnenschirmen hinter mir gemessen. Vorgebildet genug, um zu wissen, dass auf meinen Schultern die Zukunft des Landes hin- und herwiegt. Meine Brüder haben mich ans Meer mitgenommen, an ihr Lieblingsziel, und auch das ist mir erst wieder in der Schweiz begegnet: zärtliche Bezeichnungen für Bergzipfel, zusammen mit der Selbstverständlichkeit, Umrisse und Lage dieser aus jeder Perspektive zu erkennen.

Auf der Zipfelinsel blinzle ich mit den Augen der grossen Brüder in die Ferne, auf der Suche nach unserem Matterhorn, der Sommerfrische Gorbatschows. Wir erspähen ein Haus am Felsenrand, es bricht mit der Gegenwart, so sehr ragt es in die Zukunft hinaus – die kleine Schwester is watching you. Ich checke nicht, was ich sehe, aber ich glaube ihnen alles, sie sind erwachsen, und ich habe es gern, wenn sich jemand bemüht, mir lokale Besonderheiten näherzubringen. Die Datscha des Zaren, bei uns, nicht ganz so nah, aber immerhin, sehr, sehr bei uns, und so kriege ich jetzt die Villen auf dem Züriberg und an der Goldküste erklärt: Dort wohne seit Jahren der gute Putinkritiker, heuer fortgezogen ein böser Oligarch von hier. Orte vom Sklavenhandel rheingewaschenen Mäzenatentums und Fensterläden, wie es sie sonst in Florenz gibt … Hausbesitzer, nicht Hausbesetzer wie in Berlin, das muss man sich selbst übersetzen und sich nicht versprechen, man muss über Geldberge gar nicht weiter sprechen, sich einfach nur mal setzen, zur Ruhe. Und du leg dich, du Suche nach dem prophetischen Originaloleg: hier nicht, nirgendwo.

Wir brauchen keinen Roten Platz, unsere Sonnenauf- und untergänge leuchten röter, traumhafter und haften an unseren Träumen viel länger – für immer. Wir brauchen mit niemandem zu konkurrieren. Mit dem richtigen Wind und den wohligsten Proportionen der Strandarchitektur: Zickzackgrau, Geröll und Wassergrünblau, trockenes Gras, triefendes Haar. Minirock, Bikinischock, Papierschnipsel auf der Nase, sonnenmilchlose Strahlendosis. Kremlgestrandete.

„Krim" (mongolisch-tatarisch: kerim) spricht für sich, es bedeutet *Festung*. Im Osmanischen Reich zogen wir schon manisch Krieger an. Unsere überragende Burg, unser weggespültes Zuhause, unter hemmungsloser Benutzung von Kollektivpronomen, oft eingenommen und im stillen Einvernehmen doch nicht einnehmbar. Es geht uns nicht darum, dort dauerhaft oder sporadisch zu leben, seinen Arbeitsurlaub oder deine Schulferien zu verbringen. Dreamcastle lässt sich nur durch subtil-frontale Gedankengefühle erobern. Eine in Karton ver-

packte, in die Hosentasche wie ein Ipod gesteckte *mental map*.
Aber Google kann einpacken, wir haben ein *mental cap*: Wenn
K. wie ein Hut aufgesetzt wird, und zwar von innen auf die
Hirnrinde, lässt er einen Teil von dir verschwinden und versetzt
dich (uns) woanders hin. Das kann nötig werden, wenn man
woanders ist als dort, wo man einen solchen Hut getragen hat,
unter dessen Krempe man nie versengt worden ist.

Einen zu schnell zu klein gewordenen Baumwollhut, den ich
als wonniges Zeichen höchster Mittagssonne aufsetzte. Diese
Kindheit bestand aus so raren Sachen, dass es leicht fallen müsste,
einen Flohmarkt des Entfliehenden aufzubauen. Es gab keinen
anderen Sommerhut, und es gab keine Grenze der Sinne – man
konnte sich ihn sogar mondän vorstellen, im Vertrauen auf den
nächsten Strandausflug. Das weisse Mützchen, besetzt mit dun-
kelrotem Rüschenrand. Drei saftige Kirschen und ein paar grüne
Blätter, vorn aufgedruckt, ergänzten die ernste Mädchenstirn.

Meine *kepka*, die allerbeste Kippa. Hielt sich am Kopf fest,
selbst wenn ich ihn weit nach hinten kippte, um die Fallschirm-
springer bei militärischen Übungen zu beobachten oder zu
schauen, wo die besten Kirschen in Omas Garten wachsen. Am
ehrwürdigen Pflück- und Essprozess beteiligten sich tatkräftig
meine Brüder. Wer sonst war so hoch wie sie und wer sonst
konnte so gut auf Bäume klettern wie ich. Am eifrigsten habe
ich nach Pärchenkirschen gesucht. Auf dem Baum beim Nach-
bargrundstück hing eine Ménage-à-trois. Die Pärchen haben es
mir angetan, ich habe sie auf meine Ohren gehängt: Meine Ohrringe, motivisches Echo zur Kepka. Oder, wie man auf Russisch
sagt: Sie baumelten wie Spaghetti von den Ohren – mir etwas
vormachend, vielleicht.

Konstantin hat einen Sommer lang keine Kirschen angerührt, nachdem er sich einmal an ihnen übergegessen hatte.
Vielleicht lebt er am ehrlichsten von uns, in seiner spätmoder-
nistischen, metaphorisch für uns Banausen nicht zu fassenden
Metarealität. Ich habe seine Portionen übernommen.

Mit den Kirschen verwandt sind die Sommersprossen. Meine waren nie so rund und häufig wie bei meinem Bruder, der sich heimlich durch ein Sieb sonnte, wie meine Mutter bemerkte. Durch einen *durschlag* (Durch-Schlag). Ich fühlte mich gezwungen, ihr nicht zu glauben. Nur sie hat dieses Sieb verwendet, in der Küche, und wenn er es öfter in der Hand gehabt hätte, hätte er mich schon mal damit bedroht, wenn ich Englischvokabeln nicht wiedergeben konnte, zum Beispiel. Aber womöglich verwechsle ich *durschlag* und *fartuk* (Vortuch, russ. für Schürze). Es schlug durch, dass das keine typisch russischen Wörtchen waren, aber andererseits: Das Russische plätschert mehrsprachig vor sich hin, es saugt französische, englische, deutsche, holländische, vorher noch arabische und gar chinesische Entlehnungen auf und presst sie durch ein grammolexikalisches Sieb. Ob es sich nunmehr auf die Haut anderer Sprachen streut? Wir zahlen *mita*, vereinbaren einen *termin* und hoffen, die Menschen mögen *adekwatny* sein.

Wir schlafen und träumen zugleich: *son* ist das Wort dafür, und mein Sohn ein Traumjunge, der mich aus dem Schlaf reisst und darauf besteht, neben mir einzuschlafen, und der uns beiden Tagträume schenkt. Wir schauen Karlsson vom Dach, diesen russischen (sowjetischen) Trickfilm, schauen erwartungsvoll aus dem Fenster und befördern Kakao mit diesen schwedischen Böllern in die faulenzenden Bergwerke unserer Bäuche. Wir verschlafen Schule, Uni, Ufzitabmachingä. Wir ziehen ohne Scham Schlafmützen über und rocken grölende Parolen im Kloster, dem Prunkchram.

Noch ist Notiz von einem weiteren unentbehrlichen Bestandteil des Sommerlebens zu nehmen, das zur Kirschkippa auf einem anderen Foto passt: Das mustergültig bunte Baumwollkleid für jeden Tag. Der rockige Teil aus drei breiten Rüschenlagen. Solche wären jetzt super herzig und mega modern. Mit einem Schmetterling vorn, in diversen bis perversen Farbmischungen, einem unerschöpflich kaleidoskopischen Muster.

Kleiderpost aus den langen 70er Jahren. Lila, Rot, noch etwas, was keinen Namen mehr hat, da die Sonne die Farben ausbleicht. Das Kleid hatte die Eigenschaft, kürzer zu werden. Ich mass Jahr für Jahr die Länge an drei dunklen Sommersprossen auf den Oberschenkeln: angefangen ganz gesittet etwas überm Knie bis zu dem Punkt, wo kein Windstoss für Anstössiges sorgen durfte. In den Shorts meiner Brüder kein Thema. Sie schmiegten sich mit gelbem plüschigen Stoff heran und mussten so kurz sein, wie es heute wiederum in ist, weil sie sonst zu warm gewesen wären und die Beine sonst gar nicht die Beine aus den 80ern wären. Dazu ein gelb-weisses Oberteil, mein erstes Kostüm aus jenem Kosmos. Damit sah ich aus wie ein Küken, bescheinigten Brüder und Eltern. *Scheltok*, meinte Konstantin: Das Gelbe vom Ei. Nein, das Küken, sagte Mutter, das passe besser, ich sei ja die Kleinste. Und die vorlauteste, entgegnete er. *Scheltok* sei mein Spitzname, stimmte Mutter ihm zu, wenn das Ei versuche, klüger als die Henne zu sein.

OMAS HAUS

Wenn ich mir die Freiheit nehme, über die (vor allem ins Herz) geschlossene Stadt zu schreiben, erinnern diese Hierworte an odessitische Banditenlieder, die eigentlich *Blat*-Lieder heissen. Sobald man ihren Text ins Deutsche übersetzt, wirken sie auf einem Blatt banal. In ihnen stecken Geschichten lustiger Selbstverluste. Blättern wir diese Stolpersteine ab: Was haben wir im Kern gern? Den Moment des Einklangs mit den und dem Anderen, den Moment „ja, das ist fein" – nicht wahr, und war es nicht so, aufs Wort?

Die Leute, die nach Sewastopol fahren, gehen wieder weg, aber wir, wir liegen vor Anker. Den Radius der mir bekannten Gegend, ausgehend von unserem Haus, erweitern – ein Gedicht aus mehreren Strophen. Aber zu meiner Oma nach Sewernaja, an die Nordbucht, über eine halbe Stunde im Trolleybus, eine Viertelstunde mit dem Kutter und dazu 20 Minuten zu Fuss eine steile Sandstrasse hoch, das war eine Katastrophe. Kaum hat man die Reise zu ihrem Haus mit den „Quartieranten" (den Urlaubern, die sich auf ihrem Grundstück einen Bungalow gemietet haben), geschafft, begann das Unkrautjäten, Kartoffelngraben, Zaunreparieren. Jeder Quadratmeter wurde genutzt. Der des Landes und der des Wohnraums. Diese schrecklichen Moskauer mit ihren gedehnten Ahs. Immerhin brachten sie Lebensmittel mit. Die Wurst wurde mit der Miete verrechnet. Dabei konnte ich stundenlang hungrig in meinem Revier herumlaufen, Hauptsache dort. All das lässt sich nicht in die Sprache der Sprache übersetzen, es ist performiert und parfümiert bestenfalls die Gegenwart – unerwartet, einem Blumenstrauss ausserhalb jeden Anlasses gleich. „Aufgang Nr. 7" lautet der Titel eines szenigen Plattenparfüms. Ist es alle, fülle ich es wie eine Seifenblasendose auf, so dass jene Kinder fremder Hinterhöfe uns, ein frei okkupierbares Uns, mitspielen lassen.

Manche Speisen gehören in Kochbücher und manche Reisen in Logbücher. Manches Migrantengrossstadtei sagt zur Vergangenheit: vorbei, bye, bye. Mach mal einen Punkt und halblang. Dieser Film lässt sich nicht drehen, du kannst auf *Kogda ja stanu welikanom* verweisen und leise wird der halbe Saal aufstehen, sich von diesem Insider nach der Werbung verabschiedend. Zu verschieden sind deine Codes und zu uneinheitlich, um in Ordnern mit der Aufschrift „russisch" oder „sowjetisch" oder „ukrainisch" und so weiter und so fort abgeheftet zu werden. Aber ohne ein nettes Etikett legt es sich nicht! Schrei, schrei, die Zeit lässt sich nicht zurückdrehen, dein Kopf wird sich seltener verdrehen lassen, du wirst dich weniger um dich selbst drehen und diese kleine, kleinliche Welt, die längst das Zehnfache kostet und sich längst wieder beim Rubelsturz entwertet, umgebaut und verbaut, mit anderen Menschen bewohnt, mittlerweile mittelprächtig und bald gar anderssprachig, mit einer Legende um deine Familie oder ohne Spur. Es kann dir Wurst sein, Moskauer Jagdwurst für den *Olivier*-Salat oder Currywurst gegen die Verstörung, für die Verstopfung. Iss, Kind, werde stark und vergiss.

In der Sprache des Vergessens lese ich vor: Bei meiner Oma habe ich zum ersten Mal den inneren Ruf nach Hause gehört, was das Zuhause erst definiert hat. Sicherlich gab es auch interessante Dinge bei ihr, zum Beispiel das Häuschen mit der Dusche an einem Ende des Nutzgartens und das Plumpsklo am anderen Ende. Rote und schwarze Johannisbeeren. Himbeeren. Kartoffeln, bei deren Umgraben Patronenhülsen glänzten. Mutter hat mit ihren Aussprüchen einen Ohrwurm gesetzt: Jeder Quadratmeter ist durchtränkt von Blut. Unsere Matrosen hatten Mut. Unter der Paradiessonne, unter Seemanns- und Meeresfamilienparaden, unter der Mayonnaiseschicht des kalten *Schuba*-Schichtsalats (*schuba* – russ. für Pelzmantel).

Einmal trug ich das chinesische Kleid, in dem ich bei Familienfotos posieren sollte, schon auf dem Hinweg zur Oma. Mein Vater und ich fuhren vor, der Rest sollte am Nachmittag eintreffen. Wir waren allein auf Omas Areal. Mein Vater verbrachte Zeit mit mir – der Tag schillert pink in meinem Kalender. Die Quartieranten setzten sich gerade am Strand den Urlaubsfreuden aus. Wir fühlten uns als Querulanten. Auf dem Grundstück hatte mein Vater vor kurzem drei Bungalows für die Sommerfrischler gebaut. Nun standen sie uns offen, wir hätten sie ausrauben können. Mein Vater hatte eine Tür repariert, sie stand offen, ich konnte anschauen, wie die Leute im Garten meiner Grosseltern wohnten. Ein Mal im Kreis laufen, von der Aussendusche über die Dill- und Petersilienecke zwei Ebenen durchschreiten. Das Grundstück lag, wie so ziemlich alles, auf einem Hügel – eine schräge Gegend eben. Zwei Hauseingänge, ineinander verschachtelte Beete, grelle Astern, weiche Erde, wachsame Nachbarn und tief im Bauch das Warten, dass jemand zurückkehrt.

In den Urlauberbuden dreieckig aufgestellte Kissen auf den Betten, der Anblick stimmte dem Mittagsschlaf geneigt. Doch dann fiel mir ein Wagen auf. Ein richtiges Kinderautomobil, in das man einsteigen, in die Pedale treten und losfahren konnte! Ich sprang hinein, im vollen Bewusstsein des Verbotübertritts. Meine Oma hatte ein Cabrio für die Urlauberkinder angeschafft und es vor mir versteckt, damit ich es nicht kaputt mache. Ich hoffte, mit dieser Annahme falsch zu liegen, aber mich hineinsteigernd, stieg ich aus dem Wagen einen halben Tag lang nicht mehr aus.

Mein Vater drehte eine Runde und überzeugte sich von unserer Zweisamkeit. Mir war längst egal, ob mich jemand darin sehen würde – in meinem chinesischen Festkleid und der riesigen Schleife, die die Kopfhaut zu einem Dauerlächeln anspannte. Vater hat eine Fotosession begonnen. Auf einem Ergebnis, das mir gelungen ist, dem Elternhaus zu entwenden, fahre ich durch die schwarzweissen Pfingstrosen auf die Kamera zu. Mein Lächeln geht übers rein Schleifenbedingte hinaus, das Foto riecht wie der „Aufgang Nr. 7", es duftet farbig.

Ich weiss nicht einmal, ob meine Freunde von damals noch am Leben sind, und ob ich diese Frage beantworten möchte. Angsthäsin fährt nicht hin, hochnäsig sagt sie, sie habe keine Zeit, die Zeit sei nicht reif dafür, sie sei noch unreif, das Kind sei noch zu klein, ohne Kind fährt sie nicht hin, sie möchte dem Kind ihr Damals so zeigen, wie sie es als Kind erlebt hat, und ach, da es nicht geht, gehen wir nicht.

Es ist beschwörend und erschwerend, wie mit Petersburg, das mein Vater geschworen hat zu zeigen, inklusive aller Orte, die für meine Eltern von enormer und normaler Bedeutung gewesen sind, als sie noch keine Eltern, sondern ein Liebespaar gewesen sind, das sich in Petersburg im Verlauf von fünf Jahren getroffen hat. Mein Vater, dein Grossvater, hat dort an der Militärakademie einen Ersatz für Physik studiert, und jetzt ersetzt er mit seinen Erfindungen die Leere der Schublade im kleinen Anna-Karenina-Zimmer. „Wenn du den Richtigen findest, führen wir euch durch unser Petersburg", lautet die Formel. Denjenigen, welchen. Derjenige, der als Richtiger über den Weg laufen, fahren, reiten, ihretwegen auch joggen wird. – Eher erkenne ich die Sommerresidenz von Gorbatschow als ihn. So kommt es, dass ich die Jahre in posttraumatischer Bequemlichkeit verschlafe, ohne Piter, ohne Sewa. Ich verschütte meine Träume, zusammen mit der Erinnerung und der Ruhe. Ich kann mich nirgendwo mehr orientieren, es gibt kein Koordinatensystem, jeder Anhaltspunkt hält auf, ordinär. Die Räume häufen, häuten, türmen und räumen sich auf. Der Sturm auf den Winterpalast weht aber heran.

Ich liege eines Nachts Wange an Wange mit meinem Sohn, sonst frieren wir. Ich hoffe, er fängt meine schweren Gedanken nicht ab und ich hoffe, ich bekomme seine hellen Träume mit. Er sagt, vielleicht im Halbschlaf, er möchte nach Moskau, Petersburg und nach Sewastopol. Er fragt, ob Russland das grösste Land der Welt sei, ob es in Europa oder in Asien liege.

Ich sehe fiese Akkusative aufkreuzen und trage mir auf: Meinen Opa vor Kehlkopfkrebs schützend, verrauche ich seine Zigaretten. Am Strand, von Oma aus gut zu erreichen, lasse ich mich nicht wieder von einer Riesenwelle verschlucken. Falls doch, halt ich die Augen auf – wenn schon sterben, dann mit Blick ins Innere des Wirbels.

Wenn ich wieder über Oma und den Strand dort schreiben werde, dann im Kapitel über die Rückkehr in den Prospekt Ostrjakowa. Wiedersehen und Zurücksein, Rückkehr nach Hause. Weder ein Gespinst, das im Dirndl Bier trinkt, noch das Matterhorn. Rückkehrerglück: ermattet, auf den Schultern eines der Brüder oder davonhüpfend mit letzten Kräften, die verlässlicherweise da gewesen sind, um dem Streit der viel müderen Eltern aus dem Weg zu gehen, in Vorfreude auf die terra cognita. Selbst, wenn die Sonne gerade ungehorsam runterrutschte und man dich ermahnte – eine unentbehrliche, bärenhaft warm umarmende Viertelstunde schiebt sich wie eine Raucherpause hinein. Mit ihr kannst du einschlafen.

Ach ja, Grossmutters Haus. Voller Anklagen, Vorwürfe, unüberbrückbarer Differenzen in der Wahrheitswahrnehmung. Furchtbares Unrecht, dessen Verletzungspotential in keinerlei Verhältnis zum Geruch des Hausinneren stand, den Medikamente und das Alter bestimmten. All das bestätigt das Sprichwort „Besitz besitzt", meine Abneigung gegenüber einer felsenfesten historischen Wahrheit sowie meine Überzeugung, dass das Beste an diesem Haus die Rückkehr von ihm in unsere Ostrjaki-Platte gewesen ist. Es sitzt so tief im mütterlichen Kopf, ihrem Herzen und ihrer Denkweise, dass ich mich komplett raushalte, um selbst halbwegs komplett zu bleiben. Schliesslich hat man mich bei dem Erbstreit sowieso nicht berücksichtigt, ich bin auch dafür zu klein und zu aufgeräumt gewesen.

Dauerhafter Geltungsanspruch oder vorweggenommener Vergeltungsspruch: Der Familienstreit ums Haus habe schon begonnen, als sie sich für die Zweizimmerwohnung in Ostrjaki in der Stadt, also bei ihren Eltern, registrieren mussten, damit sie in die Warteschlange für die Wohnung gelangen, für die sie acht Jahre lang, fast genau bis zu meiner Geburt, „gestanden" haben. In der Zeit lebten sie bei meiner Oma im abseitigen Nordbuchtbezirk, Sommerfrischlern gleich, aber schlechter gestellt. Das habe geprägt, bis zur vererbbaren Narbe.

Oma hatte fürs Haus Geld gehabt, nachdem sie sich im turkmenischen Taschaus von der Chemielehrerin bis zur Schuldirektorin hochgearbeitet hatte – bis sie dort als Kulaktochter verleumdet und aus der Partei ausgeschlossen wurde, so dass sie die Stadt verlassen musste. Daraufhin hat sie mit Opa ihr Hab und Gut verkauft. Sie zogen zunächst nach Winniza, später in die Hafenstadt, vielleicht auch, weil mein Vater dort stationiert gewesen ist, vielleicht aus persönlicher Vorliebe, ausnahmsweise.

Damals diente mein Vater noch meist auf dem Schiff, mein ältester Bruder hatte erinnerungstechnisch eine auf zehn Monate ausgedehnte Lungenentzündung, und meine Mutter wurde mit Konstantin schwanger. Oma dachte, meine Eltern hätten sich bei ihr angemeldet, um sich das Haus unter den Nagel zu reissen. Dieser Vorwurf war geboren und nicht aus der Welt zu schaffen, er hätte alle in den Wahnsinn treiben können. Die Gravur übermalen wir endlich, sie ist Geschichte.

SCHWIEGERELTERN, SCHWIERIGE ELTERN

„Opa" steckt sowohl in „Ost"- als auch in „Westeuropa". Sewastopa ginge auch. „Opa" steckt auch in „Stop". Meine Eltern bremsen mich beim Vorhaben, die Familiengeschichte zusammenzutragen, aus: Sie wollen weder etwas erzählen noch aufschreiben, obwohl ich sie darum gebeten habe und bitte, gebeten habe und bitte, gebeten habe und bitte. Sie werden unerbittlich, werden unerbittlich älter. Sie sind selbst längst Grosseltern und insofern Objekte bevorstehender Rekonstruktionen. Vielleicht wird vieles durch Abwinken und Abbiegen flexibler, windiger.

Ähnlich schwerwiegend und bis zur Atemnot beschwerlich, bis heute von zu viel Geschichte überladen – meinem Geschichtslehrer gleich –, lastet die Bedeutung meines Grossvaters väterlicherseits auf meiner Familie. Er zeichnete sich im Zweiten Weltkrieg unter anderem als Held der Sowjetunion aus. Ein polnischer, ukrainischer, russischer, kurzum: sowjetischer Jude, der die Zeile „Nationalität" im Pass mit seinem Vatersnamen ausfüllte, so dass er vom Antisemitismus ungehindert Karriere machen konnte, das heisst den ersten Zugang nach Berlin erkämpft, über sieben Brücken gegangen, die Stadt vom Norden aus eingenommen, von Reinickendorf, wo wir ab Mitte der 90er ungefähr zehn Jahre lang gewohnt haben werden, wenn man sich auf die Zeit und ihre Verformungen verlassen darf.

Präsent war sein Statuenstatus wiederum durch ausgerufene Gemeinplätze meiner Mutter. Sie konnte – in Härtefällen – in dem super-dooper-Geschäft für Veteranen des Heldengrades Lebensmittel erstehen (Defizit statt Plebiszit) und sogar während der Perestroika, als es bei uns in der Provinz nichts mehr gab, für mich etwas zum Anziehen kaufen, darunter eine Jungenjacke. Das Geschäft hiess in der Sprache meiner Mutter „dedow magasin" („Opas Laden"), so dass ich meinen Opa eine Zeit lang für einen Geschäftshelden gehalten habe. Es befand sich nicht einmal in Sewastopol, sondern in Winniza, und war offenbar so überlebenswichtig wie die Connection nach Moskau. Die Jacke aus *dedow magasin* anzuziehen, das klang nach *big deal*. Die fette Marke dahinter: Enkelin eines Helden der Sowjetunion. Man wusste als Kind, wo man hingehörte und wem man es verdankte. Die Omnipräsenz der Abhängigkeit von Omi und Opi drängte kräftig hinaus: auf der Strasse abhängen, beim Unterwegssein mit Eltern diese abhängen, als fünftes Rad von der Ersatzbank weggleiten und sich von vier verlässlichen Rollen durch die Höfe tragen lassen.

Jene Schicht scheint meiner Mutter verfügbar zu sein, aber ihre Aktivierung setzt zugleich so viel anderes in Gang, dass man es (sie) besser nicht aufkratzt. Als ob die Ghostwriter dieser Reden unermüdliche Geister wären, die engelsgleich Familiengeheimnisse hüten würden. In den letzten Jahren öffnen sich die Gralsbüchsen doch häufiger als früher. Oder ich höre anders zu. Beginne, mir ein wenig davon merken zu wollen, bevor sie aufhören, wenn ich gezielt danach frage. Sie gar ausfrage – und wieder unter Spionageverdacht falle, so wie in Moskau auf der

Suche nach Fotos von Tretjakow oder am Tisch mit Milo Rau und Anhängern, die von mir wissen möchten, woher ich stamme, wie lange ich bleibe, und wie lange ich für Moskau spioniere – die üblichen Frageprogramme … Dabei lautet der Auftrag meiner Recherche nach dem verlorenen Raum: die Willkür des Systems und die individuelle Pirouettenkür meiner Familie verstehen. Auf Russisch kann man sagen, dass man sich aus einer vertrackten Situation herausgewunden hat, man dreht sich aus ihr, spult sich nach oben. Das ist ihnen doch gelungen.

Ich wünschte, ich hätte besser aufgepasst, wenn meine Mutter Stadt-, Land- und Nationalitätenbezeichnungen mit Namen verknault. Einmal ging es ihr um Vornamen. Dass eine Tante von ihr Anna hiess, aber Nüra genannt wurde. Dass die Mutter meines Vaters Anastassija Iwanowna hiess, aber Asja genannt wurde, weil es mehr nach Turgenjew klang. Wir stiessen auf jene Grosseltern, als ich ihr erzählte, mein ehemaliger Mann habe lange nicht gewusst, dass ich in der Sowjetunion geboren wurde, und dass er es mir gar nicht geglaubt hat, als ich es ihm gesagt habe (in Oslo, unterhalb der Stadtfestungsanlage, in einem bemerkenswert warmen Nachmittagslicht über dem Fjord). „Niemals! Du bist doch eine deutsche Kartoffel", verkündete er.

Seine Mutter in Nordostdeutschland hat es auch nicht geglaubt. Wir durchquerten das Fabrikgelände, auf dem das Haus steht, das sie aus einem Pferdestall gebaut haben. Wir brachten Hunden eine Schüssel mit Knochen. Während sie mir erklärte, dass ich einen thüringischen Akzent hätte, fühlte ich mich an eine Garagenfläche in Sewastopol erinnert, zu der ich mit anderen Kindern einmal hingerannt bin, obwohl ich mich nicht so weit von unserem Hochhaus entfernen durfte. Dort warteten auch hungrige Hunde.

Als wir zwischen den Garagen Fussball in quadratischen Kleinfeldern spielten, bin ich einmal auf den Ball getreten, ausgerutscht, nach hinten, mit dem Kopf auf dem Asphalt aufgeschlagen. Ich musste mich beeilen, rechtzeitig wieder zuhause sein und so tun, als ob nichts geschehen wäre. Ein Sommermonat, die Sonne sank erst in der Nacht hinab. Zu meinem Erstaunen gab es keinen Ärger, keiner achtete auf mein blutverkrustetes Haar oder auf die Uhr.

Die damals künftige und längst ehemalige Schwiegermutter fragte, ob ich aus dem Osten oder aus dem Westen sei. Wobei ich mich so anhöre, als ob ich aus Thüringen stamme, beharrte sie. Ich wusste nicht, was ich sagen sollte, ich habe nie jemanden aus Thüringen gekannt und wusste auch nicht, dass es eine Vorform von Zürichingen hätte sein können. Auch später-neulich wusste ich nicht, was sagen, als mein leichter Schweizer Akzent als sächsisch interpretiert worden ist – denkt doch, ich sei aus Obersaxen in den Bergen, wo die besten Ethnologen und Imker herkommen.

Im damaligen, aufregenden Später fragten jene Schwiegereltern und ihr Sohn, warum ich mit ihrem (Enkel-)Kind Russisch spreche. Ich fragte mich, ob das Stettiner Haff eine Bucht veräppelt, die Ostsee ein Meer und unsere Familien die Idee an sich. Das hatte anderes Format, andere Grösse. Mein Megaherz stolperte, es konnte weder taktvoll noch rücksichtsvoll ticken, die Seele setzte den Segelflug fort. Wir unternahmen zur Zerstreuung einen *Osterspaziergang ins Ukra(i)nenland* – ich platzte vor Verzweiflung, mir wurde klar, dass nichts mehr geht. Es gab dafür handfeste, blaugrüne Gründe. Kein Platz. Kein Ankommen im Jetzt, nicht mal nach der Hochzeit, der Zeit der höchsten Hoffnung. Die Geschichte liess sich nicht asphaltieren, sie bellte fletschend durch die Garagenwände. Dem Vollcrash folgte ein Flash:

Das Bedürfnis nach der nächst höheren sozialen Schicht wächst proportional zur geografischen Nähe zu dem Milieu, das als weniger zukunftsträchtig erscheint. Mecklenburg-Vorpommern möchte kein Mecklenburg-Vorpolen sein. Und erst gar nicht Ukraine-Vorland. Auch wenn einige Touristeninformationen auf Deutsch und Polnisch gedruckt werden, einige Ortsnamen in beiden Sprachen auf Tafeln stehen und polnische Urlauber am Wochenende am Stettiner Haff für Umsatz sorgen, ist die bedrohliche Nähe zu Polen ein Anlass, „den Osten" mental auszublenden und dicke Autos durch die schmale Altstadt zu fahren. Die NPD wirbt übrigens in jenem meckernden Pommesland mit dem Slogan „Nationalismus ist wie ein politischer Frühling" und lässt sich unter anderem bei „Volksfesten" wie den alljährlichen *Hafftagen* Ende Juli in Ueckermünde feiern, verteilt Zeitungen mit rechter Propaganda, wirft von Booten Bonbons mit ihrem Parteilogo – wohl eine Alternative zum Drogenproblem der Region. Unter den Augen von Zuschauern, die sich mit unausgesprochenem Feingefühl nicht nur in Ignoranz, sondern auch in Geringschätzung und Abgrenzung üben. Jemand, mit dem ich zusammen bin, dort und grundsätzlich, empfiehlt mir während eines solchen Hafftags, ich solle mit meinen Eltern kein Russisch am Telefon sprechen. Warnende Tarnung als sprachlose Fischköppin.

Unerklärlich. Dabei ist es ein ehemals und seinem Namen nach noch immer slawisches, sogar ein genuin *ukrainisches* Gebiet, sofern ich mich richtig an das Lexikon deutsch-slawischer Beziehungen entsinne.

Nimmt man den Verlauf der Uecker (auf pommerschem Gebiet) bzw. Ucker (in Brandenburg), auf der freundliche Männer bei Stadtfesten entlang rudern, so mündet sie in der östlichsten deutschen Hafenstadt Ueckermünde ins Stettiner Haff, das in die Ostsee hinausläuft. Der Fluss soll namensgebend für die *Ukranen* bzw. *Ukrer* gewesen sein – einen westslawischen Stamm, der sich im frühen Mittelalter zwischen Saale und Elbe im Westen und Prypjat im Osten niedergelassen hat. Prypjat fliesst durch die Zentralukraine und Belarus, das ist der Fluss, der nach der Tschernobyl-Katastrophe als unfreiwilliges Reaktorkühlwasser berühmt geworden ist. „Ukraine" hat möglicherweise mehr mit Nordost-deutschland zu tun, als einigen lieb wäre. In experimenteller Ety-mologie könnte man annehmen, dass nicht der Fluss für den Stamm, sondern eine slawische Selbstbezeichnung der „am Flussrand Lebenden", der dortigen Ukra(i)ner, namensgebend für den Fluss und das Gebiet der Uckermark gewesen ist: „u" – am, „kra/j/u" – Rand. Dann wären „Ueckerrandow" und „Vor-Pom-mern" zweifache Peripherien, Kompositionen aus slawischen und germanischen Bezeichnungen, doppelte Ukrainen also …

Die Fingerkuppen tippen diesen Bashblog an und brechen ihn kurzerhand, den Kürzeren ziehend, ab. Schauen wir mal weiter, aufs eigene Slawentum, ins geerbte Logbuch: Meine Oma müt-terlicherseits, Vera, war das 13. Kind in einer Bauernfamilie vom Ural. Meine Mutter sagt, Omas Dorf liege heute in Kasach-stan. Sie wurden für eine Kulakfamilie gehalten, obwohl sie niemanden beschäftigt oder gar ausgebeutet haben: Die ganze Familie hat auf dem Hof gearbeitet. (Haben wir doch etwas mit Russlanddeutschen gemeinsam.) Entkulakisiert, floh die Fami-lie nach Turkmenistan. Oma Vera war zehn Jahre alt, als sie ihren Uralort verliess. Sie kam nach Aschchabad, wo sie Chemie studierte, und später nach Taschaus, Turkmenistan, wo sie Schuldirektorin und stellvertretende Bürgermeisterin wurde, während mein Opa sich in den Strahlen ihrer Bedeutung wohl-zufühlen schien und ihr den Rücken stützte. Er war Hausmann mit Gelegenheitsjobs und einer Neigung zum Nettsein und Dasein für die beiden Töchter. Er kochte ausgezeichnet, seine *bliny* waren legendär.

Meine Mutter hat ihre ersten zehn Jahre in Taschaus ver-bracht, bevor sie nach Winniza in der Zentralukraine gezogen sind. Es ist demnach nur logisch, dass ich zehn war, als wir aus Sewastopol nach Berlin gezogen sind. Der Algorhythmus setzt sich in beschleunigter Form fort: Mein Sohn ist fünf gewesen, als wir aus Berlin nach Zürich vor unserer fehlgegründeten Familie geflüchtet sind, und ich frage mich schon, was passiert, nachdem er seinen zehnten Geburtstag gefeiert hat.

Meine Mutter hat nicht den Nachnamen ihres Vaters, Gofman, sondern den ihrer stadtweit berühmten Mutter getragen. Die Namen als Graben, als Schutz- und Schützengraben. Meine jüdische Familie ist insofern sowjetisch, als dass sie das Jüdische abgelegt hat – so weit, dass ich keinen Stuhl mehr heranstellen und hinter den Plattenspieler langen kann. Kein Nachverfolgen, kein Nachspielen, geht nicht mehr, weder für Feind noch Freund. Wir müssen eine eigene Folge dieser Serie drehen, eine Folie ausbreiten, uns einwickeln, gesund eingeölt.

In Taschaus konnte die Schuldirektorin ein Grundstück erwerben, Baumaterial, Privilegien, Image. Sie bauten ein Haus. Sie haben es mit den Häusern. Seltsame Tradition. Sie mussten sie doch verlassen.

Über diesen Geburts- und Kindheitsort meiner Mutter weiss ich nur, dass sie lange keinen Tisch hatten und zum Wandertag in die Wüste Karakum hinüberliefen. Sie schrieb die Russischaufsätze auf turkmenischem Sandboden. Bin dort nie gewesen, auch nicht auf oder hinter dem Ural, aber auch nicht im Kanton Uri – das Leben soll noch was zu bieten haben. Zur Muttersprache meiner Mutter gesellte sich also Turkmenisch. Das ist ihr auf dem Samstagsmarkt am Leopoldplatz in Berlin behilflich und im Urlaub in der Türkei, wo wir aus der *Kirim* sind, freundlich empfangen als Erben des Osmanischen Reiches aus der Nähe der Osram-Höfe. Wir sind doch über die Horizontlinie in die Türkei geschwommen bzw. sie zu uns: Der Döner macht Berliner schöner.

In Taschaus ist Mutter, seit sie es verlassen hat, auch nie wieder gewesen. Denn Oma Vera wurde plötzlich von der Partei zur Rede gestellt, dass sie aus einer Kulakfamilie stamme, es verheimlicht habe und wie es sein könne, dass sie, obwohl nicht parteitauglich, Rang und Namen habe. Das passierte ein paar Monate vor Chruschtschows Aufräumen auf dem Parteitag

1956. Oma Vera meinte, ihr Vater sei aus freien Stücken weggegangen, doch konnte sie keine Beweise dafür erbringen, dass er kein Kulak gewesen ist. Ihr wurde gekündigt. Sie konnte in der ganzen Stadt keine Arbeit finden, weil sie so bekannt gewesen ist. Deswegen musste auch sie weggehen und wusste nicht, wohin. In dem Moment fiel Oma und Opa ein, dass mein Opa eine Cousine in der Nähe von Winniza hatte, die geachtete Zahnärztin Dina, die ihn als Kind nahe der weissrussischen Krasnaja Sloboda vor den Nazis gerettet hatte. Das nicht fertig gebaute Haus in Taschaus verkauften sie und kauften eines am Rande von Winniza.

„Ich hatte es weit zur Schule, eine Stunde Fussmarsch. Wahrscheinlich verdanke ich diesem Umstand meine bis heute gute Gesundheit", übersetze ich den Seufzer meiner Mutter. In Winniza traf sie ihren künftigen Mann, in der Schule, die sie im Abschlussjahr verlassen hatte, um tagsüber zusammen mit ihrem Vater im Elektrizitätswerk zu arbeiten. Nach der Arbeit ging sie in die Abendschule. Nach einer Weile hat sie gesagt, sie möchte zurück auf die Tagesschule, weil sie sonst keine guten Abschlussnoten bekommen und in kein gutes Institut zum Studium aufgenommen wird. Sie kehrte in den letzten drei Schulmonaten zurück auf die normale Schule und schloss sie mit Auszeichnung ab. Das ist ihre ausgezeichnete Geschichte, sie sind zusammen, seit sie 17 Jahre alt sind, wie im Märchen, wie im Kriegsfilm.

Nach der Schule hat Vater Ingenieurswissenschaften in Petersburg studiert. Er konnte sonst nirgendwohin, ausser auf diese Marine-Akademie – sein Vater, der Held, liess keine Kontakte spielen. Mutter hat das gleiche Fach mit anderer Ausrichtung in Winniza studiert, obwohl sie lieber Sprachen studiert hätte, aber auch das ging nicht ohne Beziehungen. In ihrer Fernbeziehung haben sie sich Briefe geschrieben, Heizstoff für später. Mit Anfang 20 sind sie nach Sewastopol gezogen, Vater wurde dort stationiert. Zusammen in einer Stadt, scheinbar. Bis er die erwähnte Heldentat vollbracht hat, die man in eine Reihe mit ihrer fiktiven Scheidung bringen müsste, übertrumpft von der Emigration. So dreht sich der Anfang um das Ende der Erfolgsstory. Ihre Liebesgeschichte werde ich immer wieder hervorholen – um nicht zu vergessen, dass es so etwas gibt.

Eines Tages hat eine Kollegin, die mit meiner Mutter im Hügeltunnel gearbeitet hat, wo Kabelnetze des städtischen Telefonsystems gewartet wurden, gefragt, welcher Nationalität mein Vater sei. Das wisse sie gar nicht, antwortete meine Mutter, es habe sie davor nie interessiert. Ich horchte auf, als ihr diese Episode einfiel. Wir sind einfach Sowjetmenschen, hat meine Mutter gesagt, und dass sie davon ausgegangen sei, dass weiter nichts von Belang wäre. Eine ihrer Tanten ist mit einem Ukrainer verheiratet gewesen, eine mit einem Weissrussen und ihre Mutter mit einem Juden, so sei es überall gewesen, wohin man auch geschaut habe.

Einmal hat Mutter ein Flugticket für die Oma meines Vaters gebucht und in ihrem Pass den Eintrag „Nationalität: jüdisch" gefunden. Sie hat es sich nicht nehmen lassen, die Dinge und Personen beim Namen zu nennen: den seltsamen Zufall oder die Scham, das Jüdische voreinander versteckt zu haben, innerhalb einer Familie. Sie hat die Rehabilitierung ihres Nachnamens nach der Emigration begrüsst: Ich hatte ihren starken Mädchennamen aus Schlagschutzgründen beim Übertritt ins Marzahner Gymnasium vorgeschlagen.

Zu jenem Fleckchen Erde, das meine Grosseltern erworben hatten und das mir nie gehören wird, zu welchem ich auch nie gehört habe, da es für mich ein Zwangsgarten gewesen ist, gehört mein netter Opa Mischa – Russisch für Moses (Moissej). Nennen wir ihn Opa Moses. Er war einfach und gut, er war da. Man erzählte von ihm, dass er Panik vor Mäusen hatte. Einmal sei er auf den Tisch gesprungen, als eine Maus auf dem Boden vorbeigehuscht ist. Eine Stummfilmfigur, ohne Schauspielerei.

Ich durfte ihm, vor dem Haus in der Abendsonne, das schüttere Weisshaar rebellisch-professoral zur Sonne hin aufrichten. Er hatte nie etwas dagegen. Mein Chaosbruder fand es auch witzig, ebenso Opas Jiddisch – er liess sich von ihm ein paar Sätze beibringen. Genau rechtzeitig, denn kurz darauf musste Moses nach Moskau, dort hat man ihm den Kehlkopf rausgeschnitten. Er kehrte mit einem Plastikrohr im Hals zurück, dem Röcheln konnte man keinen Sinn mehr entnehmen.

Zwei Mal hat unser Moses die Nazis überlebt. Einmal, als sie sein weissrussisches Dorf anzündeten, inklusive der Scheune, in welche die Einwohner getrieben wurden, und später tête-a-tête. Vor seiner Operation, als wir einen Abend lang die sich entwertenden Geldstapel gemeinsam gezählt haben, um einen Überblick zu erhalten, wie viele Kupony wir haben (von „Monopoly" wussten wir nichts), hat er auf seinen gelähmten linken Unterarm gezeigt: Die Kugel des deutschen Offiziers ist durch seinen Kopf geflogen und blieb im Unterarm stecken. Er hatte es mit den Fremdkörpern. Die Zigaretten sind nie ganz verschwunden, obwohl Oma sie in der Badewanne und in der Speisekammer versteckt hat, mir anordnend, die Verstecke niemandem zu verraten.

Ratlos blicke ich auf jene Erinnerungsschatten zurück, sie sagen mir nichts. Die Stimme der leibhaftigen Eltern fragt telefonisch nach meinen Fortschritten (ist der Glaube daran ein ideologischer Rest?). Weder jene noch diese sagen mir etwas, lassen Sie sich das auf der Zunge zergehen. Es schmeckt nach nichts, es macht nicht satt. Ich kann hier auch keinen richtigen *skaz* einspeisen: Ich kann schlecht auf Deutsch auf Russisch schreiben. Wenn es passiert, dann passiert es. Wenn ich es vergesse, lasse ich das Sprachkondom weg.

Eines Morgens, es war am Wochenende, wurde ich durch einen Telefonanruf und das Schluchzen meiner Mutter geweckt. Ich war nicht überrascht. Meine Mutter tat mir sehr leid, ich traute mich aber nicht und plückte ihr keinen Blumenstrauss.

Seitdem wollte ich noch weniger zu Oma. Zur Beerdigung musste ich mit. Ich hielt mich von der Leiche im offenen Sarg fern und sah sie dennoch an: Er trug keine Punkfrisur. Viele Leute sind gekommen, er muss in der Nordbuchtgegend bekannt gewesen sein. Das Begräbnis hat sich in seiner ritualisierten und nicht-ritualisierten Trauer, dem Kratzen im Hals, dem Beweinen und dem Leichenschmaus wie ein erster Horrorfilm eingespeichert. Ich würde ihm so gern über den Kopf streichen. Wenn jemand in die Russkost todesblass taumeln sollte, erhält er gratis Punkpunsch, und auf Volkswunsch hin entbrennt ein Putsch wie auf dem nimmertoten Roten Platz. Wir lassen uns nicht foppen. Hopp, Opa stoppt den Tod!

IGRUSCHKI

Deutschland am Horizont, verpackt sich die infame Familie in Tupperdosen mit Nervenknoten. Jeder bleibt auf der Fernmeldestrecke und etwas unter dem Druck der Depression infantil. Der älteste Bruder schützt sich im Abseits Petersburgs beim Medizinstudium, bis ihn der Vater ein Jahr später heraus- oder auch: hervorholt. Anschliessend gerät er in ein nächstes Medizinstudium an der Freien Universität – das erste wurde nicht anerkannt – und daraufhin in die Irrenanstalt, als Arzt.

Noch dort, kurz vor der Abreise, kurz nach dem Erdbeben läutet ein Satz aus Jugendbüchern und Fernsehserien die Glocken: Nichts wird mehr so wie früher sein. Auf einmal verstehst du, was gemeint ist. Statt Gewinn an Lebenssinn legt sich ein Verlustprotokoll an. Einer Verslust, die trotz vieler Gründe zum Klappehalten die Klippen hinaufsteigt, sich wie das Gras vom letzten Jahr den Weg durch die Betonritze bahnt. Der Asphalt zerspringt in Russland ständig, denn die Temperaturkurve verläuft in gewohnter Kontrastfreude: im Sommer zu warm, im Winter zu kalt. Ausser auf der Krim.

Dort verbiegt sich der Boden unter Rollschuhtritten. Oder auf Grund von Untergrundaktivitäten des Gebirges. Er reisst auf und veröffentlicht jene Atmosphärenästhetik, die ich gern bei einem Essen multisinnlich wie in einer Oper teilen würde, wenn schon nicht im gebrochenen, über-setzten, ver-setzenden, zu spät kommenden, daneben liegenden, auf die falschen Sprachtasten prallenden Wort. Dann öffnet sich die Erde und lässt Gewillte mitspielen. Lust, überschaubare, schützenswerte Planeten zu bauen, eine Welt aus frei assoziierbaren Bestandteilen, in der du für die Spieldauer Regie führst. Mögen die Stichpunkte tiefer als Krimkartoffelspaten stechen, die Patronenhülsen zutage fördern: Verschmelzung mit einem idealen Erwachsenensozium und Grenzensicherung, Fantasieflucht und Umfahren von „Man-Muss"-Abläufen, Entlastungsprogramm, berührende Bühne, verlässliche Figurenvorlagen. Mögen sie noch so trivial sein, du drehst durch, wenn du deine Puppenfilme längere Zeit nicht drehst.

Der Alltag bordet über vor Kunst, und das Kind beherrscht die Kunst nachzuhelfen. Durchspielen alternativer Familien, Freundschaften, Figaros. Arrangierter Blick hinter die Kulissen. Nimm dir fremde Vorbilder. Plagiatplay. Demiurgisch demokratisch kann jeder sein gewünschtes oder besessenes, erinnertes, behaltenes, verschenktes Spielzeug – die ersten wahren Freunde – danebenstellen, sich besessen geben und sich daneben benehmen, sich aus dem Früher das nehmen, was man jetzt braucht. Hineinschauen in andere Rollen, sie in der Puppenkleiderkabine durchprobieren.

Ich leihe mir den Metallbaukasten und die Spielzeugkiste aus. Spiele, dass ich sie fotografiere – eine passable Möglichkeit, in Farbe und mit gesundheitsschädigenden Gummigerüchen etwas von damals passieren zu lassen. Auf Russisch heisst das *kajf*. Kajf fängt man wie einen Fisch oder eine Surfwelle. Es ist das Gegenteil von Keifen. Ein friedliches Zufriedensein, leicht makaber und faul, lichtdurchflutet bis heiss, Schwitzen ist erlaubt, die inneren Stimmen treten hinaus. Geisterängste und Plüschwünsche in der Plastikszenerie. Wir hören und schauen auf sie, verneigen uns vor ihr und fegen den Platz vor ihr sauber. Ich protestiere, wenn Mutter am Ende des Tages oder bevor sie den Boden wischen möchte, darauf besteht, dass ich die jeweilige vergeschichtelte Konstellation wegräume.

Am 6. Juni 1993 verschenkte Mutter die Spielzeugkiste an eine Kollegin, die ein elternloses Mädchen kannte. So ihre Version. Vielleicht hat sie den Kisteninhalt das Müllrohr runtersausen lassen, vielleicht hat deine Lieblingspuppe Jutta, mit der du manchmal Gespräche über Gott und die Welt geführt hast, dabei laut aufgeschrien. Mutter hat dich nicht gefragt, genauso wenig wie sie dich gefragt hat, bevor sie die Lenin- und Mussorgskimünzen aus deiner Sammlung genommen hat. Sie hat damit Brot gekauft. Wie alle richtigen Geschenke, waren die Münzen von deinem ältesten Bruder. Sie standen dafür, dass es jemanden gibt, der dich vor fliegenden Untertassen und Hausschuhen beschützt. Bestimmt hat dein Spielzeug dem Waisenkind zugeflüstert, wie es intuitiv eine Familienaufstellung vollbringt.

Das war kurz vor der Abreise, an einer Trolleybushaltestelle, als Mutter mir bescheinigte, dass sie mein Vermögen verschenkt hatte. So war es wohl für meine Eltern gewesen, als ihr Erspartes auf der Bank von einem Tag auf den anderen weg war. Oder wie es war, in Angst zu leben, wieder ausgeraubt zu werden. Zum Trost hätte ich gern meiner Einweg-Löwenzahnpuppe eine Dauerwelle im Medusenmeer verschafft, doch die rundliche Schnauze des Trolleybusses zum Zugbahnhof fuhr schon heran.

Jene Requisitensammlung enthielt unter anderem Panzer meiner Brüder, die ich zu Puppenautos umfunktioniert hatte, Kuscheltiere in selbst gestrickten Röckchen und Möbelstückchen, darunter ein hellblaues Bett für Jutta und ihren Matrosen, mit goldener Satinbettwäsche. Letztere hat die Nachbarsoma einmal zu Ostern geschenkt, hatte sie selbst genäht. Da wunderte ich mich, dass jemand diesen Tag als Feiertag begeht.

Mit dem Spielzeug sind die aufgeführten Geschichten entführt. Sie lassen sich nur von diesen Protagonisten und Statisten erzählen, ohne lesen sie sich wie ein absurdes Stück über einen Fantasiedefekt. Die Puppen haben viel erlebt. Ich hoffe, sie haben dem Waisenkind davon erzählt, meinen Spielplan wiederaufgeführt und das Kind hineingezogen, so dass es von Elternlosigkeit befreit, mit mir verwandt sein könnte.

Verglichen mit den Massen in heutigen Kinderzimmern war das gar nichts, was ich besessen habe, auch wenn meine Mutter geschimpft hat, ich hätte zu viel, ich würde ihnen Wohnraum wegnehmen. Wenn ich vor oder im *Detskij mir* (*Kinderwelt* – so der Name des Spielzeuggeschäfts in wahrscheinlich jeder sowjetischen Stadt) um etwas gebettelt habe, hiess es automatisch *to nam ne treba* (ukr. für: das brauchen wir nicht). Als ob das ein Brauch wäre, wenn das Kind einen Wunsch äussert. Daher erfülle ich mir, soweit ich denken kann, die meisten Wünsche selbst. Nur hat mich der Wunsch nach Spielzeug in Berlin für immer verlassen. Das, was ich wollte, gab es nicht, und das Barbiepuppenprinzip kam mir barbarisch vor.

Auf einigen Fotos sehe ich mich mit einem Bären, der noch meinem ältesten Bruder gehört hat. Auf den Schwarzweissfotos steht mein ältester Bruder, den ich mir nie klein vorstellen konnte und wenn, dann so, dass seine langen behaarten Beine aus dem Kinderwagen herausragten, mit dem Kuscheltier-Mischka, als jener noch neu aussah. Damals hat es kaum einen Grössenunterschied zwischen den beiden gegeben. Auf einem anderen Foto hält ihn mein Bruder wie ein Baby in den Händen. Etwas ängstlich schaut mein künftiger Beschenker und Beschützer drein. Als ob er ahnen würde, dass ungefähr 17 Jahre später die Schwester diesem Mischka das Fell kurz schneiden, seinen

Knurrmechanismus zum Rasselgeräusch ruinieren und dass sie ihn als einen Störenfried behandeln wird – der Bär wurde bestraft, wenn sie Lehrerin gespielt hat.

Der Bär liegt jetzt, wenn es ihn noch geben sollte, in einem Kindergarten in Sewastopol. Es sind weniger Kinder dort als früher, sie sind wie früher russisch, tatarisch, griechisch, ukrainisch, blond, rothaarig, brünett, nett, gemein, gelangweilt, angespannt … Mich würde interessieren, ob jene Schleifen und Zöpfe noch getragen werden … Der Bär sitzt in der Ecke neben folkloristisch angezogenen Puppen, von denen jede eine sowjetische Republik symbolisiert, pardon: einen postsowjetischen Staat, und beobachtet. Er ist Spielveteran, was soll er sich aufdrängen. Man nimmt ihn nur zum Fotografieren in die Hand. Zudem er recht dreckig in all den Jahren geworden ist. Sein büschelweise verschnittenes Fell arrangiert eine Landkarte mit vielen Inseln. Bestimmt denkt er an dich zurück, und hofft, dass du keine Haarschneiderin geworden bist.

Jutta aus der DDR, mit feiner Gummihaut und grünen Augen, jahrelange Anführerin der Chartliste der Lieblingspuppen, lebt in Sibirien, in Omsk. Sie wurde von einem rachgierigen Mädchen geklaut, als sie mit dem Waisenkind gespielt hatte. In Omsk laufen sehr hübsche Mädchen herum, die Jutta aus dem Gesicht geschnitten sind; die meisten von ihnen haben wohlhabende Männer im In- und Ausland geheiratet, und so ist es kein Wunder, dass ich eine von ihnen in Zürich gesehen zu haben meine.

Der Plastikwolf, dessen Arme gut anpacken konnten, zum Beispiel Decken und Wände für den Bau eines Hauses, eignete sich als Helfer bei Wanderungen und Umzügen. Er war damit längst nicht so böse wie der Wolf aus *Na warte, Hase,* dem sowjetischen *Tom & Jerry,* wobei der Wolf schon in dem Trickfilm nicht so böse war wie der amerikanische Tom. Unser Wolf lief gern in Schlaghosen und *telnjaschka,* dem Matrosenhemd, herum. Er war im Grunde ein hipper Berliner – ein Antibeispiel zum kultivierten, aufgestellten, fleissigen Sowjethasen.

Meistens ritt der pragmatische Wolf auf dem Esel, wobei der Esel auch als Hund einsprang. Nun die traurige Nachricht: Der Wolf ist in ein Lagerfeuer geraten, der Gestank war fürchterlich, zum Glück stand der Wind günstig und die Salzbrise brachte auf andere Gedanken. Das war, als die Jungs auf der Strasse Kartoffeln braten wollten, so wie ihr damals. Jemand hat die aktuelle Besitzerin geschubst, der Wolf ist ihr aus den Händen gerutscht. Oder es regnete Wölfe ins Kartoffelfeuer. Die Kinder haben ihren alten Kram verbrannt. Sie rebellierten, zündeten aus Attitüde an – nicht grundsätzlich böse wie der eine Punk im Nachbarhof, der einem Kätzchen, das wir im Gebüsch aufzogen, den Hals umgedreht hatte.

Die Babypuppe. Wegen ihrer relativen Grösse und der blauen Augen mit den klappernden Wimpern spielte *er* den männlichen Part für Jutta bzw. andere weibliche Puppen. Du fandest seine säuglingshaft gekrümmten Beine etwas beschämend, doch passte ihm der Matrosenanzug von einer anderen, weniger inspirierenden Puppe. Auf dem Schiff zu dienen und Beinkrummheit gehören folglich zusammen, man muss den Mast rasch hochklettern. Er ging als Juttas Freund durch. Diese Puppe hatte nie das Baby gespielt, das es war, und du hattest nie verstanden, warum andere Mädchen viel Mühe darauf verwendeten, ihre Plastikbabys anzuziehen, sie aber tot stellten: Ihr Spiel endete, wenn sie sie schlafen gelegt hatten.

Zu deiner Erleichterung hat die Matrosenmütze seine Babyflaumfrisur verdeckt – der junge Mann repräsentierte ja die Schwarzmeerflotte. Mit diesem Prachtkerl, dem kräftigen Baby in Uniform, endete jede von Juttas Geschichten gut. Jetzt fristet der Arme ein Leben als Baby-Baby im Puppenbett, gar mit einer Windel. Er wäre viel lieber Juttas Freund geblieben und hätte sich zum Admiral hochgedient. Immerhin ist er mittlerweile volljährig. Er ist in dem Alter, um selbst ein Baby zu zeugen, und manchmal wütend, dass er keine Hindernisse mehr überwinden wird, um Jutta zu retten. Er hat sich bis auf diese Ausnahmen ans Liegen gewöhnt, schläft ständig und schaut sich apathisch den wiederkehrenden Alptraum an, in welchem ihm eine neue Besitzerin Arme und Beine herauszieht, sie nicht wieder zurück in den Rumpf hineinzudrücken vermag und es leider kein Puppenreparaturbüro gibt, das sie aufsuchen könnte.

Der Verbleib restlicher Freunde wird in Aufklärungsauftrag gegeben: Wir schreiben eine Begründung, warum wir in das geheimste aller FSB-Archive gelangen müssen. Möglich, dass in der Akte auch die Fotos und Liebesbriefe meiner Eltern lagern. Toy story, animiert.

ABFAHRT

Als wir auf dem Fernzugbahnhof unserer Heldenstadt standen und mein Vater sagte, der Zug vor uns sei unserer, schoss ich, mit den damals brillenlos-brillanten Augen, dem wunderbar imprägnierbaren Gedächtnisblock, mit der Verantwortung gegenüber der Zukunft (und so weiter) Fotos. Auf-immer-Fotos, dieses Album im Seelenherz verschliessend als meine geschlossene Stadt. Wahrscheinlich schaltete ich die dazu passende innere Musik ein. Wahrscheinlich fotografiere ich deswegen seitdem kaum und schiesse nicht herum, bin Bildern gegenüber überempfindlich – und gegenüber Geschichte an sich. Das Damals lässt sich nicht abbilden, und das, was abgebildet wird, zeigt mir immer ein Zuviel, ich sehe-höre-rieche drumherum und kann doch nichts Zielführendes erzählen …

Ich erinnere mich: an das Glänzen der Gleise, an den betäubenden Lärm des einfahrenden, später abfahrenden Zuges; dass ich daran gedacht habe, wie wir gerade, gerade eben erst aus unserem Hochhaus als Familie herausgegangen sind, als ob wir zu einem gemeinsamen Ausflug an den Strand wollten, und daran, wie meine Mutter einen Blick zurück riskierte. Ich daraufhin auch. Wenn du gehst, dreh dich einmal um. So machst du dir später keine Hoffnungen, etwas verpasst zu haben.

Der letzte Blick auf das erste Zuhause zeigte den kleinen Bruder der schönen Natascha aus dem Erdgeschoss. Dieser Zwei- oder Dreijährige war der einzige Zeuge unseres Exodus, und er schien zu spüren, dass wir nicht zum Strand fuhren. Es war gegen zehn Uhr vormittags, er spielte im Vorgarten vor dem Balkon der Wohnung, wo Natascha sonst auf ihre Motorradjungs wartete. Er schaute uns nachdenklich und traurig an und winkte und wirkte gar nicht mehr wie ein Kleinkind. Das ist das Bild, das ich am Bahnhof sah, während ich auf die Gleise starrte, und das ich noch immer manchmal scharf ins Gedächtnis eingestochen fühle.

Ich musste mit meiner Mutter Schritt halten auf dem Weg zur Trolleybusstation und war vom Muster des körnigen Asphalts absorbiert. Hier bin ich Rollschuh gefahren vor einer Woche. Links vor dem „Burik", unserem Burewestnik, habe ich am Abend davor Federball gespielt. Am letzten Abend waren wie stillschweigend verabredet jede Menge Leute draussen – als ob sie einem Erdbeben vorbeugen würden. Darunter auch Oleg, Sergej mit der Dogge und sogar der Pianistenjunge. Sie sassen alle drei auf der Bank, auf der ich mit Oleg gesessen hatte, bis die Sonne hinter den Burewestnik gesunken war. Ich klickte auf den Auslöser.

Ich fotografiere unwillkürlich jede Wölbung der Stufen, jedes Schlagloch und mein Wissen, an welcher Stelle man welche Spiele am besten stattfinden lässt. Fotografiere das „Game-Over"-Signal, nehme O-Töne auf, falle irgendwo in Ohnmacht, der Atem stockt. Manche Übergänge ähneln sowjetischen Bordsteinkanten: Halt dich, fall hin oder erfinde ein Sprungspiel, das die Kante unerlässlich macht. Ich werde euch nie vergessen, das bin ich euch schuldig, ihr Winzigkeiten, Unwichtigkeiten und Behaglichkeiten, ohne welche es sich nie wieder richtig ausatmen lässt. Aber der anti-imperiale Freiheitsimperativ holt ein, jene Luft sei ein Schuft. Flexibel reimt sich auf penibel und auch, wenn es in meinen Ohren kakafonisch dröhnt, leiert bald eine Platte, man habe sich zu entwickeln, weiterzugehen, ja nicht an einer Stelle, gar mit denselben Leuten, stehen zu bleiben. Meine Wurzeln sind demnach, ach, unter grauem Asphalt geblieben. Sie werden sich bei gelegentlichen Erdbeben ein Stück weit erheben.

Niemand hat das Geheimnis erfahren, ich habe niemandem gesagt, dass wir wegfahren – ganz so, wie meine Eltern es von mir wollten, für mich wollten. Wie immer, nur das Beste.

Wir standen an der Trolleybushaltestelle, aber es kam der falsche Trolleybus. Wir stiegen in ein Taxi zum Bahnhof ein, zum zweiten Mal in meinem Leben, und blickten aus der für mich neuen Auto-Perspektive auf gewohnte sonnenblinzelnde Bauten, grüne Blattzweigbüschel, konturenreiche Schattenflecken.

Unser Zug fuhr erstmal zu den Grosseltern väterlicherseits nach Winniza, um von ihnen Abschied zu nehmen. Mein Vater, Konstantin und ich. Mutter fuhr zum Halbonkel nach Moskau, um von den Schwiegereltern keinen Abschied zu nehmen. Wir trafen auf sie einige Wochen später in Moskau. Der älteste Bruder blieb vorerst in Petersburg.

Doch Konstantin war fast gar nicht in der Wohnung der Grosseltern: Er magerte so ab, dass er im Krankenhaus landete und künstlich ernährt wurde. Mir kam die Aufgabe zu, unterdessen die Hemden meines Vaters zu bügeln. Auf ihnen war ein verschlungenes Pflanzenmuster gedruckt. Ich stellte mir vor, ich fahre mit dem Bügeleisen wie mit einem Schiff durch das Schilfrohr, das einmal im Dschungel von Olegs Hemdenvegetation gewachsen ist.

Wir fuhren an Kiew vorbei, der Zug hielt dort recht lange. Die Kuppeln jener Stadt funkelten auf einem dichten, grünen

Hügel. Scheibenkleister, sind die Klöster fein! Durch das Zugfenster sah man, dass man aussteigen und sich noch viel mehr anschauen müsste. Das Herz hüpfte vor Freude, es wäre gern zum Ursprung der Rus gesprungen, legte sich aber auf die Schlafbank.

In Winniza nahm mich mein Vater zum nahe gelegenen See mit. Angeln. Ich war mitgenommen: Es war vier oder fünf Uhr morgens, kalt, ich wusste nicht, was ich zu tun hatte. So, als ob ich mit Konstantin früh aufstünde, um nicht allzu weit hinten beim Anstehen für je einen Liter Milch pro Person zu sein und später mit meinem ältesten Bruder, um nicht allzu weit hinten beim Anstehen für die Verlängerung der Aufenthaltsbewilligung in der Berliner Ausländerbehörde zu sein.

Beim Angeln hatte mein Vater einen Wutanfall, ich weiss nicht mehr, warum, es war sowieso meine Schuld. Ich sprang in Gedanken mehrmals aus dem Boot und ging der Sache endlich auf den Grund, die Schwimmstunden hörten nie auf. Das Boot kippte fast um. Wie später beim Segeln auf dem Wannsee, als mein ältester Bruder seinen Segelschein gerade erst in der Hand hatte – und gar keine Angst. Ich starrte auf das stille, heimtückisch unbewegliche Winniza-Wasser unter undurchdringlichen Schilfschichten. Der grünlich-eisige zentralukrainische See sah nicht rosig aus. Überraschung: Wir sind nicht gekentert. Ich fing einen Karpfen. Oma lobte mich, dass ich etwas gefangen hatte, ihre Fischsuppe schmeckte. Sie hat mir Ohrringe und einen Fingerring mit blauen Steinen aus einem Silberlöffel anfertigen lassen, zum Andenken. Und das, obwohl der Grossvater, der offizielle Held, die ganze Migrationsaktion verurteilt und sie nie verziehen hat.

Konstantin kehrte aus dem Krankenhaus zurück, wir fuhren mit ihm und meinem Vater in die Hauptstadt. In Moskau haben mir Monstermücken, oder wie jene Moskitos heissen mögen, die Beine durch die Strumpfhosen hindurch zerstochen. Meine Haut war nicht auf gewissenlose Bisse jener verrückten Mücken vorbereitet, die vorher im Sumpf auf dem Bolotnaja-Platz einen

Schuss abgekriegt haben; sie reagierte allergisch mit regelrechten Beulen und Kratzstichen. Nach Moskau, nach Moskau, wir waren nun da. Der Höhepunkt: Die Rede von Hühnchen, für die man nicht anstehen muss, und von Kunstmuseen, von denen es viele wichtige gibt. Mit dem Zusatz, ich sei zu klein, es sei eine Zeitverschwendung, mich in die Tretjakowka (die auf dem Krim-Hügel liegt) oder ins Puschkinmuseum mitzunehmen. Mein Körper fügte sich nicht in das unberechenbare Sommerklima der Hauptstadt. Ich stand auf dem Roten Platz und missbilligte die Pflastersteine, auf denen man niemals Rollschuh fahren könnte. Bald lag ich krank auf dem Klappbett in Onkel Konstantins Wohnzimmer, Veränderungen verfluchend.

In diesem Wohnzimmer übernachte ich zwölf Jahre später auf dem Sofa mit dem künftigen Vater meines Kindes. Onkel Konstantin vergisst wohl die Zeitdifferenz und platzt frühmorgens mit der Frage hinein, ob bei uns *rebjata* (russ. für Kinder) alles in Ordnung sei. Elf Jahre später bin ich auf meiner *kommandirowka* (russ. für Dienstreise), abkommandiert, den Onkel aus Höflichkeit aufzusuchen: Er besteht darauf und gibt mir Honig für meine Mutter, für die er immer etwas übrig hatte, mit. Es kommt ein Bekannter mit hoch zum Abschiedsessen, es hat sich so ergeben. Onkel hält ihn sofort für meinen neuen Freund. Bevor ich antworten kann, dreht er, der Kunstsammler, mir ein Bild an. Ich kaufe es ihm ab und kann gehen. Nun hängt eine urrussische grüne Flusslandschaft über meinem Küchentisch. Sie passt gut zum Calla-Strauss, den ein neuer Freund zu Borsch und Pelmeni mitgebracht hat. Rahmen und Motiv umspielen einander in monotoner Harmonie.

Von Moskau aus fuhren meine Mutter, Konstantin und ich mit dem Zug nach Berlin, 36 Stunden lang, an Moschajsk vorbei – sowohl den Weg als auch das Napoleon-Weltkrieg-Schlachtfeld wird mir der sich in Nationalitätenfragen auskennende Bekannte kurz darauf zeigen, minutiös erläutern und selbst wie eine Ferienfreundin verschwinden.

Vater blieb in Moskau-Petersburg-Sewastopol zurück, um den ältesten Bruder „herauszuholen". Panik vor der Willkür der Grenzbeamten und allgemein. Ich bewahrte Mutters Schmuck im Kopf meiner Puppe auf und in der Milchpackung auf dem Zugtisch. Ich trug einen mintfarbenen Sportanzug, in meiner Hosentasche jeweils einen Stapel Dollarscheine. Meine Aufgabe war es, mich schlafend zu stellen, während wir die weissrussische Grenze passierten bzw. an ihr ausharrten – eine unerträglich lange Grenze, an der die Züge stundenlang stehen, während ihnen die Räder ausgewechselt werden, metaphorische *rites de passage*.

Mein grünes Sportkostüm war von der Wolke, erstanden auf dem Samstagsschwarzmarkt. Es schien farbiger zu sein als jede Kleidung, die ich davor besessen hatte. Die Schiffsflagge des Westens. Als ich es zum ersten Mal anzog, war ich noch klein genug, den Pullover über Leggins wie ein kurzes Kleid zu tragen, und dann bin ich endlich hineingewachsen, wie es hiess. Im Zug ein super Tarnanzug und in Deutschland eine Russenflagge – die zog gar nicht.

Nachdem ich mich im Abteil umgezogen hatte, bot ein junger Mann, der den vierten Platz auf einer Liege oben hatte, an, dass er mir die Haare bürstet. Ich lehnte ab. Er stellte mir nach, als ich das Abteil verlassen musste, um aufs WC zu gehen. Er sprach das H in Ahrensfelde wie ch aus. Ich wusste nicht, dass dieser scharfe Zusatz vom österreichischen Kren, den es auch im Russischen gibt, rührte. Ich wusste auch nicht, wie Russland aussieht, und schaute ungeachtet der Mannsgefahr stundenlang vom Gang auf die dröhnenden Wälder und Wiesen. Ich drückte sogar das Fenster herunter, so näher am Räder- und Wälderlärm. Würde ich meinem Kind nie erlauben, aber mich beobachtete keiner ausser dem Perversen. Meine Schleife flog davon, mein Haar flatterte in der nie gekannten mittleren Zone Russlands, Weissrusslands und Polens, dem Speck essenden und zu eng geschnallten Gürtel, *gudbaj*. Der Zug ratterte, bald ratterte es Deutsch, bald sprach ich radebrechend, bald hatte ich in Deutsch eine Eins und viele Neider. Später las ich unter anderem *Unterm Rad*, verwarf die Schule, erfand auf einem DIN-A3-Album Visuelle Poesie und stellte fest, dass sie bereits erfunden worden war.

Meinem ältesten Bruder wurden die Papiere verweigert, er konnte nicht ausreisen, wir waren dank der frohen deutschen Botschaft auseinandergerissen. Jemand, der an einer Militärakademie Medizin studiert, ist dem Vaterland verpflichtet. Mein Vater fühlte sich verpflichtet, seinem Sohn zu helfen und ist dort im Ungewissen und unserem gegenseitigen Unwissen verharrt. Er hat derweil nicht erfahren, dass Konstantin ausreissen wollte, in die Weiten Berlins, egal wohin; dass ich die Kinder im Wohnheim mit meinen Erzählungen über Präservative, die auf unserer paradiesischen Halbinsel voller Naturreservate auf Bäumen wachsen, schockiert habe, und mit niemandem spielen wollte – ich wartete, wann wir endlich von diesem Familienausflug zurückkehren. Stattdessen setzten sich die Verarschungen, pardon: Überraschungen fort, die Sommerferien waren keine drei Monate lang, sondern gerade mal die Hälfte davon und vorbei. Mit dem Kind, das ich gewesen bin, war nichts mehr in Ordnung. Ich beschloss, niemals Deutsch zu lernen, ich hatte das Lernen satt, ich bin um meinen Sommer betrogen worden. Mindestens.

Fakten: Einen Monat nach unserer Ankunft im Aufnahmeheim Ahrensfelde stiess Papa zu uns und fuhr etwas später noch einmal zurück wegen meines ältesten Bruders. Dieser siedelte erst ein Jahr später als wir nach Berlin um. Dank der nicht versiegenden, unbesiegbaren väterlichen Durchsetzungskraft konnte er nachkommen, wenn auch nicht mit einer unbefristeten Aufenthaltserlaubnis wie wir, und, wie mir schien, nicht mit der Freude, die unsere Eltern erwartet haben. Er hatte eine Freundin auf der Krim und lebenswichtige Operationen – er hatte begonnen, im Krankenhaus als Chirurg zu arbeiten.

Wenn nötig, begleitet er mich ins Krankenhaus, hilft bei Umzügen, hört zu – ich verstehe mich mit ihm, unabhängig davon, wie viele Jahre, wie viele hundert Kilometer zwischen uns liegen, wie selten wir uns sehen und wie wenig wir reden. Abgefahren.

ANKUNFT

Ich erinnere mich an einen unendlichen Widerstand, der in der URI-Formel nicht zu fassen war und von dem niemand etwas erfahren durfte: Wollt ihr mich auf den Arm nehmen? Wohin nehmt ihr mich bitte mit? Es wärmte auch die Nachmittagssonne, es waren auch Hochhäuser, der Taxifahrer (es fuhr kein Bus mehr vom Bahnhof Ahrensfelde, und wir wussten nicht genau, wohin wir fahren sollten) sprach sehr gut Russisch. Aber es war schon Deutschland, Berlin, ein Kaff kurz vor Berlin, anders, unwiederbringlich.

Kaff ist übertrieben: eine Kaserne. Die Bundeswehr hat auf ihrem Gelände einen kompakten dreigeschossigen Plattenbau mit Zweizimmerwohnungen solchen Kontingentflüchtlingen, wie es auf unserer Aufenthaltsgenehmigung stand, zur Verfügung gestellt. Jede Wohnung bestand aus zwei kleinen Zimmern, einer winzigen fensterlosen Küchenzeile, einem fensterlosen Bad mit fliessendem Wasser, letzteres hat uns beeindruckt. Ein Zimmer pro Familie, das heisst Mutter, Konstantin und ich in einem Zimmer und ein Mädchen, das gerade Windpocken hatte, mit ihren Eltern im Nachbarzimmer.

Tagsüber ein Bus pro Stunde in die Stadt. Die meisten haben nach einem Jahr irgendeinen Job gefunden, der ihrem Studium meist kein bisschen entsprach, Berlins Struktur begriffen, eine Wohnung in Charlottenburg gemietet, wenn sie den Vermittlungsmännern was zahlen konnten, und wenn nicht, nahmen sie sich eine Wohnung in Marzahn, dem nächstgelegenen Bezirk. Das ging ohne Immobilienvermittler, aber das ging schief, so dass ich meine, schon kurz nach der Ankunft von einem Berliner Altbau geträumt zu haben – geschichtsträchtige Substanz, die sich herrlich mit Büchern füllen liesse.

Ich bin wieder aus meinen Klamotten rausgewachsen, nur der Pullover des mintgrünen Sportanzugs passte noch. Man kleidete mich in so etwas wie Humana ein. Meine neualten Jeans rochen nach Vanille. Es passte mir nicht, in einer Hose zu stecken, die nicht von einem meiner Brüder eingelaufen war, sondern eine eigene, unbekannte Geschichte hatte. Und freute mich umso mehr, einen Pullover zu erben, der den üblichen Gang vom ältesten über den mittleren Bruder zu mir durchlaufen hatte. Es gab auch einen bunt gestreiften Pullover, den meine Mutter an vielen Abenden aus Restwolle verschiedenster Kleidungsstücke gestrickt hat. Ich wollte ihn tragen, ich musste ihn tragen, meine Mutter sagte, dass sie sich extra für diesen Pullover die warme Norwegerstrickweise angeeignet hätte und ich fand, dass seine blau-weiss-roten Linien bestens zu meinem Jeansrock (auch von der Wolke, er färbte mir die Beine blau) und den guten roten sowjetischen Baumwollstrumpfhosen passten. Nur passte mein Kopf nicht durch den Ausschnitt. Das Kleidungsstück, noch wertvoller durch seine Reise nach Deutschland, hatte keinen Wert mehr. Niemand konnte etwas dafür, persönlich gemeint war es auch nicht.

Die Kinder und Jugendlichen in der Post-Ostschule hassten Russisch, Russland. Alle Zeichen des Sowjetischen und Postsowjetischen schienen ihrerseits unverzeihlich zu sein.

Das Kind starb im mitgenommenen *skarb* (russ. für Hab und Gut), es fürchtete sich vorm Flüchtlingsein zu Tode, es wurde blind in Berlin, gelinde gesagt. Trinken wir mal darauf Lindenblütentee und warten ab, dass die Schweigeminute vorüberzieht. Bevor ich es vergesse: Es gab auf einmal zu essen, aber auch das war eine Farce, dieser Orangensaft, das erste leere Glas mit köstlicher östlicher Schokocreme, lange Gurken, deren Geschmack auf ihr Volumen ausgestreckt wurde. Weissbrot, für das man einen Toaster brauchte und das trotzdem nicht so schmeckte wie Weissbrot. Dazu Schmelzkäse, jede Scheibe einzeln verpackt. Schon beim Riechen schloss das Produkt mit dir den Vertilgungspakt: Mag es ungesund und dir zuwider sein, es wird in deinem Magen landen.

Das Kind tröstete sich damit, dass es versuchte, Kind zu sein, es wenigstens zu spielen, indem es spielte. Das hiess, die Wegwerfverpackungen, die die Lebensmittel früher fast gar nicht hatten, und die jetzt nach jedem Einkauf eine Menge bunter Hüllen hinterliessen, als Möbel für die gerettet-geschmuggelte Schmuckpuppe zu verwenden. Dieser gute alte und dabei immerjunge Plastikpontschik hatte für alles Verständnis, man konnte ihm problemlos den Kopf abreissen. Aber das Kindspielen ging nicht, nichts ging mehr. Die aromatisierte Orangensaftpackung ging für einen Küchentisch durch, man konnte das Schokoriegelpapier als Tischdecke verwenden, aus einem anderen Tetrapack ein Bett basteln. Nur standen diese Dinge nichts sagend herum, um sie entwickelte sich keine Geschichte. Sie inspirierten höchstens dazu, die Puppen umzuziehen und schlafen zu legen.

Alles roch nach grossem Loch.

Zwischendurch spielte ich mit einem Jungen auf seiner Konsole Supermario. Kurz geriet die Traurigkeit ausser Kontrolle. Es gab Eltern, die ihre Kinder verwöhnten, auch mit Kinderüberraschungseiern. Ich wollte, dass seine Eltern mich adoptieren. Sie wollten, dass ich jeden Abend komme. Er wollte mich an den Zöpfen ziehen und küssen. Ich wollte Supermario.

Das Kalenderblatt dreht sich um – eine riesige orangene Blume. Ich sitze bei meinen Eltern in der Küche im Wedding und löffle die Sauerampfersuppe. Mein Vater und Sohn haben die grünen Stengel in Bonnies Ranch gesammelt, die wir „Park mit den Pferdchen" nennen, um den Kleinen nicht mit dem Wort „Nervenklinik" in Berührung zu bringen. Mutter hat die Suppe frisch gekocht, Tochter ist zum Tankstopp vorbeigerauscht.

Mutter fällt auf einmal ein, dass sie ein Kleid mit diesen Blumen hatte. Ganz lange, sie habe in dem Kleid auf Arbeit vorgesprochen, in der Fernmeldezentrale. Was ist danach damit geschehen? Durchgetragen. Oder wurde es ihr zu klein? Schade, es sei so gut geschnitten gewesen. Alla Michajlowna habe es genäht, sehr geschickt. Eigentlich sei Alla Mathelehrerin gewesen, aber als sie auf Sachalin lebten, habe sie niemanden unterrichten können. Dort habe sie einen Nähkurs besucht und sei eine ausgezeichnete Schneiderin geworden. Ob ich mich an Mutters rosa Rock erinnere, den luftigen Stoff, mit passender Bluse ein Kostüm für den Sommer. – Klar, in dem Ding war sie meist schlecht drauf und schimpfte. – Auch das sei von ihr, sie habe Mutter das Schnittmuster gegeben und jene es nachgenäht. Auch das schwarze Kleid mit den Blumen habe sie angefertigt.

In dem schwarzen Blumenkleid war sie ungewohnt sanft. Es passte zu ihrem dunklen Haar. Das Kleid kaschierte ihre *koschmary* (russ. für Alpträume, von franz. *cauchemar*), ihren ersten Sorgenmonat mit Konstantin und mir allein – das erste Mal, dass sie von meinem Vater längere Zeit getrennt war, nach ihrer vorehelichen Fernbeziehung zwischen Winniza und Petersburg. Die runden Fallfalten, die den Ausschnitt nach der späten 70er-Jahre-Mode umspielten, lächelten zusammen mit etwas Weichem in ihren Augen. In der ersten Zeit im „Heim", wie wir die Kaserne nannten, umhüllte es sie oft. Diese Zeit verging bald. Ich habe nicht verstanden, warum sie es weggeworfen hat.

Sie sagte, sie verstehe nicht, warum sie die Sachen eingepackt habe, die wir mitgenommen haben. Je ein Koffer für jeden oder weniger. Für mich gab es keinen Koffer, bis auf das Spielzeugköfferchen aus geflochtenen Plastiksträngen, deren Farbgebung dem Strickpullover ähnelte, durch den mein Kopf nicht passte. Was blieb übrig von fast fünfzig Jahren, die sie auf jenem Planeten, unter jenen Platanen, in jenem Port verbracht haben? Die falsche Importware, bedauerte Mutter. Handtücher statt Porzellangeschirr. Nicht die Pfanne, auf der die besten *bliny* gelingen, sondern die Gesamtausgabe der Werke Puschkins. Die hätte sie auch in der Slawistik-Bibliothek der Uni gefunden.

Eine Bibliothek übrigens, in der Puschkins Büste über den Tischen thront, und in der auch Nichtstudenten russischsprachige Bücher ausleihen. Habe dort manchmal meinen Vater beobachtet, wie er zielstrebig zu einem Regal lief. Er kam mir anhand seines Ganges fleissiger vor, als ich es im Sitzen – im Aussitzen der Wartezeit bis zum nächsten Seitenumbruch – gewesen bin. Vater bemerkt meinen Blick gar nicht und schaut zu, dass er etwas findet, was auch den Geschmack seiner Frau trifft. Er findet ohne Kataloge und Signaturen, wonach ihnen beiden der Sinn steht, und ich glaube, wenn ich einen Blick auf die Skizzen in der Schublade des Schreibtisches im Karenina-Zimmer werfe, er erfindet weiterhin Wunderwerke der Mechanik. Ihre Möglichkeiten, sagt er, seien längst nicht ausgeschöpft worden, obwohl sie jene Energieeffizienz ermöglichten, nach der wir suchten.

Er tüftelt, seit ich denken kann, und er hat, seit ich denken kann, keine Zeit. Auf die Frage, wohin er eilt, in Sewastopol: „po delam" – das Geschäft ruft. Er zieht sich blitzschnell an, wirft ein graues Jackett über, nimmt eine Mappe mit. Nun sagt er mir am Telefon, ich solle dies und das, und ich, ich müsse noch po delam auf die Tram.

Effizient, patent. Scheut den Aufwand, seine Erfindungen patentieren zu lassen. Seine Kinder halten ihn mit ihren *wwodnyje* auf Trab. *Wwodnyje* sind unabschlagbare Bitten oder sich auftuende Probleme, Problemzonen, meist seitens seines Problemsohnes, der den Weddinger Horizont überschreiten möchte – in die Arabischen Emirate. Ich rate, wie das ausgeht.

Wenn es ganz schlimm kommt, geht seine Frau ins Arbeitszimmer. Dort setzt sie sich in den Ledersessel und liest *Anna Karenina*. Den gelben Band hat sie zusammen mit dem grauen Puschkin nach Berlin geschleppt. Der abgetragene Tolstoi bedeutet nichts anderes als die unerträgliche Schwere des Seins. Nur weiss ich es noch nicht, ich sehe aus der Kleinkindperspektive ihre schorfige Ferse auf dem Sofa neben der Tür zur Loggia, darüber ein gelbes Rechteck, das Gesicht verschwindet im Buch. Was es an Mimik und Mitleid mitteilen könnte, das verschlingt der dicke Tolstoi – die Verstimmung meiner Mutter, die vielleicht eine unbemerkte Versstimmung gewesen ist? Ich sage ja, das Lesen schien mir dämlich: Es schien mir ein Dämon zu sein, der sich meiner Mitmenschen bemächtigt, sie mir entreisst, ihre undurchdringlichen, unlesbaren Masken hinterlassend.

Dieses Buch muss unerschöpflich sein, dass meine Mutter es noch immer hervornimmt. Ich habe es nie angerührt. Zur Not gehe ich in die Bibliothek.

BRUDERVERLUST

Die Schule war uns allen so wichtig, dass Konstantin das erste Mal an einer schlechten Note in Chemie zerbrochen ist. Ich stellte mich schlafend, während mein Vater ihn für die vergeigte Klausur kretinisierte. Und so weiter.

Ihn hat es noch vor Ort, auf der Krim, getroffen. Er fuhr zur Endhaltestelle einer Trolleybuslinie, die weit aus der Stadt hinausführte – sie soll die längste weltweit sein. Man hätte bis nach Jalta gondeln können, wenn die Stromabnehmer es zugelassen hätten. Er blieb mehrere Tage verschollen. Ich hatte die Aufgabe, mein Revier nach ihm abzusuchen und fragte die Leute, ob sie ihn gesehen hätten. Er ist seitdem nie wieder zurückgekommen, jedenfalls nicht als der, der er gewesen ist.

Im Aufnahmeheim wartete Mutter auf Vater und auf ihren ältesten Sohn. Damit alles gut wird. Konstantin erwartete, dass nun sein Leben richtig beginnt. Wir hatten Angst, er war gut drauf. Er hörte auf uns weniger als auf seinen Vater. Dafür überzeugten wir ihn mit unserer blumigen Weiblichkeit. Anders kann ich es mir nicht erklären. Ich war noch zehn, er schon neunzehn. Er wollte auf eigene Faust die Stadt erkunden – ohne Geld, ohne Ahnung, ohne Verstand, könnte man annehmen, da mit zu viel davon. Wir wussten nicht, ob er zurückkommt, der Bus würde am Abend nicht mehr fahren. Also war es noch nicht Abend, wie Wyssozki zuversichtlich einem Kapitän aus der Seele singt, um ihn davon abzuhalten. Heute weiss ich nicht, ob wir übertrieben haben. Damals ging es um Leben und Tod.

Der Bus, mit dem man aus dem waldigen A-chrens-felde nach Berlin fuhr, liess sich zum Glück nicht blicken. Mutter suchte Konstantin auf dem Gelände des Heims, ich habe ihn ausserhalb gefunden, an der Bushaltestelle, ausserhalb der bewachten Tore der Kaserne. Er trug ein T-Shirt, obwohl der Tag kalt war. Ich schwitzte, redete mit ihm in einem unnachahmlichen Tonfall, wärmer als afrikanische Luft. Mit dessen Hilfe man alles gibt, was man an Liebe in sich trägt, und nichts bezweckt – was für ein strategisch kluges Kind, wo bist du nur hin? Im Grunde sang ich so, wie ich mir wünschte, dass meine Mutter mit mir spräche. Jenes Kind stieg in den gelben Doppeldeckerbus ein und irrt seitdem unentwegt durch Berlin.

Konstantin kehrte um. Als ich ihn in unser Zimmer gebracht hatte, zerrte mich Mutter verzückt in die Küchennische: Ich sei ein Schatz, weise wie die Uroma Sonja (an die erinnere ich mich gar nicht), eine echte *umniza*. Ich lauschte ihrer Stimme. Mir war zum Heulen, denn auf einmal begriff ich: Ich würde niemals Papa und sie überzeugen, dass wir umkehren.

Trotzdem konnte ich nicht aufhören zu warten. Ich hatte mich doch nicht mal verabschiedet. Was sollte mein Hof denken? Und die Nachbarhöfe – hoffentlich hatten sie eine gute neue Streitschlichterin gefunden. Es wartete auf mich nicht nur unser Prospekt. Die Strahlen der Strasse reichten zu unseren Bücherregalen im siebten Stock und nach weit draussen bis zur Höhle mit dem gesündesten Trinkwasser, zu der Konstantin, unsere Reime und ich marschiert sind. Wir waren oft so mit dem Verlegen des Reimpfads beschäftigt, dass wir uns erst zu Hause über dem Quellwassertee erinnert haben, dass wir losgegangen waren, weil man das Wasser ausserhalb des gewöhnlichen Abstellplans abgedreht hatte.

Konstantin ist immer wieder mal verschwunden. Auch während seines Studiums in Berlin. Kann sein, dass er nach einem Trolleybus gesucht hat, in dem es behaglich, frei von Geschreidresche gewesen ist. Als er für sehr lange wegrückte, kam mein Vater zu mir mit einer Idee: Ich könne Deutschaufsätze und Behördenbriefe schreiben, also könne ich auch Hausarbeiten für meinen Bruder schreiben. Kein Thema, keine Ursache, ich teste ohnehin Generika verschiedener Genres und flirte mit der Zielsprache.

Die Erinnerung flüstert, zwischen den Aufsätzen hätte sie einmal etwas Aufsässiges abgelauscht und in ihre Kladde eingetragen:

„Ein Thesenpapier, ein Diskussionsstück in proklamierendreklamierender Prosa, ein Stück Papier mit Anzeichen eines Asylaustrags. Da kannste noch so viel reimen, es bleibt ungereimt. Kannst noch so viel Heimat in der Sprache suchen: Ist schon abgegrast, Heine grüsst. Du erfindest nur deine Rollschuhe neu und drehst dich, gefangen im *camp* – dem provisorischen Flüchtlingslager des Bildschirms und doch nie abgeschirmt vom Radar eines ewigen Pionierlagers.

Selbst Goethe schillert viel zu reinlich. Onegin hat sich als Dandy noch gut gehalten, aber mit Faust ist's nun aus. Von heute aus gesehen, ist Dichtung peinlich, drängt auf Hinrichtung. Ein Sturmvogel ohne Meer. Dazu hat die Schickse Schicksal dich in eine Fremdsprache geschubst, die weniger Reimmöglichkeiten als deine Muttersprache hat. Dort, im Zwinger, unter den Möglichkeiten, kläfft die Kunst ganz ungezwungen, ohne Leine. Der Graben aber klafft hartnäckig und hält sie schön fest."

Nach drei Jahren hat man mir weder Akzent noch Fehler angemerkt. Mein aus übersetzten englischen und französischen Büchern geschöpftes Deutsch ahmte das Deutsch der Umgebung nach, bis auf die früher oder später verräterische Tatsache, dass ich zu häufig von Schiffsschlachten berichtet und nie berlinert habe. Heute schreibe ich mit Fehlern, alles andere erscheint mir falsch. Sollen sie sich ruhig heranschleichen, ich streiche ihnen übers Fell.

Vielleicht habe ich mich in der Slavistik eingeschrieben, um die Professoren persönlich kennenzulernen, mit denen ich zu Schulzeiten unter (oder in) seinem Namen korrespondiert habe. Bei dem einen, einer Koryphäe, ist mein Bruder durch die literaturwissenschaftliche Abschlussprüfung gefallen. Bei demselben habe ich später ein Seminar zu Sascha Sokolow besucht und über die Komik der Schizophrenie in *Schkola dlja durakow* (*Schule der Dummen*) geschrieben: Ein Versuch zu untersuchen, in welcher Sprachwelt der verlorene Bruder leben könnte. So ist das mit dem Lesen, es führt nur zu Missverständnissen; das Schreiben schreit einfach hinaus, ohne jemanden per se treffen zu wollen.

Manchmal bitte ich das fünfsprachige Genie um Hilfe beim Übersetzen, das mir noch suspekter als das Lesen ist. So stützen wir gegenseitig unsere abstrahierten, entkernten Subjekte. So tragen Ausbildungsambitionen einer sowjetischen Familie ihre Früchte. Aus mir sei etwas geworden, sagt er auf Russisch. Als ausgesprochene Gentlewoman schweige ich.

IN BERLIN

Berlin, vor allem Ost-Berlin, fand ich zum Kotzen. Ich weiss, ich weiss. Ich habe dieses Tolle damals nicht (emp)finden können. Vergorene Milch des Tages, wärst du wenigstens richtig schwarz oder weiss gewesen, aber jenes Foto war unter- und überbelichtet und dieses Gedicht wollte doch pionierhaft froh klingen. Geronnener Milchkanneninhalt, aus dem man nicht einmal *bliny*, *oladji* oder *syrniki* braten kann, weil die Milch vorbehandelt ist, vorab mit eigener Geschichte überzogen. So muss das sein, das ist sicher eine Art politische Subversion und ein wesentlicher Bestandteil der Megatollheit – was Russen sich nicht aneignen können, kann ja nur gut sein. Nun sind sie gekommen! Sie mögen keine richtig-richtigen Russen sein, doch hier werden sie zu welchen. Vor allem für die Ossis werden sie zu Vertretern der *Sobösunion*, und ob sie wollen oder nicht, sie werden zu Adressaten dieser kulturellen Makulatur, aus der sie nolens volens Muskulatur trainieren sollten, um nicht geschreddert zu werden.

Sie haben ihr Leben in einem Land verbracht, das sie sich nicht als solches ausgesucht haben. Sie haben kein anderes in ihren zwei DDR-Koffern, einem Karton voller Bücher und ein paar kläglich-klagenden Kindersachen mitgenommen. Sie haben es hinter sich gebracht und sind in ein Land gezogen, das sie sich insofern aussuchen konnten, als sie auf Grund vieler Vorfahren auf einmal eine kleine Wahl erhalten hatten. Von Vorfahren, die angesichts des Antisemitismus in den Gegenden, in denen sie auf die Welt gekommen sind – Polen, Weissrussland, Ukraine, Turkmenistan – längst all das, was sie hätte „ausgeben" können, ein für alle Stigmale abgelegt oder für sich behalten hatten.

Der Vererbungsstopp funktioniert so erfolgreich, dass es keine Familiengeschichte zu erzählen gibt (geben darf) und ich es mir bequem machen kann: Es gibt genug andere Kultursplitter, dieses Fass öffne ich nicht auch noch. Aber wenn es anderen wichtig wird, bin ich anders als andere, routinemässig auf der anderen Route, wenn auch mit den richtigen Gefährten, wie ich zu glauben bereit bin, auch wenn ich damit leben muss, wie abwegig sie sein können. Ob ich möchte oder nicht, ihre umwerfenden Projektionen stürzen mich in ein Schwefelfass, tauchen in Federn. Probiere im Anschluss Rüstungen und Prinzessinnenkleider an, bin im abartig Grossen und zerfallenen Ganzen wieder einmal dabei, den Prozess eines jeden Jugendlichen zu inszenieren: vom Rand, aus der Ukraine, und aus dem Mittelpunkt der Russkostwelt. *Belaja worona*, russ. für weisse Rabin, die rein gar nichts mit Rabbis am Hut hat.

Vom Gerechtigkeitskoller des Kanzlers Kohl eingeholt, dachten meine Eltern über sich neu nach, lachten und schimpften miteinander: Auf einmal lag es auf dem Tisch, dass sie theoretisch jeweils zur Hälfte jüdisch sind und es praktisch so sehr keine Rolle gespielt hat, dass man den Verdacht haben könnte, sie hätten es voreinander mehr oder weniger verborgen, in stillschweigender Übereinkunft, keine schlafenden Hunde zu wecken. Ein Indikator für Sowjetosemitismus: Vielvölkerstaat über alles, doch die ostslawischen Brudervölker in Quoten und Witzen ernsthaft über anderen. In unserem Fall erschwerte oder verhinderte die Stigmaspur zunächst einmal, dass man zum Studium zugelassen wurde. Ich weiss nicht, ob sich meine Eltern für die Kulturspuren interessierten. Wahrscheinlich war dafür nicht die Zeit und sie hatten keine. Nun galt es: die Papiere für den Antrag sammeln. Sie sagten, ihre Vorfahren würden sich angesichts des Ausgrabens jener Wurzelnachweise im Grabe umdrehen – zu wie viel Prozent, wollte die deutsche Botschaft dokumentiert haben, wo doch die Eltern, wie schon deren Eltern, die Prozente längst nicht aufrechnen wollten, sondern gross-

zügig abrunden. Sie fragten sich, wie sie angesichts der über-
schriebenen und nicht geschriebenen, der verschwundenen und
sowjetisierten Papiere beweisen sollten, dass sie, wenn schon
nicht im Grunde genommen, so doch zusammengenommen
jüdisch genug sind für eine *bessere Zukunft ihrer Kinder,* abgekürzt als: *Beszukikin.* Diese Speise bieten wir in der Russkost mit
und ohne Zucchini rund ums Jahr an – ohne Überprüfung der
Nationalitätenzeilen.

Ich drehte ein paar Runden um den Kindergarten, um darüber
nachzudenken, was es nun heisst, dieses Papier-jüdisch. Es half
nichts, ich verstand Bahnhof. Das bleibt die einzige Wahrheit:
Bahnhöfe, Flughäfen, Häfen, für die die Weltbürger bürgen.

Seit ich angehalten wurde, darüber die Klappe zu halten, hielt
ich sie auch, aber nicht immer, und leider, leider muss ich das
nachträglich bereuen. Wenn man ausgefragt wird, wie und warum man ins hochgelobte Teutonenland gekommen ist, sagt man
es irgendwann. Oder man sagt es als Schutzschild, damit die mit
den Vorurteilen gleich abziehen. In Russland ziehen die erst ab,
wenn sie sich verliebt haben, und in Deutschland zieht eine
Schweigeminute herauf, die auch mal für immer andauern
kann, Unglauben oder der Glaube daran, ich sei religiös. Es ist
sicher politisch korrekt, dass die Alarmglocken läuten. Und am
sichersten, diese Schicht vorsorglich abzudecken, abzudichten.

Ich trage Sorge um meine Erinnerung, und die sagt, dass
mein Vater mehrmals nach Kiew zu einem gewissen Herrn
Schatz fahren musste, auf die Beweisreise, dass wir ethnisch gut
genug sind, und geflucht hat, dass er es nachweisen soll. Ich
hörte den Scherz, die deutsche Botschaft wolle im Sinne der
Wiedergutmachung Nachweise wie im Dritten Reich. Ich lachte
auf, als meine Eltern mir beim Wegzug aus Deutschland einige
Dokumente mitgaben, die bei ihnen lagerten, darunter zwei
Geburtsnachweise. In einem steht in der Nationalitätenzeile, ich
sei russisch. Der war für die internen Belange. Der andere weist
meine Nationalität als jüdisch aus – mein erster Reisepass.

Bei den Vorbereitungen fiel der Titel einer Neujahrskomödie: *Ironija sudby*, Ironie des Schicksals. Diese Worte lösten sich vom Film, das ist das Faszinierendste an ihm. In diesem Kultfilm betrinkt sich ein Versagerarzt und landet statt in Moskau in einer gleich aussehenden Plattenbauwohnung in Petersburg, wo er einer schönen Lehrerin nach anfänglichen Hindernissen den Freund ausspannt.

Ironie des Schicksals: Wir rennen oft offene Türen ein und fühlen Schmerz dabei, wissen aber auch nicht, welche der gleich aussehenden Türen geschlossen steht. Meine Eltern sagten offen etwas, was mir ungeachtet aller kindlich-verbindlichen Beleidigungen am wichtigsten ist: Sie fahren nicht wegen ihrer Vorfahren weg, sondern wegen ihrer Kinder. Mutige Matrosen in Armeeschlaghosen, maritime Familie mit klarer Linie, sie halten Kurs. Sie glaubten an Familie und daran, dass das Kämpfen darum sich lohnt. Mittlerweile glaube ich, dass der Bruch bei uns noch nachklingt und wir unsere Koordinatendaten gegenseitig von der Stelle rücken, aber bei der nächsten und übernächsten Generation Potential vorhanden sein wird, sich entspannt auf den östwestlichen Diwan zu setzen und das fortzusetzen, was sich bei mir festsetzt: Dass man sein Ostbild mitzeichnet, es begleitet und sich selbst davon begleiten lässt, Schritt für Schritt, Zickzack für Zickzack. Eine Bestenauslese.

Neulich fragte mich ein Professor, nachdem er mich für mein Deutsch gelobt und in der Familienfrage herumgebohrt hat, warum wir nicht nach Israel ausgewandert sind. Ich sagte, meine Eltern entschieden nach dem Kriterium der kulturellen Nähe, die sie spürten, und die spürten sie zum Land der Dichter und Denker stärker. Meine Mutter sagte zudem, sie möchte keine nicht-europäische Sprache lernen und sie möchte nicht, dass ihre Tochter in der Armee dient. Mein Vater sagte, er sei ja in Potsdam geboren, warum nicht in seine historische Heimat zurückkehren. Sie lachten. Kultur als Konvention, Identität als Arbitrarität. Er orientiert sich bestens in Berlin, selbst zwischen den rosa Rohren der verbaustellten 90er und anderswo. Bei jeder problemlos gefundenen Strasse und jedem über eine Abkürzung genommenen Weg schalten wir den running gag ein: Du kennst dich gut aus, weil du von hier bist, nicht wahr?

Diese Russen kamen nach Berlin, siegreich, vor allem über ihre Geschichte. Arm, mit Lebenshunger nahmen sie es ein. Ein riesiger Wunsch: den Himmel einsaugen, hinter die Fassaden blicken oder sie aufmerksam nach Spuren des Zweiten Weltkrieges abtasten, und: die Freiheit erleben (nennen wir das Erlebnispaket so, im Sinne der selbsterfüllenden Prophezeiungverzeihung). Doch liess sich dieses Berlin von mir nicht einnehmen, beim besten Willen nicht. Der Berlin-Blin entglitt den Händen, man konnte ihn weder mit Smetana füllen noch mit Konfitüre, geschweige denn mit Kaviar. Er liess sich weder in der Hand halten, noch hatte er einen Geruch, der dazu verführt hätte, sich endlos zu bemühen. Er sprang aus dem Hals heraus, wie ein doch verräterisch rollendes R. Blin, was für ein Mauerspringer.

Kein Gefühl für die Stadtfläche, für ihre Risse und Narben, grau-in-grau. Der Himmel über Berlin schminkte sich mit dem Staub naturbelassenen Leiderleinens, in den Farben seines Asphalts, seines Betons, der *bidony* (russ. für Kannen), mit denen wir im früheren Leben frühmorgens auf Milch gewartet haben. Kein „ich kann", hin und wieder ein „ich könnte", doch welches „könnte", wenn sogar die Milch nicht wie Milch schmeckte. Das Ich zerfloss, in jedem Bezirk versuchte es, sich von etwas bezirzen zu lassen, und mündete schnurstracks in bizarre expressionistische Gedichte. Diese Stadt wurde hingegen schnell die Stadt meiner Eltern. Etwas in mir lehnte sich, auch meinem Alter entsprechend, auf. So leid es mir tut, es stank mir und eben, es tat leid, ob vor offenen oder geschlossenen Türen. Die offenen waren meist von Ossis bzw. Kindern von Ossis, die Interesse hatten, die Tür öffneten und sie dann mit einem Nachhall ihrer Repressionen zuknallten, direkt in den Staubsauger meines Depressionleins.

Ein Löffel Leinöl kurbelt die Verdauung an. Hip-hip, hurra. Kam mir wie ein Witz vor, bevor und nachdem es hiess, die Stadt sei ‚in‘, der Prenzlberg sei ein Künstlerhort. Ein Abort. Von wegen Berg, von wegen Künstler, man kam in das Milieu von aussen und ohne die richtige dissidentisch riechende Vergangenheit genauso wenig hinein wie in die bildungsbürgerlichen Kreise, aus denen sich die Studienstiftung des deutschen Volkes speist. Ja, interessant en passant, die künstlerische Aura von ihren Festland-Schlaghosen her abzuleiten, eventuell von einem gewissen leicht ranzigen Verrunzelt- und Verruchtsein um die Augen herum. Aber es sagte mir nichts, und ich hatte auch niemandem etwas zu sagen. Ich besass weder eine Geschichte noch ihre Worte, die Nähe von Autorin und Protagonistin ergab unaufhaltsame Entfremdung. Keine Adressaten, ebenso wie keine feste Adresse mehr. Wir zogen um, wir konnten uns sehr gut organisieren, innerhalb eines Tages von Ex-Ostberlin nach In-Westberlin. Wir konnten acht Ach-Jahre später Anträge auf Staatsbürgerschaft stellen, wir konnten ein bescheidenes und strafanzeigenloses Leben vorführen. Davor erstarrte Jahre im Status „staatenlos“. Ein verkanntes Synonym für: sprachlos.

Ich habe die akzent- und schattenfreie Maske namens Deutsch aufgesetzt, um in Marzahn nicht aufzufallen. Das hiess, um nicht im Park auf dem Schulweg von Bomberjackenträgern angepöbelt, von den Betrunkenen und Bekifften im selben Park (eigentlich nur eine langgestreckte Wiese mit einem Tümpel in der Mitte) verprügelt, was dem gar nicht mehr sprechenden russlanddeutschen Jungen aus der Schule widerfahren ist, oder mit einem Messer bedroht zu werden, am helllichten Sonntag, als ich „wie früher“ spazieren gehen wollte, die Bewegungs- und die Gefühllosigkeit im Betonbraungrau unterbrechend.

Vorher hatte ich einen Kakao getrunken, fühlte mich übersatt und übersät von Langeweile. Gefährlich, dieses „gemütlich“. Ich lief drauflos, wo die Augen hinblickten. Links und rechts langgestreckte Platten, daher ging der Blick geradezu auf die platte, lange und zum Schreien leere Raoul-Wallenberg-Strasse, die zum S-Bahnhof führte. Ein Mann lief vor mir, recht langsam, so dass ich ihn fast einholte, doch beschleunigte er seine Schritte ein wenig. Ich erinnere mich nicht, seiner Gestalt irgendeine Beachtung beigemessen zu haben. Plötzlich, als ich ihn fast überholte, drehte er sich um, zog ein Messer hervor und fragte, warum ich ihn verfolge. Ich versuchte zu erklären, dass ich mit mir selbst Gassi ging. Mein Vokabular reichte wohl doch nicht aus. Seins schon: Scheissausländer. Wenn ich dich nochmal sehe, steche ich dich ab.

Wer soll so was glauben, Deutschland zur Kaffeekranzzeit am Wochenende. Es ist ja eigentlich nichts passiert, brauchste nicht so ernst zu nehmen, das Karma eben, klingt ja schon wie *korm* (russ. für Futter) … Schuld mag die alles verschluckende Leere gewesen sein. Ich konnte danach nicht aufhören, ich fragte mich, warum weit und breit keiner dort gewesen ist: Promenieren, sich auslüften, sich mit frischer Luft füllen, bevor eine neue Woche beginnt, das müsste doch ein menschliches Grundbedürfnis sein, ein Grundrecht gar, damit weder schreckliche Raum- noch Seelenleere aufkommt. Und es müsste eine Selbstverständlichkeit sein, bei so etwas direkt aufs Polizeirevier zu spazieren. Das würde mir in Zürich leicht fallen, hier habe ich eine Polizistin zur Freundin, aber zum Glück habe ich hier keine Freizeit.

Damals wohnten wir in einem 18geschossigen Plattenbau direkt vor dem *Freizeitforum*, in dem die Bezirksbibliothek untergebracht war. Ich hatte Freizeit, sogar zu viel. Ich fragte wieder meine Brüder, was denn lesen und las, was ich davon im Regal fand, darunter Dickens, Stevenson, natürlich Agatha Christie und Bände, auf denen der Aufkleber „Komik" angebracht war. In meinem Vokabelheft reihten sich unter Bug und Heck, kentern und entern, Listen neuer Vokabeln untereinander. Pro Tag hatte ich mindestens ein neues Lieblingswort. „Querulant" hielt länger. Für die Schulpausen las ich etwas *Bravo* und lernte den Namen des Klavierspielers von *Take That* auswendig – als Alibi-Antwort auf die Frage, die meine Mitschülerinnen ständig beschäftigte: Auf wen ich stehe. Ich fiel trotzdem mit Bravour auf der Beliebtheitsskala, ich fiel als eine von drei Ausländerinnen auf der Schule durch den Maschendrahtzaun. Irgendwann wollte ich Texterin für *Freundeskreis* werden. Einmal habe ich mir übers Radio ein Lied gewünscht, wobei ich nicht mehr weiss, welches. Die Anämie setzte ein, mir wurde regelmässig tintenschwarz vor Augen, ich fiel um.

Von wegen sozialistisch. Von wegen Bruderstaaten. Von wegen gefallene Mauer. Innen- und Aussenwelt voneinander abgeschnitten, die Mauer immer höher. Mich verfolgte die Idee, Telefonbücher zu wälzen und *dort, im Jenseits,* anzurufen. Was dann? Nach kindlichen Vornamen und Stockwerken fragen, aufheulen, vom Vermissen sprechen, vom Verpissen hören? Internet würde erst zehn Jahre später accessible werden. Dieses Bär- oder Bählin lebte sich in mir nicht ein, ich mich nicht in ihm, alleiner als allein. Es schien mir unwirtlich, ich ein Para-Etwas, neben der Spur. Es (er, sie) hatte mit jener Welt nur den Umstand gemeinsam, auf den meine Mutter aufmerksam machte: dass man in Berlin wie auf der Krim keinen Pelzmantel bräuchte, die Winter seien unfreundlich, aber recht unwinterlich.

Meine Eltern und Brüder beneideten mich ums Deutsch („als Kind hast du es so viel leichter") und ich sie darum, dass sie in ihren Koffern und Köpfen Wissen mitgebracht hatten, das ihnen half, sich auf der ehemaligen Kriegsfläche auf inneren Frieden hin zu orientieren. Sie haben Verwandtschaften entdeckt. Der Krieg verbindet. Sie fanden Einschusslöcher spannend, historische Tathergänge, die Invalidenstrasse, die Stierlitz-Aura, die *Siebzehn Augenblicke des Frühlings*. Sie waren doch irgendwie im richtigen Film gelandet. Ein paar solcher Augenblicke und schon bewegt man sich anders, kann etwas von der Stadt erwarten, sie spricht mit einem.

Mich aber langweilte dieses Freilichtmuseum, ich hatte es nie so mit Geschichte. Ich sprach manche Wochen lang kein Wort, schlief über zwölf Stunden am Tag, nickte auf der Schulbank genauso ein wie im Pergamon. Nichts Neues reizte mich. Man sagte über mich, ich würde mehrere Jahre älter aussehen, ernst, besonnen – das Kind funktioniert also – mit zu perfektem Deutsch, das vielleicht anderen etwas sagte; mir nicht.

Mein Deutsch habe ich russisch re-okkupiert. Wenn ich es zu beherrschen meine, spielt es mir einen Streich: Es spielt mir eine andere Musik vor als den Leuten, die mich hören. Ich spiele mit diesem Spielzeug, das mir geblieben ist, mit diesem Instrument tarnte ich mich erfolgreich bis zur Ehe. Dann wirft man mich darauf zurück, dass ich kulturell inkompatibel sei, Mann schiesst in die Achillesferse: Er verbietet mir zu schreiben („du bist keine Muttersprachlerin") und mit dem Kind Russisch zu sprechen („du erziehst einen Ausländer"). Sich verbittet er die Liebe (ist „zu viel"). Humor schiebt einen Riegel davor. Er hat seinen, ich meinen, gemeinsam haben wir meist keinen.

Einige Jahre lang Tagebuchgedichte, ohne Rücksicht auf Bedeutungsverluste, ohne Angst vor Bedeutungsgewinn in der Schweinereimzeile. Auf zum siebten Sinn!

Aber ja, ich besinne und entsinne mich: Gute Noten in allen Fächern, bis auf Sport und Musik, Rettungsringe für die Eltern und fürs Ego. Ansonsten ist die arrogante Assitante in der Reizflut der Assimilation gesunken, in einen prinzipiellen und linienuntreuen Winterschlaf, wohl auch, weil der Riesendank sich auf Dauerzank reimte. Diese vielen Winter waren überhaupt nicht mild. Kein einziger Augenblick von Wiedererkennung und Frühling. Ich fror, verweigerte Fleisch (wir hatten es, als Kompensation zur Perestroika-Mangelerscheinung, jeden Tag und ich hatte es über, war es nicht gewöhnt), trank Tee und Kaffee, ernährte mich von Schokolade. Zuckerschock mit Beigeschmack: berauschende Negerküsse, knackig geköpfte Mohren, weisser Schaum um den Mund. Ein imperialer Ritt durch die Impressionen der nun einverleibten Westenwelt, in der Zuckerzeug nichts Besonderes ist. Genau das löste einen Schock aus: Lebensmittel werden nicht gejagt, sondern in ihrem Zuviel gar gemieden. Alles hat ausgewogen zu sein und muss kontrolliert werden, von Nähe bis Ernährung. Schon das Wort „Schock" scheint eine künstliche Übertreibung zu sein – ein zu steiler Vergleich, zu unterstrichen, zu fett.

Das Heim künstlerischer Mittel alias Mittel der Weltanschauung bot Platz. Platz beim Schwarzfahren, beim Schwarzmalen, beim Buntwerden. Der Kontingentflüchtling, ein Alien im Wunderland, legte ein Spürchen – eröffnete für sich Kultürchen. Später vererbte sich die Aspirationsstörung meinem Sohn zum Weltblickbeginn, pneumatisch. Er hat sie, wie es sich für die nächste Generation gehört, nach den ersten beiden Lebensjahren mit verschmitztem Schlitzohrlächeln lässig überwunden. Er hat sich an diese Welt am besten angepasst und mich miterzogen: In den Pullover der Mutterrolle den Dickkopf durchgedrückt. Wir haben das Lachen wieder gelernt, sogar über die Sprüche, die der Vater ihm mitgibt, à la: „Hast du eine Mutter, hast du immer Butter. Das schmeckt gut beim Kochen, dann wird nicht gebrochen." So sieht's aus bei Klaus und Maus.

FLOHMARKT

Meine Mutter suchte jahrelang nach dem Porzellangeschirr, das sie zurückgelassen hat. Diesem *Serwii* (Sir Wij?) trauerte sie lange nach, es wurde neben der richtigen Bliny-Pfanne zu einem Fetisch ihrer Nostalgie. Dünn sollte es sein, filigran, mit Blümchenmuster, Goldrand, dresdenartig, desdemonenhaft – aus einer Oper für Oma und Opa, ein Schauspiel in der Vitrine.

Auf dem Flohmarkt, den wir in den ersten ein-zwei Jahren am Wochenende aufgesucht haben, um Haushaltsgegenstände zusammenzuklauben, ist sie mit einer Frau aus Polen ins Gespräch geraten. Ich habe die beiden nicht verstanden, während sie doch eine slawische Sprache gesprochen und sich auch noch gegenseitig verstanden haben, sie haben einander angegrinst, ihr Gespräch hatte etwas Konspiratives. Sie haben einen Deal gemacht, so dass wir die Woche drauf wieder diesen Flohmarktstand ansteuerten.

Die Frau aus Polen brachte einige Kilo des ausgehandelten Stoffs in ihrem Auto mit. Ich wunderte mich noch einmal und fragte mich zum ersten, lange nicht zum letzten Mal, wie fern oder nah Polen von Berlin weg ist oder wie weit weg man sich das vorstellt, während man mit dem Auto hin- und herfährt. Heimlich luden sie die Ware um, meine Mutter bezahlte ein paar D-Mark pro Kilogramm: Buchweizen. Feine Beilage mit dem auf Deutsch blöd klingenden Namen *Buchweizengrütze*. Schmeckt vom Schwarzmarkt besonders gut und wenn sich jemand vom Klang abschrecken lässt, möge er / sie / es sich nur die süsse norwegische *Blödkake* vor Augen führen. Oder die erste Silbe unseres Weizens. Kann es eine schönere Weizenart geben, als die, die mit Büchern verwachsen ist?

Es stellte sich heraus, dass meine Mutter mit der polnischen Buchweizenverkäuferin Ukrainisch gesprochen und deren Antworten verstanden hat. In Krakau, als ich versucht habe, Polnisch zu lernen, habe ich daran gedacht,[1] um mich zu motivieren, an dieser Sprache voller falscher Freunde dran zu bleiben. Ich habe mir dort andere Freunde gemacht: Meine Zimmergenossin hat ihre Kindheit in der DDR verbracht, ihre Familie ist kurz vor der Wende nach Westdeutschland geflohen. Sie lehnte meine These, dass das Leben in der DDR bananig-sahniger gewesen ist als in der provinziellen Sowjetunion abseits der beiden, auch von polnischer Ware profitierenden Metropolen, vehement ab. Ich strengte sie mit meiner Kindheit an, sie verwandelte sich in saure Sahne, baute eine Mauer auf, aber diese riss eines Morgens ein – aus Jux nannte ich sie beim Frühstück, das sie mit Tomaten einnahm, *kochanie*. Ich liebe sie, Tomaten und dieses Wort noch immer. Auch mag ich es, dass Liebe durch den Magen geht. Durch die Fotos aus ihrer Küche (selbstverständlich kocht sie toll) und aus ihrem Neuköllner Fenster gewinne ich Berlin wieder lieb. Der erste Blick ist nicht immer entscheidend. Entscheidend ist, ob er langfristig aufs Scheidende oder aufs Verbindende gerichtet ist.

Meine Mutter beherbergt in sich – unter anderem – eine Ethnologin, eine Sprachwissenschaftlerin, eine Köchin, eine Näherin, Strickerin und eine begabte Rednerin. Die Ethnologin interessiert mich jetzt am meisten. Sie stellte in den ersten Jahren in Berlin gravierende Unterschiede fest, manchmal analysierte sie diese. Ich war dazu lange Jahre, die doppelt und dreifach so lange gedauert haben, wie sie der Kalender anzeigte, nicht in der Lage. Umso lieber hörte ich mir diese Bemerkungen an, während ich bei so manch anderem auf Meeresmuschelrauschen schaltete. Ihre Beobachtungen sammelten auf, was auffiel. Sie konnte sie erkennen und benennen – ich nicht, das Visuelle und das Verbale fielen durch alle Raster, bis ich im Systemlosen ein mögliches System erkannt habe. Im Studium meinte ich, im Hinblick auf das Hinsehen etwas aufzuholen, und lernte, dass es erst mit Freunden bei Speis und Trank geht.

Gott sei Dank löste sich jene inneräussere Erstarrung, die mich im Griff hatte, als mein ältester Bruder, der Doktor, mir zum 16. Geburtstag Inlineskates schenkte. Die zehn Jahre zwischen ihnen und den seligen Sewa-Rollschuhen schrumpften zu einem Augenblick des Frühlingserwachens. Nun liess sich Berlin auf diesen rockenden Panzerketten einnehmen, der Seelenpanzer in Aktion mit Anja, meiner Schwesterfreundin, zertanzen.

Wir haben uns bereits im Ausländerheim in Ahrensfelde kennengelernt. Anja gehörte zu jenen, die ich mit den Sachgeschichten, die vor meinem Vorberliner *dom* (russ. für Haus) stattfanden, vergrault habe. Vier elixierlose Exiljahre später, nach dem Umzug in den riesigen und durchaus urbanen Bezirk namens Reinickendorf, bin ich zufällig in der Klasse gelandet, die sie besuchte. Ein enormer Zufall, an der Schule waren über eintausend Schüler. Wir freundeten uns beim Schwänzen des Sportunterrichts an, sprachen Deutsch miteinander und dachten angerussisch: Wir hatten keine Ahnung von Konzeptkunst, dachten aber dissidentisch gegenüber der Schule und unserer Jugend, von der wir nicht wussten, wohin damit, und beschlossen, die Alltäglichkeit anders zu erleben. Ich glaube nicht, dass jemand jemals unsere – durchaus öffentlichen – Aktionen ausser uns begriffen, ja sie überhaupt als solche erkannt hat. Vielleicht sollten wir uns mit Anja wieder zu unserer kleinen, aber Oha-Union vereinigen und dem beschwörend-verschwörerischen Satz „mir wird langweilig, wir sollten uns etwas überlegen" Folge leisten.

Nun, worauf ich hinaus möchte: Eine der gewöhnlichsten Aktionen, wenn wir nicht gerade mit einem Projekt beschäftigt waren, das aus dem Ruder geraten ist, war das Verlaufen. Wir stiegen auf Inlineskates oder auf Fahrräder – ich habe Anja auf einem Parkplatz das Radfahren beigebracht, nachdem ich es selbst autodidaktisch wie das Schwimmen gelernt hatte – und fuhren so lange durch Berlin oder auch ausserhalb der Stadt, bis wir uns in einem Bezirk oder in einer Gegend befanden, die wir nicht kannten. Wir waren erst dann am Ziel, wenn wir die Orientierung verloren hatten, keinen Bezug zur Umgebung herstellen konnten und uns wie Abenteurerinnen fühlten. Wenn wir hungrig wurden, fragten wir jemanden nach dem nächsten Bahnhof oder der nächsten Bushaltestelle, dort fuhr etwas oder es hing dort eine Karte. Der Zivilisation entkam man nie vollständig, aber wenn es uns kurzfristig gelang, lachte Anja in minutenlangen, kathartischen Anfällen, die mich unweigerlich ansteckten.

Irgendwann liess sie sich evangelisch taufen, las die Bibel in allen alten Sprachen, sang mit wunderschöner ABBA-Stimme im Kirchenchor und wanderte nach grossem Unglück in ihrer Familie zu ihrem Opa nach Israel aus. Bevor wir den Anschluss verloren haben, nahmen wir hochnäsige Jungs auf die Schippe, schrieben ihnen Liebesbriefe als sie vermeintlich anhimmelnde Siebtklässlerinnen, arrangierten ins Leere gehende Dates, die sie zum Nachdenken über ihre Eitelkeit animieren sollten, veranstalteten einen Wettbewerb im Wirbelwurf von Bananenschalen, verkleideten uns mit Hilfe von Kopftüchern und langen Röcken als Türkinnen und testeten die Toleranzgrenze um den Weissen See im, zumindest damals, recht homogenen Nordosten Berlins.

Wir karikierten unsere Lehrer auf den Rändern der Schulhefte (Anja zeichnete ausgezeichnet), liessen Witze, Notizen und Kartenspiele im Unterricht kursieren, und schworen uns mit einem Vertrag im blauen Schliessfach auf unserem Kunstunterrichtsflur ewige Freundschaft. Passwort: *Tanzania*. So heisst in der Russkost ein exquisites Bananensplit.

Was meine Mutter damals gleich bemerkte, fällt ihr heute nicht mehr auf, zum Beispiel, dass viele Menschen Fahrrad fahren, sogar mit 70 und 80 Jahren. Sie war erleichtert über etwas, was sie oft wiederholte: arbeiten, wenn auch als Putzfrau, mit dem verdienten Geld in ein Geschäft gehen und sich das kaufen, was man möchte, ohne dass man zusätzlich zum Geld noch Kontakte haben muss. Sie fühle sich endlich nicht erniedrigt, wenn sie Fleisch holt.

Aber ich glaube, es ist doch erniedrigend, dass weder ihre Ausbildung noch ihre Arbeitserfahrung anerkannt wurden. Sie galt in Deutschland als ungelernt, ebenso mein Vater – ohne Ausbildung. Wie fühlt man sich dann, nach einem Studium, nach über zwanzig Jahren Berufserfahrung, Verantwortung, Rechtschaffenheit? Sie sind für die Kinder umgezogen, sie stecken es gut weg, würden sie darauf jederzeit im Chor antworten. Ich glaube, meine Eltern sind irgendwie doch Berliner geworden.

Wie bei einem Kreuzworträtsel fand meine Mutter im Russischen Wörter, die aus dem Deutschen abgeleitet worden sind. Sie hatte linguistische Freude am entlarvten Eklektizismus unserer gewohnten Lexik, aber auch am Deutschen, an der anderen Aussprache und an den unerwarteten Schattierungen, die aus assoziativen Kombinationen entstanden. Wir produzierten am laufenden Band Sprachwitze. Ein Beispiel für die Russischsprachigen, die die letzten vier Buchstaben anschauen mögen: *Bundesrat*. Als sie zufällig Joschka Fischer in einem Museum in Berlin-Mitte begegnet ist, rief sie meinem Vater zu, er solle hinschauen: „Fischka!“ (russ. für Spielfigur, Spielball, Clou, Witz).

Irgendwann begann sie, mich zu kollektivieren. Sie hörte auf, über mich wie über mich zu sprechen. Sie hätte sich von mir aus auf Ukrainisch oder Polnisch an mich richten können, ich weiss auch, dass sie es auf Weissrussisch hätte tun können, aber nein. Die Rede meiner Mutter bezog sich nur noch auf „uns“, ihre Kinder im Plural. Meine Wut überflutet den Krug, aus dem wir hätten Vertrauen trinken können, und nein, ich bin nicht traurig, das reicht. *I wdrug ty ne drug, a wrag* – und plötzlich bist du Feind statt Freund, singt Wyssozki. Aus den Kindern soll was werden, lautete das Motto. Wir ziehen euch an den Ohren durchs Leben. Alleine kriegt ihr nichts auf die Reihe. Ihr tanzt aus der Reihe. Ihr reiht Katastrophen aneinander. Wir sind stolz auf euch. Unsere Kinder! Und einen Pelz braucht man doch, sonst hat man es nicht geschafft. Denkt an Mittel gegen Motten.

Es könnte auf diese Weise eine neue Gattung entstanden sein, die auf ihre poetischen Strukturen hin überprüft werden könnte: die Zeterinen. Ich sollte sie zu einem Untersuchungsgegenstand erklären, dem Phänomen distanziert begegnen. Russische Zarinen, nein: postsowjetische Zeterinen in ihrer emotionalen Ausdruckskraft – zwischen Schuldvorwürfen und ornamentalem Erzählmuster.

Die Erkenntnis: Meine Eltern sind Helden der Sowjetunion, mit Zusatzauszeichnung Helden der Perestroika und Nachwendewellenreiter. Ungeachtet einer Mindestration, um nicht zu sagen Kastration an Sympathie, ungeachtet aller Hürden, haben sie die Bürden der zerfallenen Sowjetunion meisterhaft überwunden und die Behördenhorden des zusammenwachsenden Deutschlands bezwungen. Gummitwist advanced. Gefallene Tatengranaten. Grundgaranten der Existenz, mit Quarantäne für Willkürfontänen.

In einer quasi-kollektiven Aktion habe ich versucht, dem Druck des erwarteten Danks zu folgen. Habe mich ausgedrückt. Die Aktion ist beendet, nun bin ich mal weg, auf dem Jahrmarkt der Eitelkeiten, auf dem Flohmarkt des kulturellen Porzellanladens, mitten im Schlussverkauf. Der Tatendrang hat mich hinausgedrückt. Ich docke in einem mir genehmen Hafen an. Lerne wieder, was *guljat* heisst: spazierenflanieren, mich der Anjazeit entsinnen, die Grundstimmung Wind und Wasser überlassen, auf der Strecke eines vorbestimmten Seeweges, für zehn Minuten famoser Gerührtheit, den Rumpumpsteig zur Roten Fabrik runtergumpen.

Dauerfremdheit fühlt sich wie ein frisch gewaschenes Hemd an – jeden Tag aufs Neue gestärkt, auf und davon. So rollt das *telo* (russ. für Körper) auf dem Velo an der Aphrodite vorbei zum Bellevue. Am Mythenquai lässt es sich verzaubern und metaphorisiert sich zur Kurierin froher Botschaften. Einige Boote sind gelb und andere blau. Die Maststangen proportionieren das Gemälde, und die überlebenswichtige Portion nehme ich auf dem Weg, der am Kunsthaus entlang führt, mit. So grau der Himmel sein mag, er wird sich im Laufe des Tages ändern. Ihn wird die Seeoberfläche mit anderer Helligkeit zurückwerfen, und die Farbdichte wird verdünnt, beschichtet, lackiert – das erste Hinschauen verlangt nach Wiederholung. Der Bildausschnitt verschiebt sich von einer Seite des Sees zur anderen hin mit jedem Tritt in die Pedale, mit jedem Drehen des Kopfes nach rechts zum schimmernden Bootbergbild, das kein Fixiermittel benötigt. Eine Art Perestroika in jedem Augenblick, nonstop. *Art Perestroika* wird der Titel meiner Ausstellung lauten, der Name meiner Tochter, die Bezeichnung eines Lieblingsgerichts. Möge es ein Zürcher Gericht sein, das die Kurzsichtigkeit züchtigt, den Appetit nach Mehr-Sehen dämpft.

Ich verweigere die beredte Kollektivierung meiner leiblichen Mutter und wohl oder übel auch die Radikalität des antisowjetischen Denkens. Ausser seiner generellen Borsten ist es obsolet in Bezug auf den zerfallenen und sich zerstreitenden Osten. Meine reife Sowjetunion gluckste noch vor utopischem Glücksrest. Ich kann sie dissen, ihr eine Urkunde ausstellen. Verschrieben: eine Ukrunde, eine Runde ulkiger Ukrainekunde? So oder so, ich weiss nichts über den Osten, jetzt, möchte ihn sehen, möchte ihn riechen, mehrere Etagen an Reportagen verfassen, und – der Berufskrankheit verschrieben – das Geschehen über das Land und die Leute verstehen.

Vor den absehbaren Vorwürfen fliehe ich über Polen und Weissrussland auf den Ural, von dort folge ich der Dur-Spur nach Turkmenistan, von Taschaus nach Winniza, lasse mich zum Schiffsdienst verpflichten und auf eine Rautenspitze versetzen, die so aussieht, als ob sie jemandem die Zunge, die gerettete Zunge, hinausstreckt. Werde dürr, werde mollig. Was das Ideologische angeht: Momentaufnahmen arbeiten weder am Zerfall der Sowjetunion noch an ihrer Restauration. Wie der Zufall es will, steht sie still. Bin dafür, ihrer nicht so zu gedenken, dass sie wie ein lebendiger Dämon unseren Geist beschäftigt.

Was sind wir für Akteure, was für Figuren, in welcher Konfiguration, in welcher Konstitution? Wer sind unsere Helden und was unsere Heldentaten? Wann haben wir es mit einer gerechten Sache zu tun, wann mit diskursiver Prostitution? Erst kommt das Fressen, dann die Moral. Wohin man blickt, Interessenskonflikte. Gemeinsam sind wir stark, und gemeinsam sein, das geht besonders gut, wenn man nicht alleine lacht. Gemimt werden: Selbständigkeiten, Zugehörigkeiten, Richtigkeiten. In lautstarken Bildern und pantomimischen Hirnrissworten. Ich fürchte, mein Süden ist nun vermint worden.

Moment mal, haben wir nicht erst vor kurzem gelernt, es gebe sie nicht mehr, diese Wahrheiten-Bedeutungen, sondern durch Auswahl und Kombination konstruierte Narrative, verschobene und verschrobene Bedeutungsvektoren? Verzeiht mir das Strebertum, ich nehme alles viel zu ernst, wie man mir sagt. Hervorgekehrte Teilchen und wichtig aufgeladene Atome spenden vereinigende Energien, am intensivsten in der ideologischen Idiotie des Krieges. Von beiden Seiten auf ihre Weise, aber in ihrer Struktur zum Verwechseln ähnlich. Im medialen Krieg und jenem an der Ostfront, den wir von hier aus nur als medialen wahrnehmen. Besteht jener osteuropäische Rand nicht gerade daraus? Aus lauter schiefen Brüchen, Schieflagen, Gemengelagen?

Salat auf dem Teller. So bald das Gütesiegel „geeignet für Russkostallergiker" drüber steht, zermalmen wir die gesündeste Rohkost. Die Saucenschärfe verbrennt uns die Zunge und die belehrend tippenden Finger. Sie löscht unsere Studien, es ist auf einmal nicht mehr in, dass die location of culture inbetween ist. Sie ist jetzt klar lokalisierbar, und zwar auf unserer Seite.

Der Magen hat das Sagen: Mein Essen ist Kult, deines sorgt nur für Tumult.

Schimpft doch, aber ich möchte gern die Polen, die Russen und die Ukrainer in ihrem neonationalen Sein verstehen, weil ich sie jetzt und hier nicht verstehe – egal, wie lange-bange ich mich damit beschäftige oder es mich beschäftigt. Ich möchte mit ihnen so sprechen können, dass wir alle merken, wie nett es ist, einander zu verstehen, statt auf das Verstandenwerden seitens des Westens zu bauen bzw. statt sich als nicht-europäisch abzukapseln, an Pelmenidimsumcurry tüftelnd.

Klar, jeder kocht sein eigenes Süppchen, aber wann ist der ukrainische Borsch ukrainisch und der russische russisch? Was sagen die Polen unterdessen, werden sie barsch, werden sie rot, fühlen sie sich gespiegelt von der Ukraine? Diese strengen Versuche, eine eigene unverwechselbare kulturhistorische Sprachgrütze hervorzubringen und sie als unverwechselbares Nationalgericht zu verteidigen, rühren eine Unkultur des Widerwillens an. Mittagsmenü: Kalter Hund, heisse Katze. Zum Verzehr bitte die Denkerbrille ablegen, keine kluge Fratze zum schlimmen Spiel. Wäre es doch einfach nur Blödkake.

Ich möchte mich gern heraushalten, möchte Mathematikerin werden, Informatikerin gar – nein, irgendwas ohne Informationen. Doch bin ich allzeit bereit mitaufzubauen, zum Beispiel eine neue Sprache, die auf Inklusion von Paprika- und Chilischoten hinausläuft, auf Neben- und Ineinanderleben, auf Friede-Freude-Eierkuchen. Man kann nicht weiter in adäquat und inadäquat einteilen, auch wenn ich dieses Wort auf Ukrainisch und Russisch oft höre. Sie hüllen sich alle früher oder später an den Stellen, an denen es sonst zu brüchig, durchsichtig, gar durchlässig wird, in Watte. Abgesehen davon essen auch *watniki* (russ. *watnik* – ein gegen die Kälte schützendes Kleidungsstück, dass in der Armee und im Arbeitslager getragen wurde) gern *wareniki* oder *pierogi ruskie* (beides russ. / ukr. / poln. Nudelteig mit Füllung), je nach Geschmack.

Pazifismus beginnt nicht über dem Pazifik, sondern hier und jetzt, in der Sprache, in unseren Sprachen. Ich spinne, meinetwegen, was sonst angesichts dessen, was dort passiert: J'accuse, dass wir uns an einer Rhetorik beteiligen, die die Sowjetologie des Kalten Kriegs fortspinnt. Dass man mit ihr kulturell-intellektuell begründete Burgen errichtet, aus denen Interessengruppen, Oligarchensöldner, Knackis und Künstler auf die Zivilbevölkerung schiessen. Das ist beschissen genug, genug geschossen, genug über die Köpfe hinweg beschlossen. Das Böse ist ostentativ benannt, wir wissen Bescheid. Lasst uns weiterziehen und eine weisse Flagge hissen: Fragen, was die Leute möchten und schauen, welche Antworten sie dafür finden. Ruhm den Lösungen statt rechten Losungen!

Lieber Weihnachtsmann (*ded moroz* sei nicht *otmoroschennyj*), ich wünsche mir für jenes Ausländerheim, das aus der Sowjetunion geworden ist, eine nicht-aggressive Rhetorik und politische Feinmotorik. Früher tanzten dort Liebkoseworte fantastisch rhythmische Sportgymnastik, und sie wurden nicht sofort als zu romantisch, gefühlvoll, zu *intense* verurteilt; so viele Formen, Freundschaft und Güte bei aller Verschiedenheit des Backgrounds auszudrücken, das kann nicht nur meine posttraumatische Kontaminierung sein. (Der *Ostalgensalat* ist auf der Krimseite des Russkost-Menüs aber natürlich schon vertreten). Erinnere sie doch endlich daran, dass sie mal miteinander klargekommen sind und nebenbei auch, dass es keine Guten mehr ausser dir, lieber Weihnachtsmann, gibt. Dafür aber gleiches Unrecht für alle.

Ihre Sprache soll sich bitte nicht nur um meins und deins, unsers und euers, früher und heute, schwarz und weiss drehen. Hier und jetzt, in der Literatur und im Gespräch über sie, auf Facebook und in der Zeitung. Ich tropfe mir Wachs in die Ohren, wenn die Sirenen der Aufklärungsarbeit mit repräsentativem Anspruch singen. Ukraine, das ist nicht Russland und Kurkow der neue Andruchowytsch, das geht auf Russisch wie Öl runter, wie Bier auf Norwegisch … Ich vermische vehement, verkoche angestrengt unsagbare Vergessensreste. Polarisieren ist easy, Leute, viel zu sehr, und abgeschmackt wie in Bezug auf Polen, in Bezug auf die Jugomüden, in Bezug auf Umzüge. Dort – fort, hier – krepier und dort kein *mir* (russ. für Frieden und Welt).

Mein Ich und mein Wir sind mir gleiche Stellvertreter. Ich möchte nichts und niemanden repräsentieren, ich möchte mit all den Narben und Farben für das Fehlen von richtigen und falschen Geschichtsverläufen, Erinnerungskulturen, für das Fehlen von strategischer Trennung und historischer Gerechtigkeit einstehen, und man mag das selbstgerecht nennen.

Nichts, weder in den Biografien meiner Eltern noch in jenen meiner Grosseltern war hieb- und stichfest fair, und nichts lässt sich mehr als reines Ereignis – ohne Zuordnung, Wertung, übergriffigen Kontext – benennen. Man kann sich an kaum etwas widerspruchsfrei erinnern, es gibt kein gerechtfertigtes OK, keine attributlose Ordnung, keine unsubjektive Bewertungsinstanz. Auch wenn wir weiter richten, das Korrekt ist defekt – es schmiert die Räder der Überzeugungsmaschinen und Glaubensgegensätze, steckt aber auch in ihnen. Ja, man muss dran bleiben, Gulag und Kulak muss man unterscheiden können. Ich ziehe den Hut, dass Historiker, die Totengräber der Kulturkriege, sich an diese Leichenexpertisen heranwagen. Aber wir können nicht alle Historikerinnen und Historiker werden, um nach Argumenten und Fakten in der Weltgeschichte zu stochern.

Ich möchte meinem Kindich sagen: Geh der Spur nach, die dorthin führt, wo das Herz, die Seele – ich weiss, geht gar nicht, daher: der irrationale Sozialisierungs- und Imaginationskompass – dich zugehörig fühlen lässt, sei es ein Ort oder ein Unort, Eden oder Metro, geografisch nah oder zeitlich fern – und zwar ohne, dass die Fässer, die die Ortsnamen aufreissen, vorher hygienisch entgiftet werden. Dafür reichen nicht mal die Essigvorräte ehemaliger Räterepubliken aus.

Esse ich, vergesse ich, und vergesse ich, bin ich satt. Ich möchte nicht, dass sich jemand in Urteile verbeisst, das Rage-Ragout der Kulturwut kann meinetwegen gären, bis es nicht mehr bissfest ist. Ich nehme die Allergien, Unverträglichkeiten und Rechnungen auf meine Kappe und kippe sie weg. Ich möchte nichts Festeres ausser fliessend Wasser, und davon viel, tage- und hafenlang weit und breit.

Blin, Bachtin, jetzt mal Tacheles und reinen Tisch, komm aus dem Regal hervor und in die Praxis hinein, wir müssen die Knoten der „kulturellen Beziehungen" entwirren und die heldenhaften Spielfiguren mit legendären Geschichten um sie herum reparieren! Lasst uns in einer kollektiven Aktion eine konkrete Rhetorik des Dialogs, der praktischen Polyphonie, des multiplen Kulti kultivieren. Eine Kultur und ein Wissen, wo die Fragezeichen hinter den Spielbällen trippeln, wo die Begriffe als Arbeitsdefinitionen die Arme vor der Brust verschränken und die Ansprüche auf Antworten wartende Sprüche nicht mehr und nicht weniger als zu verhandelnde Thesen sind.

Der Tanz um internationale Toleranz strengt an, bleibt Experiment und endet nie. Da fällt mir eine Heldengeschichte meines Vaters ein: Er hat dem deutschen Botschafter in Kiew, der die Ethnischkeit oder wie man das nennt, bewiesen haben wollte, auf die ständige Frage, wer er denn nun sei, irgendwann nur noch geantwortet: „Ein Chinese, sehen Sie das nicht? Ich bin ein Chinese!"

Es hat mir das Leben erleichtert, wenn ich Ostberlinern auf die Herkunftsfrage geantwortet habe, mein Vater sei in Potsdam geboren; den Westberlinern, dass ich mit dem Ostberliner Dialekt nicht viel anfangen könne; und den Russen, dass ich aus Sewastopol bin. Erst den Schweizern zähle ich meine still gewesenen Örtchen chronologisch auf und begegne hier keiner anstrengenden, an-strange-nden Hierarchie.

Das Experiment führe ich weiter, es erscheint mir im diesem Fötelimoment etwas zu taugen, obwohl es mich bis zur Bedeutungsleere auslaugt: In Moskau gibt mir die Witwe A. Zinowjews den Ratschlag, ich solle *nur* russisch sein, dann werde alles gut. Den Ukrainern erlaube ich, mich als deutschsprachige Exil-Ukrainerin in ihre Annalen einzuschreiben. Die Berliner dürfen auf mich im Notfall als Berlinerin zählen, denn trotz allem, ich hab die Stadt – aus der Ferne – wie einen Ex-Mann gern, mit dem man auskommt, nachdem man ihm das Brutale verziehen hat. Und die Schweizer dürfen mich entweder als inkompatible Tante abschieben (würde mich interessieren, wohin) oder aus Artenvielfaltschutz als Aktante behalten.

Ich habe kein Patentrezept, aber mir wäre es lieber, die Schriftsteller und Ideenbittsteller von hier und *dort* – diese Variablen füllen sich mit Ost und West oder auch mit Nord und Süd – würden miteinander gut essen und trinken, anstatt ihrem westeuropäischen Publikum zu erzählen, dass die Sowjetunion Gleichheitszeichen Russland ein ins Abseits gerollter Übelrubel ist. Und so weiter. Ja, weiter, schreitet, überschreitet. Wenn wir keinen Krieg möchten, müssen wir anders miteinander sprechen und überhaupt erst einmal miteinander, statt im Konsens einander zuzunicken, dass die da drüben so furchtbar sind, und uns ja nicht vom Thron unserer besserwisserischen Aussensicht dorthin oder gar auf sie zu bewegen.

Vielleicht mit Minimalakrobatik, ohne grosse Verrenkung, nicht nur auf die Aggression Russlands tippen, sondern auch auf die verbale, latente, strategisch-raketische Gewalt jener, die kulturell motivierte Gewalt Russland vorwerfen. Den Alarmknopf drücken, ohne Atombombe, und weiter laufen, einen Pfad austreten, wenn schon keine Brücke bauen. Uns hinsetzen. Auf einer Loggia, einer Veranda voller *wera* (russ. für Glauben). Je nach Laune in die Sauna gehen. Gemütlich ein paar Minütchen lang türkischen Kaffee trinken, unanständig gut speisen, mit Wodka und *sakuska* (Häppchen zum Wodka) – in der *Russkostbar*. Für die Toasts richten wir einen Speakers' Corner ein. Nach der Banja aufs Parkett. Walzermasurka.

Man müsste sich auf ein Programm des Festanlasses einigen, das allen zusagt. Wenn man es einmal hat, hat man ein Ritual, ein Mahl, ein wiederholbares Denk-Mahl, in dessen Rahmen man gemeinsam nachdenken kann, mit Interessen aller und Essen für alle. Ein Format, das sich performativ und, wenn es schlimm kommen sollte, pro forma errichten lässt, aber dann doch wieder stattfindet, das Sprechen nicht abreissen lässt, an die bestehende Stabilität von Feiern anknüpft – jetzt und hier statt Herumeiern auf dem Papier. Wenn nötig, lassen sich auch Rituale mit der Zeit ändern. Ränder liegen nah an Änderungen.

Falls der Floh durchs Ohr passt: Fasst euch ein Herz, esst Putenbrust. Sammelt Kraft für gemeinsames Anpacken einer friedlichen Zukunft, in der eure Kinder sich gesund ernähren und es innen warm haben. Gebt Gas! Ich höre Unkenrufe, gar

Marktgeschrei. Bitte auf dem Sechseläutenplatz vor der Oper – sexy Leute, von Kleinkind bis Oma und Opa, gebadet in goldenroten Wolken, beschattet von Nebelbergen über dem harzigherzigen See.

DREI MAL AUF HOLZ KLOPFEN

Warum lässt sich kein ausgewogener Familienroman auswalzen, in den man sich einfilzen könnte? Warum ist mir kein spannender Plot familiär? Die *plotina* (russ. für Damm), diese *skotina* (russ. für Vieh, Biest), entgleitet, treibt auf dem Dnjepr, der Wolga, den Wogen des Schwarzen und des Mittelmeeres, des Züri- und des Genfersees ihr Unwesen. Es geht nicht mehr, etwas nachzuahmen, nachzustellen, zu jenem Leben zu erwecken. Oder ich traue mich nicht. Es trauert etwas still vor sich hin, und etwas bordet neongrün über vor neuem Zuckerglück, es brodelt vor sich hin, hüpft mit dem Nachwuchs und wächst, da es sich in ihn verpflanzt. Früher oder später klopft es wieder an die Tür: Nichts wird mehr so wie früher sein. Es wird anders, wenn er zum Identitäter wird, wenn er sein Portfolio durchsiebt und mich zwecks Emanzipation etc. wegschieben muss. Auf jeden Fall werde ich eine tolle Oma, habe ich mir vorgenommen. So, wie meine Eltern mit ihrem Enkel einen Wiedergutmachungspakt geschlossen („für dich hatten wir keine Zeit, aber für ihn jetzt") und ihn ins Herz geschlossen haben, mit Zeit und Zärtlichkeit.

Ich werfe ein Steinchen über den leichten Wellengang der Sihl und schaue, wie oft es fliegend die Wasseroberfläche durchsticht. Ich stricke einen Streifenschal. Keine schalen Steine, kein

Ersticken. Ich stelle Mauerteilchen aus, von denen ich nicht möchte, dass sie in einem Museum landen. Eine Übung im nichtratsamen postsowjetischen Expressionismus.

Persönliche Pein ist so was von relativ. Alles Individuelle dünkt eines Tages peinlich. Genauso wie selektive und fiktive Geschichtsnarrative. Solche Museen verborgener Geheimnisse halten manch Publikum zum Narren, während sie sich als Aufklärer wähnen. Nein, danke, hier fällt eine Schranke. Die Ausstellung findet allenfalls in einer verschachtelten privaten Villa statt, mit balkontragenden, kolossal erotischen Frauenkolonnen vor dem Haupteingang, antiken Antlitzen. Mit ausgedehnten Schliesszeiten zwecks Renovation.

Im *Maison de haute écriture* steht in jedem Zimmer eine Staffelei. Besucherinnen und Besucher dürfen ihre Exponate malen und meine Skizzen übermalen, pointillistisch, pointiert, semikolonial. Anything goes – jeder ist willkommen und frei zu gehen. Der Obertitel lautet: Semantisches Lifting der Postmoderne. Jenseits von Gut und Böse. Gedenkt der Blockaden, löst sie in eurem Rücken, eurem Mark, eurem Hirngewinde und Eingeweide. Lest Blok, hört *New Kids On The Block*, dreht eine Runde im Quartier, führt einen Blog. Tragt einen Bloknot bei euch und einen *caran d'ache*. Er rettet aus jeder Not. Tragt ein, drei Punkte nach jeder Erfahrung. Vergesst nicht, welche zu machen; sie halten länger als Fotos.

Mein Sohn, der mich wie ein Delphin versteht, besteht darauf, einen Film anzuschauen: *Krieg der Sterne*. Und er schlägt vor, dass wir den Film nachspielen. Ich darf die Prinzessin sein, und er, er wird Darth Vader besiegen, wie es sich für Nachwuchshelden gehört. Punkt, aus, die Vorstellung ist vorbei.

Ich spüre kein Sendungs-, sondern ein Problembewusstsein. Manchmal ein Nachspielbedürfnis. Manchmal Neugierde: Was denken die Leute in Moskau, in Petersburg, in Omsk, in Tomsk, und ja, was auf jener wieder halb vergessenen Halbinsel, die auf Wetterkarten Europas abgeschnitten wird? Was ist ihnen wichtig? Was geschieht jetzt, womit haben wir es zu tun oder nicht zu tun? Verzeiht mir die recht russische Frage, aber wenn wir anders als Russland intervenieren möchten: Was tun? Es ist ja an sich in Ordnung, wenn man Ordnung bewirken möchte, nur ist es Sache der Hausfrauen und -herren.

Wir schlittern auf Bergen von begrünten und überbauten Geschichten, wir lesen unsere Zeitungsmeinungen, wir sind auf der Seite der Guten. Wir informieren uns von Goldküstenasylanten, von importierten Autoren, die sich geschickt anschicken, ihre Texte in unsere Presse pressen zu lassen und uns in ihren Worten das zu sagen, was wir gern hören, mit einer Prise nahe gehender und nahe liegender Exotik. Wir wähnen uns in korrekter Vielstimmigkeit, hören uns die vielen Stimmen derer an, die ihre Musik-Poetik-Energetik nach unseren Erwartungen ausrichten, und uns schon dadurch einnehmen, dass sie ihre Mittel früher gegen die Sowjetunion eingesetzt, an der SU geschliffen haben. Das ist OK. Besser als K.O. und so entsteht ein Wir, engl.: US. Ein Wir gar mit uns! Good old Europe springt auf Hinterpfötchen, wenn die Wurst der Demokratie wedelt. Oder winkt Europa jemandem? Ihren Absatzmärkten und Einflusszonen? Ihren Flüchtlingsbooten?

Trimm dich fit und es ist nicht mehr schlimm. Vergangenheit, Erinnerungsgegenwart. Attraktive Attribute, kultugrelle Labels. Das Takelwerk einer jeden aktuellen Lage türmt sich zu einem noch nie probierten Gericht. Oder zu einem, mit dessen Duft man aufgewachsen ist. Es schliesst dich in eine Stamm-Zelle, befriedigt ein Begehren nach Ursprung und Zugehörigkeit. Probier aus, ob mit Scharf oder ohne. Es schmeckt oder nicht.

Man kann bereit sein, sich einzureden, etwas sei un/gesund. Früher oder später publiziert jemand eine Studie, die dagegen und für etwas anderes spricht. Geschmackssache. Da hat Bourdieu uns was eingebrockt – ein Aroma der Entspannung, Wiedererkennbarkeit, der rituellen Teilnahme am historischen, in der Wortwahl verdichteten Artefakt: Das wurde schon immer so gegessen, und du bist, was du isst. Aus dem Hinterhalt ein alarmierender Geruch der Verbannung, der endlosen Weite und gestohlener Zeit. L'odeur vereinender Nostalgie: Ach, Roma, beliebtestes Speiseziel!

Die umgeschriebenen Schulbücher liegen auf Mutters Rezeptbüchern. Die Küche produziert die Gerüche, die du fürs Menschenleben mitnimmst, die dich irrational mit Gut-Schlecht-Genomen vorprogrammieren und unentrinnbar nett mit Lebenssinnfett ausstatten. Sag mir, was deine Muttersprache ist (gestatten Sie, die erste oder die zweite?) und ich sage dir, was dein, aber nicht unbedingt mein Leibgericht ist. Egal, wo man landet, das haben wir schon am inspirierenden Crash von Joseph Beuys auf der Krim gesehen, man kann nur danebenliegen – mal bequem, mal weniger. Das Gericht verkündet: selber Schuld. Wenn es dir nicht schmeckt, hast du dir etwas Falsches genommen.

Es gibt so etwas wie eine ganz persönliche Bedeutung, ein paranoides Polaroidfoto, innerhalb der Leere und ihrer politisierten Patin, der Schwere. Ich sollte entweder eine Filmklappe davor halten oder die Klappe halten: Es stellt sich mir in den Weg, und ich stehe gegenüber diesem Vorhaben, diesem Guthaben, diesem Minus. Es versperrt die Sicht, dieses Unterholz, und ich schnitze Matrjoschkas daraus.

Die Suche nach der Langeweile, nach einem neuen sozialen Stand. Auf zwei Beinen – unabhängig davon, ob es hinauf oder hinab geht. In eine ausgedehnt-lange, schwerelose Kosmonautenzeit, mit Kosmosbaukästen, grünweit wie eine Kuhweide, mit abgemachten Terminen für sonnige Auf- und Untergänge. Dort werden keine Wurzeln mit einleuchtenden Formeln gezogen. Dort herrscht das Gegenteil von Drama Queen, das Gegenteil von Aufgeteiltsein bis zum Fragment, und Lacan – eine Lakune.

Es gibt keine versteckten Fotografien, das ehemalige KGB-Archiv verweist mich ans staatliche Literaturarchiv, und dort laufe ich in eine Sackgasse. Ich fotografiere selbst, aber diese Fotos sagen mir nichts. Wir haben kein Familienalbum, mit dem wir uns herumschlagen könnten, wir sind unbewaffnet und zukunftsfreudig, gestählt und schwerwiegend wie Lenins weisende Eisenhand. Je älter ich werde, desto öfter stelle ich fest, dass jeder eine Macke hat, wie meine mathematische Freundin im robusten Alter von 15 Jahren zu sagen pflegte. Die Pubertät der Realität hört bei keinem auf. Fügen wir sie zu einem Macke-Gemälde.

Tausend Mal ansetzen und tausend Mal aufhören. Tausend Mal berühren und nichts spüren. Zu viel spüren, nichts und niemanden berühren, keine Taste anfassen, nichts ausdrücken, niemanden beglücken, keinen Pinsel in die Hand nehmen, sich für keine Halbinsel schämen.

Gib den Buchstaben ihren Lauf, den Sätzen, den abgehackten, dem verzwiebelten Hackfleisch, der edlen Pelmeni-Füllung. Kann doch nicht so schwer sein, du hast es erlebt, es ist schön, teile es anderen mit, damit sich die Gesichter erhellen. Du kannst es nicht für dich behalten. Wie egoistisch. Immer nur an dich denken, nicht an den Ort. Die Stadt. Die anderen, die diese Stadt mit deiner Hilfe schon mal beim Lesen besuchen könnten.

Es hiess, Sewastopol sei eine geschlossene Stadt. Sozusagen eine verbotene. Fand ich nicht tragisch. Weniger Touristen. Winkende und fidel wirkende Rentner aus dem Land, das wie ein Markenname für qualitativ hochwertige Anzüge und Haushaltsgeräte stand. Die DDR war unser Westen, gefüllt mit Westentaschentricks.

Auch etwas für die Speisekarte: *Mental Tourism*. Die DDR-Urlauber, die deine Stadt hätten besuchen können, sind rar, zum Teil ausgestorben, zum Teil dement. Viele können es nicht gewesen sein, sie erschienen nur so viele, weil sie nicht zur Schule im Trolleybus mussten, sondern ohne Pflichten durch die Stadt kutschiert wurden und dich / mich durch Fensterscheiben ihres Reisebusses und deines / meines Trolleybusses begutachteten.

So sieht ein nochsowjetisches Schulmädchen aus, in dunkelblauer Uniform, zwei roten Zopfschleifen und blauroter Jungenregenjacke. Ich bin Einheimische gewesen. Habe für etwas gestanden. Und sei es für die glorreiche Vergangenheitsgegenwart, deren Abschiedsglocken man im dreimaligen Klopfen aufs Holz, „dass es nicht schiefgehen möge", hörte.

FAHRPLÄNE

Wie war das nach Fernand Braudel, naturräumliche Voraussetzungen bestimmen das menschliche Handeln. Genauso wie das Bourdieusche Habitusmodell. Die Trias von Geld, Verstand und Freunden oder von Olive, Weizen und Wein. Die Krimtrias von Pfirsich, Buchweizen und Kwas. Die Idee der *méditeranée* verwandelt eine Fee in die Reisespeise *Karaheit*. Italienische Liebe, türkisches Schwarz und die unheimliche Mara – in der Bibel ein Getränk, in der slawischen Mythologie eine Frauenfigur. Wir führen in der *Russkostbar* einen Mara-Cocktail, entschlackend und vitalisierend, auf Zitronenbasis. *Kara* ehrt einen Krimberg und tröstet auf Deutsch. Wenn man möchte, mit Klarheit.

Die fröhliche, immer junge Stimme meiner Mutter ruft zum Aufessen der letzten Saisontomate in die Küche.

Eine Sammlung von Kochvorschlägen. Eine Union von Rezepten. Da haben wir es: Rezeption.

Ich überlegte vor einiger Zeit, für ein-zwei Jahre nach Kiew zu ziehen. Das war einige Jahre vor dem Majdan, und damals nahm mich die Stadt mit ihrem unpolitischen Frühling ein. Sie strebte nach oben und in die Weite, ein ungedungen gelungenes Inbetween zwischen Moskau und Berlin. Urban, turban, dyna-

misch, slawisch, blühende Parks, glühende Paare, vor die Uni
vorfahrende Limousinen, limonadenhaft niedliche Mädchen,
über ihre Datscha tratschende Damen, nettes Wetter. Direktzug
auf die Krim. Wenn der Waggon bereit steht, könnte man es
wagen. Bereit werden für diese winzige, unerledigte, innersub-
jektive Angelegenheit. Ihr fest ins Auge blicken, wie der ziganka
(das heisst im Osten noch so), die um meinen Tisch schlich, an
welchem ich neben einem Glas Kwas las. Kaum hob ich den
Blick, da sagte sie, als ob sie ein Geheimnis lüftete, ich sei ungehorsam, nicht einzufangen. Mein Dima oder Sergej würde mich
nicht halten können.

Man ziehe getrocknete Aprikosen auf langem Zwirn durch
das lockige Osthirn. Sie werden den Gaumen liebkosen …

Zieh ein Sommerkleid an und fahr nach Sewastopol. Es zieht
dich ja an. Ich feile an meinem eingerosteten Russisch, ich
möchte eine wodkaglasklare Wortwahl, passende Vorwahl, korrekten Anschlag, Aussprache halten. Ich besorge mir hoch-
hackige Schuhe und einen Lippenstift. Der Plan war ursprünglich romantisch: denjenigen, welchen, den Mister Big zu meinem
DA, meinem Da-Dort, meinem Tatort mitnehmen. Ihn nicht
nur in den Petersburger Text meiner Eltern einführen – kann
ruhig gespenstisch bleiben –, sondern in dieses Autonomie-
gebiet bringen, um im Feuer träumerischer statt traumatischer
Emotionen zusammengeschweisst zu werden. Die Höhe der
Rückkehrerwartung und die Tiefe der Enttäuschung über die
Veränderung der Kindwelt teilen.

Jener Er würde mich verstehen. Er würde die Spiele, Aromen
und Atmosphären ebenfalls vom Asphalt ablesen. Wie von einem
Monitor würde er jene heilig-heimeligen Tage, die drüber-
gegangen sind und solche, die rübergegangen sind, über die
Grenze der winzigen Winnizasewastopolarstationen (meine
Ahnenbücher), erahnen. Dann, auf dem Gipfel, gäbe es einen
Leser, der diesen Text, diesen von allen Sinnen verlassenen, nein,
von ihnen bespielten Herzscherz, versteht. Einheit qua Erfah-

rung. Im Panorama der omnipräsenten Bucht, der wuchtigen Omnibusse, der Bilderbuchomis, des verwunschenen Oma-hauses. Die Kulisse, die Prämisse, die ent-pathologisierte, ich meine vom Pathos befreite Präsenz des historischen Traras, des Dioramas, der totalen Erinnerung, mag sie national oder fiktional sein, ein kollektives oder individuelles Drama.

Hör auf, dich dafür zu interessieren. Das Wiederauflegen des Vergangenen funktioniert anders als bei den DJs.

Fahre Ski, lass dir von dem Studenten, der in den Ferien Snow-boardunterricht gibt, etwas beibringen. Gehe wandern, feile am Konzept des Wochenendausflugs. Stell etwas Vernünftiges mit deinem Leben an, erziehe dein Kind, hör auf mit dem Laissez-faire oder beginne damit, genau, frisch dein Französisch auf.

Wir hatten vor, mit F. hinzufahren. Sie hat mir erklärt, was die Westdeutschen der Generation ihrer Eltern, die die linkeste aller linken Zeitschriften herausgeben, unter Linkssein verstehen: Es beginnt mit dem Abgesichertsein im Einfamilienhaus oder einer Eigentumswohnung, jährlichem Sommer- und Winterurlaub und Kaschmirpullovern. Damit, dass ihre Eltern sie, die damals Mitte Dreissig gewesen ist, finanzierten.

Sie verbreitete grenzenlose, fast amerikanische Freundlich-keit, Umsichtigkeit, Höflichkeit um sich herum. Bevor der Chilischotendoktorand sich neben mich setzte, war sie, ohne es zu merken, jemand zum Abarbeiten, Annähern, Annehmen. Du hast sogar begonnen, einen rosa Kaschmirpullover zu tra-gen, aber es ist doch schlecht gelaufen. Sch-sch-schleichend. Ungeachtet aller belesenen Liebesbeweise, wir haben uns nicht begriffen.

Meine Muse, Rettung, beste Freundin in der Staatsbiblio-thekszeit, als wir über grünen Schreibtischen im naturwissen-schaftlichen Lesesaal hingen. F. habe ich die Reise auf die Krim wie einen Heiratsantrag vorgeschlagen. Wie vielen Freunden. Sie sagen ja alle ja, ich könnte einen Harem aufmachen. Aber die Leute kommen und gehen, Godot ist noch nicht erschienen. Es passiert nichts, eher bricht der Kontakt ab, dann passiert zu viel und das Falsche. Aus Berlin fährt kein Zug mehr auf die Krim, mich zieht es nicht mehr nach Kiew. Einen ganzen Roman könnte man aus diesen gescheiterten Vorhaben schreiben. Vorlagen aus begeisterten Augen, Antworten, Affirmationen. Verträge aus Vertrauen, Hoffnungen auf das Unverhoffte. Anfänge professioneller Beginner.

Unter anderem plante ich die Reise mit einem Australier, der hungrig war, möglichst viel von Europa zu sehen. Einmal mit einer Freundin, mit der wir uns für ein abgeschlossenes Projekt auf diese Weise belohnen wollten. The big after. Es blieb beim After. Potentielle Belagerungen Sewastopols mit potentiellen Freundinnen und Freunden.

Sogar der Ex-Mann wollte mit. Längst habe ich diese Vergeblichkeit im Gesamtpaket abgegeben, wie ein ausgelesenes Buch. Das Thema tauchte auf, wenn er nicht gerade davon sprach, dass der Osten etwas Wildes habe und ich aus der Steppe komme. Nein, die Steppe findet sich geradezu bei euch vor, Ueckermünde und Meckpomm hat der Gletscher ins Plattdeutsche gedrückt, wohingegen die Krim eine mediterran gebirgige Küste hat und die Steppe, von der Tschechow in seiner Postkutsche berauscht gewesen ist, die habe ich nicht gesehen. Vielleicht sind wir im Zug durchgefahren, als wir unsere kleine Farm verlassen haben. Wahrscheinlich hat meine Mutter in dem Moment ein gepökeltes Hühnchen ausgepackt, so dass sich meine Aufmerksamkeit darauf gerichtet hat.

Durch jene Gegend verläuft nicht nur die ästhetische Achse der Welt, wie es der Krimklub gern hat, sondern auch eine axiologische, und ob du willst oder nicht, ob du dich in den Elfenbeinturm, eher: Betonbunker namens Wissenschaft verkriechst, oder in der Russkost sonntags Ausdruckstanz und montags Malsessions in Angriff nimmst: Du bist im Klub drin.

Die Romantik des Zugfahrens. Dieses Kapitel zeigt separatistische Tendenzen. Was soll ich nach Zhadan aber hinzufügen. Ich kann seine fetzigen Eindrucksfetzen auf Selbstzweckreisen durch die Ostukraine nicht überbieten. Auf der Krim bin ich nicht herumgereist, die unfreiwilligen Verschleppungen ins Sanatorium oder zu meiner Oma zählen nicht, genauso wenig wie ein Mann, der dir im Lift ein Messer an den Hals hält und dich auf den Dachboden zerrt, welcher nicht zur Spieltopografie gehört.

Meine Romantik (die Wiederholung ist die Mutter des Lernens, sagt man auf Russisch) bestand darin, nirgendwohin zu fahren, stattdessen zu Fuss ins neue Revier schlendern, noch nie gesehene Kinder auf Spieltauglichkeit testen, auf dem Fahrrad eines Bruders einen auf Rollschuhen sich gänzlich anders anfühlenden Hügel bewältigen, vor Jungs mit bösen Absichten davonradeln, und den rutschigsten Pappkarton als Schlitten fürs nächste Mal unter der Hauseingangstreppe verstecken. Wieder aktivieren, um es nicht aus den Augen zu verlieren.

Im hässlich gewordenen Grossen, im zerfallenen Ganzen kreist dieser Geist wie ein Ufo. Also könnte man hinfliegen. Auf einem Besen, auf eigenes Risiko, sei's gewesen, der Zauberlehrling wird es nicht verpatzen. Man braucht es auch keinen Lesern zu petzen.

Meine Eltern würden es krank nennen. Ich weiss es nicht. Sie sind nie wieder hingefahren.

Ich würde Papas Arbeitskollegen finden und in der Garage wohnen. Man würde mich überfallen etc. Alleine fährt man da nicht hin. Auch zu zweit kann man überfallen etc. werden. Mist, wie es ist. So muss die Wirklichkeit zur Fantasie werden. Trinken wir darauf, eine Trinkkur, eine Tinktur auf die Wunde. Mir fällt ein: Wenn ich krank gewesen bin, dann mit einer Entzündung im Mund. Es zog Spülen und Gurgeln nach sich. Ich hatte einen Grund zu schweigen.

Lektion ausgesaugter Muttermilch, kurz vor Laktationsschluss: Deine Heimatstadt würde dir Angst einjagen, wenn du jetzt hinfahren würdest. Kein Heimathafen, vielmehr ein weiteres Asylbewerberheim, eine Auffangstelle für Flüchtlinge, rassistische Flüche gar, vom engen Horizont angreifende Wogen – halt den Kopf über Wasser, sonst prallst du auf sie drauf, während du ihnen eine klatschen solltest. Im Schwimmunterricht hiess es, den Kopf hineinhalten, ins Wasser ausatmen und vorwärtsschiessen, unabhängig von Temperatur und Wellengang.

Viel verloren, viel gewonnen. Was früher eine Menge war und mit jedem neuen Jahr in Relation zum steigenden Rest eine kleinere Zahl wird. Ridikulös, radieschenwitzig, irre – irreparabel und irredent. Labyrinthartiger Irrturm. Ein Irrtum, über einen über Bord geschmissenen Ort auch nur ein Wort zu verlieren oder gar einen Buchstaben über den Befehlsstab der Marine. Marinierte Erinnerungsfische. Es gibt keine langweiligen Kindheiten, es gibt keine langen Kindheiten. Tu nicht so. Jedes Kind trennt sich von seinem Spielzeug, wie es sich von seinen Eltern löst und von gealterten Zukunftsträumen. Von Haferflockenbrei und vom Hafen, von der nicht einzunehmenden Bucht und von verschlungenen Büchern, von Welten der Weltliteratur, von der ersten Liebe und den nachfolgenden. Da schlägt das Prinzip der Welle zu, Willkommen und Abschied, im Deutschunterricht gelernt. Priwet i poka, hoi und ciao, wobei letzteres beides heisst. Das Leben schmeckt selten nach Donauwelle und ähnelt manchmal einer Dauerwelle, gedreht vom Sonnensalz am Schwarzmeerstrand.

Die Flashbacks lauern an jeder Ecke. Sie springen wie ein Haifisch aus dem Becken. Lichtstrahlen brechen sich am Akaziengrün und Blütenweiss, fallen auf den faltigen Baumstamm und fragen, wie es so geht.

Aus dem See steigt Nessie empor.

Du verbrennst dich an der erleuchteten Zukunft, so wie du dich an den Ecken denkender Köpfe reibst und dir die Widderhörner abstösst. Pioniere gibt es nicht mehr, es zählt Kontinuität. Die Nachbarstadt heisst Konstanz. Die Altstadt wurde nie zerstört. Du, geschichtslose Alienade, verläufst dich auf dem Weg um den See herum in deiner gelebten Fiktion – sie ist dein Velohelm, dein Prinzessinnenkleid, dein Laserschwert. Das Imperium der Impression siegt, nicht zu vergessen Cézannes Flächigkeit und der kubistische Kubikrubik. Unerwartet, wie hoher Wellengang auf einem See, kullert die Katastrophe heran: Du darfst auf dem Podium, das du laut Programm mitmoderierst, kein eigenes Wort sagen. Es könnte kritisch werden. Hier schneiden wir eine Kurve und geraten auf den Wendepunkt. An jenem Vormittag sagt man dir in der Univerwaltung, du wärst eine Dütsche, die alles gestern gemacht haben möchte, dann sitzt du in einer Linie mit ukrainischen Autoren und fühlst dich ihnen trotz Unbehagen am nationalen Hagel zugehörig und schämst dich fremd. Direkt davor treibst du deine Kollegin zur Weissglut, weil du ihre Frage, ob du auch dagegen bist, dass die Krim zu Russland gehört, beantwortest. Danach hüllst du deine Fassung in ein Weinglas und steckst die Zunge in ein Käsesandwich, bis jemand vorschlägt, du könntest nach Israel oder in die USA gehen und jemand meint, das Beste wäre, die Westukraine dem polnischen Galizien anzuschliessen.

Jemand anderes sagt, in solchen Momenten sollte man ein Gläschen Wodka trinken. Und noch jemand: schweigen statt schwelgen, einknicken. Reim mal darauf.

Du brauchst nicht mal mit deiner Mutter in deiner ersten Muttersprache zu sprechen, du lässt dich ins südliche Licht deines Russlands eintauchen, wohin du gehst, drin versenken und damit versengen: Die Schichten eines Raums namens Früher zeichnen sich bei anderen Landschaftsbildern ab, schimmern bis auf die Grundierung durch. Du schaust hin, bevor du diesen Blickwinkel getrost, getröstet, zu Salatknackerli geröstet, aufgeben und ein weisses Kreuz auf rotem Hintergrund drauf setzen kannst.

Ich klage an: Noch bevor die Welt empört auf die sonst nur dir vertraute Raute im Südosten schaute, hattest du jahrelang deine Neugierde vergraben, was auf jenem Flecken innerer Geometrie innerhalb der letzten zwanzig Jahre passiert ist. Dorthin zu fahren – davor hast du dich gedrückt. Stattdessen hast du viel gegessen, hast in Lesungen herumgesessen, beim Hören fremder Eindrücke Anlauf gesammelt, anstatt dir dein Bild vor Ort zu machen. Statt abzuhauen, haust du auf die Tasten, um der Welt mitzuteilen, dass die Bucht von Zürich keiner versenkten Schiffe bedarf. Deine Geisterschiffe fliegen davon, über den Omega-Hafen und die Bucht von Balaklawa. Baba Klawa alias Aphrodite grüsst vom Mythenquai.

Die Lesungen, an die du dich am meisten erinnerst, hat Juri Andruchowytsch abgehalten. Er füllte die Säle in der Literaturwerkstatt und im Senatssaal der Humboldt-Universität. Ehrwürdige Germanistikprofessoren gaben ihm und sich die Ehre zu erscheinen; bei einem habe ich was über *Die Ballade vom Baikalsee* geschrieben.

Der ukrainische Nationalautor kehrte ständig zur Zahl 2017 zurück. Die Ukraine mit ihrer Revolution, Wiedergeburt und Geburt, Nachwehen vor den Geburtswehen – alles Wichtige erfolge dort im Rhythmus von 13 Jahren, weshalb er sich auf 2017 freue. Da werde die Schwarzmeerflotte aus Sewastopol abgezogen und die Krim verkauft sein. – Da werde ich mein Abziehbild los sein, oder? Erzähl uns doch über eine Reise auf dem Dnjepr, der Donau oder dem Don. Ach wo, erzähl, was du möchtest, ich rechne nicht mehr auf die Zukunft.

Ich habe mich mit zehn auf einer Trolleybusstation, der ersten und letzten Intensivstation, zersprengt und wandle seitdem auf Minenfeldern umher. Bastle statt eines Weges eine Wegleitung, eine Begleitung. Eine andere Version: mit sieben. Zahlen haben keinen Sinn. Jene Zeit, die hat einen. Nachträglich zum Butterzopf geflochtenes Glück, ein an Frischluft übergeschnapptes Windkind. Das brave Mädchen aus dem siebten Stock, das alles über Fortpflanzung weiss, was ihre älteren Freundinnen zu erzählen und zu erfinden vermögen. Die Omas, die vor dem Haus sitzen, alle beobachten und die Eltern im Fahrstuhl darüber informieren, dass ihre Jungs noch sehr gut erzogen worden seien, aber das Mädchen, das sei anders. Es klettert sogar auf Bäume!

Und ob. Ich hatte meinen Walnuss- und den noch geliebteren Mandelbaum. Auf beiden fand ich einen Thron, den bequemen Lieblingssitzplatz zwischen zwei Ästen. So lernte ich beim Baumklettern etwas über die Harmonie von Kunst- und Bauwerken, gar über Menschen. Einige Baumstämme verzweigten sich zu hoch, da kam ich nicht ran, egal, wie ich mich anstrengte, und andere zu niedrig, zu früh, da fehlte die Herausforderung, ich kletterte in dem Fall erst gar nicht, sondern trat quasi darauf. Aber der Mandelbaum mit seinen mahagonifarbenen Ästen war weder zu gross noch zu klein, er leuchtete poliert und verlässlich. Die Zweige dünn, die Äste filigran, doch sehnig wie ein Baukran und tragend. Ein umarmender Baum, wie Seemannskleidung. Als ob ein Designer diese verwegene Sitzgelegenheit Kinderkörpern angemessen und aufs gegenseitige Wachstum abgestimmt hätte. Die Beine baumelten runter, der Rücken lehnte sich an, die Mandeln schmeckten bittersüss. Ein

Rückzugs- und Beobachtungsposten, von einer Freundin und mir bezogen, um ungestört zu quatschen und nicht von Bankomis beobachtet zu werden.

Das Mädchen. Wenn nicht die Röcke wären, wäre ich mir gar nicht so sicher. Das Leben auf der Strasse rockte und hat sich um Unterschiede nur dann gekümmert, wenn klar wurde, dass ich langsamer renne, beim Armdrücken in der ersten Runde ausscheide und im Winter wie die Wesen aus den Märchen rote Stiefel trage. Das zwitscherten die Vögel von den Dächern, auf welche wir es übrigens nie abgesehen haben, auch wenn ich vom Balkonbord des siebten Stocks Leuten zuschauen konnte, die auf den Dächern der umliegenden Fünfgeschosser umherliefen. Ein paar Wohnungen waren mir suspekt, ich kannte kaum jemanden von da persönlich, konnte aber durch die Fenster sehen – manchmal stundenlang, wenn das Wetter es so lange auf dem Hockerposten erlaubte.

Sitzen. Wir haben so viel Zeit draussen verbracht, dass es wichtig war, auch zu ruhen. Der Zaun des Kindergartens vor unserem Haus bot die zentralste und sozialste Sitzgelegenheit. Wie die Hühner auf der Stange in einer Reihe logierten wir auf unserer blau angestrichenen Chaiselongue aus Metallrohr unter verglasten Loggien der Häuserfronten. Bühnendynamik: Jemand stand früher oder später vor den anderen, moderierte die Unterhaltung oder hatte keinen guten Platz auf dem Zaun abbekommen und machte nun das Beste draus. An dem Zaun musste man sich festhalten, ja nicht umkippen. Eine Kunst, die Balance zwischen Witz und Verwegenheit unauffällig haltend, um keine sprühende Antwort verlegen, eindringlich hörbar für die Kameraden und unverständlich-harmlos für erwachsene Zuschauerhörerinnen auf den Logenplätzen.

Zum Zaun, meinem horizontalen Mandelbaumstamm, gehört die Geschichte von einem Sommertag, an welchem das Mädchen beim Lachen das Gleichgewicht verloren hat. Es fiel immerhin nicht nach hinten, in das Birkenwäldchen des Kindergartens, dessen Boden erst mehrere Meter in der Tiefe begann. Es stürzte nach vorn, anderthalb Meter auf den Asphalt. Die Nase blutete. Zuhause mit Katjas Hilfe angelangt, hatte die Mutter ein todsicheres Mittel, das Blut zum Gefrieren zu bringen. Schluss mit dem Heulen, rief sie. Wenn du ein Kind gebierst, wirst du richtigen Schmerz kennenlernen!

SEWASTOGO

Ich habe einen Schulranzen in Neukölln nachgekauft, er hat mich aus nimmermüden roten Augen der beiden Reflektoren aus dem Schaufenster angeschaut. Die Ehrenamtstadt in allen Ehren, es ist auch eine Stadt der Eigenmarken, das macht viele Macken wieder wett und es macht Spass, sich wieder neu in ihr zu verlieren, wie damals auf Fahrrädern, Inlineskates und auf Dachböden, den noch nicht zu Penthäusern ausgebauten Dächern durch Pankow und Charlottenburg, verlottert und locker bis tief in die Nacht. Die spätere Schulzeit flattert wie das zu weite T-Shirt mit der Aufschrift *CCCP баскетбол*, das der älteste Bruder in der Basketballmannschaft seiner und meiner ersten Schule getragen und das sich in den bordeauxfarbenen DDR-Koffer aus Sewastopol bis nach Zürich verirrt hat, zusammen mit einem robusten grauen Sowjetfön und dem kleinen blauen Atlas der grossen Welt. Der Fön funktioniert noch einwandfrei, der Atlas mit Einwänden – den Wänden neuer Grenzen.

Zurück zum linken Berlin. Ein Ort unserer Generation, ein Degenerationsort? Wir: schlau, kreidebleich, an der existentiellen Angsteritis leidend, keinen anderen Zustand und keine andere Stadt ernsthaft in Betracht ziehend. Wobei Generation dehnbar wie die Gebärmutter ist, von 25 bis 55 reichend, je nach Muskeltraining und sozialem Alter.

Die meisten meiner Freundinnen und Freunde halten Berlin die Treue wie die Neoslawophilen dem modischen Moskau. Ihren Alltag durchsetzen gewöhnliche und ungewöhnliche, nötige und not-artige Sorgen. Sie leiden unter langen Fahrwegen, streikendem Verkehr, steigenden Mieten, Gaspreisen und Wettbewerben um den ökologischsten Smoothie-Mixer. Sie demonstrieren fürs Weltverbessertum um den Fernsehturm herum. Das ist auch gut so. Berlin ist nicht mehr arm, die Alt-Berliner sind es. Keiner meiner Freunde findet das sexy, doch vom Happy End lesen wir vorrangig auf der Toilette.

Ich schlage einen Hauptstadtzuschlag in Firmen und öffentlichen Einrichtungen vor und einen Abschlag bei der Einkommenssteuer. Wenn dein cooler Arm es will, nicht nur arm zu sein, steht die Ausbeutung still. Prost, Protest, dalli. Aber hallo, sind wir auf unsere Schnauzen gefallen? Lasst uns an Pepp und Power arbeiten. Polymorphität in der Realität gründen. Mitten in der Stadt, um den Checkpoint Charlie herum, auschecken, was passiert, wenn Pseudojobs, Praktika und PR-Volontariate nicht besetzt werden würden. Besetzt ein paar öffentliche Häuser, warum nicht auch die russischen Ehrendenkmäler (Treptow, Schönholz und vis-à-vis vom Tiergarten), bei der Gelegenheit auch die beiden Alliiertenmuseen (Zehlendorf und Karlshorst) – vereinen wir sie und uns, zu Aliens im Land des Wirtschaftswunders.

Mein Wegsein erlaubt mir nur ein paar Bauchgefühle in Bezug auf Parks und Mansarden, auf denen nach zu viel Knutschen schwindelig werden kann. Aber ihr, ihr könntet die Stadt weiter umdenken. Im Abglanz des Noch-Images könnten wir eine neue Achse Berlin-Zürich-Wien verlegen, dem Spreebogen gewogen. Logo auf der Charlottengradseite des Russkost-Menüs: *Nasch Berlintschik!*

Entmine. Dis-Kriminierung. Krimminimierung. Écriture cremature, Crimature, torture de la créature. Wie Forrest Gump bei Sprüngli vorbeispringen, Luxemburger vertilgen. Gebt Obacht, Propaganda rennt die Türen ein: Ich stehe auf der Seite der desire-Menschen, der Realitätsdeserteure, und engagiere mich für ein Dessert, die Krim-Torte: *le gâteau-bateau avec la crème de la Crimé.*

„Kinder, geht nicht nach Afrika spazieren", heisst es in einem russischen Kinderlied. Die Dauerkinder spazieren umso lieber über verbotene Plätze, die aus ihren Karriere-Orten herausfallen. Sie passen längst nicht hinein, sind passé, im Gedächtnismantel plissé. So gesehen hat Sewastopol einen sozialistischen, aus heutiger Sicht leicht asozialen Bruder: Die Togostrasse in Berlin, im tiefsten Dschungel des Westweddings.

Meine sachliche Freundin P. aus Schulzeiten erzählt plötzlich von ihrer Kindheit in der Togostrasse. Sie ist von ihrem holländischen Mathematikinstitut angereist, auf Familienbesuch. Wir trinken zwischen den Jahren in einer Eckkneipe im Wedding. Wir sind Locals und teilen uns Wichtigeres als angesagte Lokale mit. Wir glauben uns nicht, dass wir nun über 30 sind.

Ihr Biererinnerungsschaum, das sind sie und ihre Schwester allein mit der arbeitenden Mutter, das sind bildhübsche Mädchen, die ohne Auf- und Vorsicht im unterkühlten Altbau aufwachsen. Das dazugehörige Milieu: fremde Babysitter, magersüchtige Tanten, fette Hunde, viele Jungs. Eines Abends in der Tiefkühltruhe im Supermarkt eingesperrt werden. Ein paar Mal zum Cousin nach Basel fahren, eine Radioaufnahme und noch etwas Unvergessliches zum ersten Mal machen. Holländische Grosseltern, Nazizeit, Umzüge, ein Konto in der Schweiz, Erbe, vom üblichen Prekariat zur Berliner Obermittelklasse aufsteigen. Wir feiern das, das hat ihre Mutter, eine ausgezeichnete Schriftstellerin, verdient, und ich feiere den Aufstieg der schweigenden P. zur erzählenden Frau, die von ihrer Kindheit auch nicht weiter loskommt, als fürs Überleben im besten Westen nötig.

Wir haben uns einander noch nie so nahe gefühlt wie in dem Moment, wo wir unsere gelehrten Hüte lüften. Wiedervereinigung dank des Zeitsprungs in die Zeit des Auseinanderfallens um 1990 herum. Das hat uns Umgezogene unbewusst angetrieben: unsere überproletarische Herkunft, zementiert in der protestantischen Proletarierstadt. Willkommen in der Zunft der Unerzogenen. Auch das Klarkommen mit der Generation überforderter Egaleltern hat uns angetrieben, hat uns zusammengetrieben. Wir sassen in der Schule nebeneinander, jahrelang, vom Zusatz- über den Profil- bis zum Leistungskurs. Mal Mathe, mal Kunst. Wir bewegten uns in doppelstundenlangen Gesprächen mehrmals die Woche aneinander vorbei – sie in ihrer stabilen Logik, ich ungelenk assoziativ, aber wir fanden uns in einer Richtung vor: zum guten Abi hin und aus Berlin hinaus. Nun passt uns dieselbe Strandkörbchengrösse, wenn unsere Wege sich mal in der Schulstadt kreuzen und wir im Bürgerparkcafé über die Grenze Weddings im Nachbarpankow verrauchen, wie es früher hergegangen ist.

Ihre Togostrasse hebt sie von Holländern mit gutbürgerlichen Kindheiten ab. Als einer Deutschen im Ausland fallen ihr Unterschiede auf, an denen sich auch in der Schweiz deutschsprachige Geister scheiden. Damit schwimmt für mich, die Fremde von damals, ihre Togostrasse anheimelnd zu Sewa heran. Sie ragt als kreisrunde Schatzinsel hinaus, und extra für P. leuchttürmt sie wie ein buddhistischer Tempel, unweit des Felsens, von dem ich selbst ins Meer springe. Mich dünkt, dass ich es mit einigen Armschlägen zum Festland schaffe, wo wir mit P. Strandkörbe aufstellen. Sie wird, wie immer, rauchen und rechnen, und ich werde ihr Gesellschaft leisten, passiv-impressiv.

Erst, als wir in Berlin chillen, höre ich, was ihr über die Jahre hinweg wichtig gewesen ist, und was sie in Amsterdam mit niemandem richtig teilen kann, weil dort niemand so etwas kennt, ungeachtet dortiger Drogenfreiheiten: Ab elf rauchen, bei Ali im Café jobben, in Ali einen Ersatzvater finden, der ihr sagt, wann sie nach Hause gehen und von welchen Jungs sie sich fernhalten soll, im Ferienlager für Moabiter und Weddinger Kinder die erste Liebe – ein Mädchen – kennenlernen, den ersten Drogendealer, auf LSD *Alice im Wunderland* schauen, kiffen sowieso, die Beste in Mathe sein, obwohl immer die jüngste, ein Jahr früher eingeschult. Im Spagat zu unserem Unterm Rad ein brillantes Abitur in England ablegen, die attraktivste Blondine des Jahrgangs. Das modelartig langbeinige Genie, das wenig sagt, da es viel denkt. Mit einem ebenso genialen Polizistensohn zusammen sein, dessen Vater dessen Schwester missbraucht. Die Tücken der Türkenmafia verstehen, die mit der Russenmafia rangelt. Einen Kleiderstil des Berliner Understatements pflegen: scheinbar ungepflegt, die Jeans mit Schlag und löchrig, die T-Shirts gern mit Pistolen drauf, blaue Turnschuhe mit drei weissen Streifen, die Haltung des schmalen Körpers unaufgeregt, fast verstohlen, auf das Nicht-Präsentieren hinaus. Mit dem Kiffen aufhören, mit den Jungs nicht, auch nicht mit den Mädchen. Den früher mal als Unternehmensberater erfolgreichen Vater in seiner Wohnung von der Nordbahnstrasse ums Eck mit Blick auf die Mauer besuchen und ihm jetzt, gestrandet in Brandenburg in einem Haus ohne fliessend Wasser, helfen.

Seine Mauerblickwohnung befand sich in der Strasse, in der meine Eltern gewohnt haben, und in der mein Ex-Mann gewohnt hat – wir haben uns auf der Strasse kennengelernt, wie sonst. Er hat mich erschreckt, als ich eines dunklen Abends die ehemalige Mauerstelle überquerte, ich bog vom Joggen im Bürgerpark in diese erste Strasse im Westen ein. Er lachte damals auf: „Man kann doch nicht so gedankenverloren sein." Herzlich. Wir haben gemeinsam deutsche Literatur studiert. Nur gelernt haben wir wenig.

Über zehn Jahre später sind wir im Bilde, die Schule längst mit ihren Entbehrungen, Erwartungen und Zielen verschwommen, mehrere Lehrer verstorben. Wir warten mit unseren Noten und Nöten um drei Uhr nachts an der S-Bahnbrücke zwischen

Wedding und Pankow auf ein Taxi. Das hat uns der junge Türke im noch geöffneten Imbiss auf eigene Initiative hin gerufen. Wir warten an dem erwähnten Geschichtspunkt unter der Brücke, entlang derer die Mauer verlief. Auf den Asphalt zu schauen, ist wieder angebracht, ihn verziert Hunde- und Taubenkacke. Viele Friedenstauben hausen hier. Wir werden uns die nächsten Jahre aus den Augen verlieren: Die Sonderzüge nach Berlin fahren seltener.

Ich lese die Strassennamen, die ich mehr als auswendig kann und entdecke doch Neues: Schicke Schildchen erklären die historische Bedeutung dieser Ecke, man illustriert den Mauerweg. Sollen wir auch Schilder für unsere Nicht-Geschichte anbringen? Wir hätten hier unsere Stories in petto. Die angebrachten können wir wegen Kurzsichtigkeit in Folge unserer Computerarbeit leider doch nicht entziffern. P., deine Schwester wollte doch Comic-Zeichnerin werden – geben wir ihr unser Storyboard. Fangen wir damit an, wie wir mit dieser S-Bahn zur Komischen Oper gurken, dort herumlungern, du innige SMS-Nachrichten an Paco schreiben möchtest und ich sie dir dichte, so dass sie weder mathematisch noch berlinerisch klingen und ich meinen Kitschdrang hinaussinge. Denn Berlin, das ist auch Understatement in delikaten Dingen. „Etwas von jemandem wollen" heisst es in dieser Fremdsprache. Ein Geschenk, das keiner zu schätzen weiss. Keine gängige Lässigkeit, dieses Grösstmögliche anzunehmen, mit allen Folgen, und seien es flammende Briefe. Lieber gar nichts als Liebe. So fette Dinger triefen vor tiefen … Tränen und so. Sind halt mit Risiko behaftet und Beziehung verhaftet, also Kontakt abbrechen, Herz brechen, nichts herantreten lassen. Und herauslassen – durch Ghostwriter, Vintage, Secondhand.

„Hier sind wir als Kinder jeden Morgen über die Mauer und haben drüben Eis gegessen", erinnert sich P.

„Hier habe ich morgens mein Kind in die Kita nach Pankow gebracht und auf dem Rückweg Schrippen geholt", fällt mir ein.

Ich füge nicht hinzu, dass der Kindergarten im Volksmutter-
mund auf dem Spielplatz „arisch" geheissen hat. Dann hätte ich
noch dazu sagen müssen, dass mein Sohn das einzige zweisprachige
Kind in seiner Kindergartengruppe gewesen ist, obwohl
vom Wedding nur zehn Minuten Fussweg entfernt, und dass er
beim obligatorischen Deutschtest für Vierjährige auf besondere
Beachtung gestossen ist: zuerst auf Angst, als Problemkind aufzufallen, so die Bedenken seines Vaters, und dann, als er bei
dem Test am besten abgeschnitten hat.

P. steigt ins Taxi und fährt zu ihrer Mutter, die nach Charlottenburg umzieht, wo sie etwas weiter von ihrer berühmten
Schwester, einer Basler Schriftstellerin, entfernt sein wird. Deren Sohn einer der Jungen gewesen ist, mit dem man nicht hätte
im Bett liegen sollen, so rein objektiv gesehen, dem umstritte-
nen Buch der Tante nach. Die Macht der Emotionstopologie
residiert in uns, generationenübergreifend und schildfrei.

Ihr Vater sammelt nun, ein bisschen wie Zhadans Ernst
Thälmann mit seinen Panzern, Meilensteine aus dem Zweiten
Weltkrieg im Nordosten Nochpreussens. Bei einem seiner ersten Jobs als Unternehmensberater hat er gesagt, die Firma würde am meisten sparen, wenn sie teure Unternehmensberater wie
ihn entlassen würde. Nun sagt meine P., sie habe ein Angebot
für eine Assistenzprofessur in Philadelphia – „und das ist ja
schon das Berlin der USA" – abgelehnt. Vom Kiffen und so sei
das Gedächtnis nicht so ganz, wie es sein sollte. Nee, lieber zu
einer Unternehmensberatung gehen und was in der Hand haben.
Später aussteigen, selbstständig werden und die Welt verbes-
sern. Ich liebe ihre klare Sprache, die man nur hören kann, wenn
das Gehirn nicht *matschig* ist. P. zu Ehren fügen wir ein Cocktail
der Russkostbar hinzu: *Matching Π* .

MISCHEN

May I introduce, mein Sohn heisst Michael. Meine Mutter hat unter Tränen darauf bestanden, den Namen ihres Vaters zu reinkarnieren. Ihr Vater hiess ja ursprünglich Moissej. Der jüdische Klang transformierte sich in der Sowjetunion einer gängigen Reaktionsgleichung nach zu Michail. Den russischen Namensanzug hat Opa nach der Rettung durch seine Cousine Dina, die spätere Zahnärztin, auf ihre Initiative hin angezogen.

Egal, was ich mache, Mischa is my mission.

Der bald Grosse heisst nach meiner Formel Mischa, Mischenka, Mischutka. Da steckt allerhand drin: Küsschen, Bärchen, Scherzkeks, Durchmischung. Wie leid es mir tun wird, dass ich nicht jede seiner lustigen, listigen, blinzelnden Sprachschöpfungen dokumentiert habe, von *Chleberwurst* für die Leberwurststulle bis *Schneepferdchen* für den Schlitten.

Er hockt über seinem Terrarium, er steht für eine sich wandelnde Geschichte. Zum Erzählbogenbiegen reicht die Kraftzeit nicht. Das Nichtschreiben reicht gerade für Kaffeepausen, zum Atmen, in sich gehen, nicht mehr heraus. Der Notizblock, der sich aufklappt, wenn die Seele (russ.: *duscha*) ihre Klappe nicht hält und sich im „Aufgang Nr. 7" duscht. So schreibe ich gerade nicht, sondern rauche und spüle den Duft des Früher weg. So bläst sich die Alltäglichkeit hinaus. Frau pustet, als ob sie die Piste herunterrasen würde.

Neulich hat er beim Abendessen erzählt, er habe eine neue Käferart entdeckt. Er tauft sie auf den Namen *Sandläuferstreifenkäfer*. Der gestreifte Käfer sei ein Nützling, da er tote Insekten und Fruchtteile aus dem Kompost fresse (der Biologe hat aus dem Kompost ein Stück vergammelter Ananas gefischt, auf der der Käfer sass). Der *Sandläuferstreifenkäfer* verfolge seine Beute wie ein Detektiv: „Den Schwanz nach oben und das Gesicht nach unten! Wenn er sie erstmal gefunden hat – zack, stürzt er sich drauf!" Funkelnde Augen, singender Mund. „Miau, darf ich dich etwas fragen? Warum essen Menschen Honig? Das ist doch Bienenkotze."

Ich koche Sauerampfersuppe und Borsch, je nachdem, ob mir nach Grün oder nach Rot ist, und manchmal auch Kürbis-, Erbsen-, Blumenkohl- und sogar Sauerkrautsuppe, und danke mit jedem Handgriff, dass er eine eigene Sprache findet, ein eigenes Register zieht, sich der kulturumfassenden Natur widmet. Begleite ihn bei enthusiastischen Kleinsttouren, auf denen er mir Namen und Eigenschaften von Insekten und Molchen erklärt, was ich gleich wieder filtere – aber nicht die Freudenstrahlen seiner Stimme. Bringe ihn ins Labor an der Uni. Kneife die Augen zu, wenn er im Nachtzug nach Berlin einen Schwarzfahrerfrosch in der Dose schmuggelt. Trage einen kleinen Eimer, während er seinen Kescher wacker voranträgt, wie eine Flagge, wenn wir einen Teich im Biotopgebiet auf dem Uetliberg ansteuern: Es könnte ein Sommervogel vorbeifliegen oder eine Kaulquappe ins Netz schwimmen. Der Fang wird vor dem Haus in einem der vielen Behälter behalten, zum Beobachten des Verpuppens und Schlüpfens.

So lässt es sich leben. Bald machen wir aus dem Kinderzimmer ein Terrarium-Aquarium-Delirium und singen zur E-Gitarre Miautschi-Lieder. Ich laufe von der S-Bahnstation hoch, vergesse dabei, dass ich in einer Stadt lebe, lasse den Uetli- und den Entlisberg zusammenrücken. Die Sihl rauscht in den Keller, da bauen wir eine Sauna ein und kühlen uns im Fluss ab. Das Sihltal schützt vor vielem auf einmal. Wir immunisieren uns gegen das Draussen.

Vor kurzem ertönte in der Roten Fabrik das Lied *Alles Schnee, Schnee von gestern*. Es schneit noch nicht, der Herbst zeigt sich auf dem Entlisberg täglich in atemberaubender Farbenpracht, die sich von Dunkelgrün zu Rotgelb wandelt. Ich beginne, diese

Schweiz-inbolant

Leinwand vor der Tür täglich zur gleichen Zeit am Nachmittag zu fotografieren, wenn der allfällige, eventuelle und alles rundherum auf einmal überfallende, Nebel sich zerstreut hat.

Die Amateurfotos gelingen, wie sie klingen, ohne analogen Klick, ohne Schnack, ohne Schnick. Eine stilistisch einwandfreie Sprache ist genauso wenig möglich. Einwände sind willkommen, so kommen wir ins Gespräch. Schreibberater zucken mit den Schultern, Muttersprachler können das, vor sich hin schweigende Mütter nicht. Es wäre eine Foto-Sprache für das nötig, was sprachlos macht.

Ich muss hier kein Hochdeutsch können. Was ist Schriftdeutsch? Ich tippe auf Deutsch in Schrift. Die Zeit wird es mir deuten. Ich muss kein ß verwenden, keine erhebungslosen Horizonte sehen, keine Fragen hören wie jene, wie viele Frauen mein Grossvater beim Einnehmen Berlins vergewaltigt hat. Ich blende aus. Lasse Kulthistohass vom Lichthimmelwasser reflektieren. Die ß-Abwehr schummelt gar Anglizismen hinein: *gross* wie in ‚grossartig‘ und wie in ‚Grosseltern‘.

Mein Unbewusstes ist geräumig wie der Keller unseres Reihenhäuschens – mit Luftschutzbunker, Weinkeller, Waschmaschine und einem Büro. *Podpolnaja manufaktura* (russ. für Untergrundmanufaktur) taufte ihn mein ältester Bruder, als er die Kellerräume beim Einzug besichtigte.

Dieses Hüsli öffnet seine Vorder- und Hintertür für die Vergangenheit und für die Zukunft. Neue Freunde treten ein und nehmen ihre letzte Bahn. Neue Fenster zeigen Männer in *lidenschaftlicher Stimming*, sie fliegen stumm hinab in den See oder paragleitend vom Uetliberg auf die Kuhwiesen. Kinder klopfen an und fragen nach Mikhhaell, seinen Insekhtä und ob's „die rote Suppe" hat. Schneeflocken fliegen herein. Verdampfen. Die *Spießigkeit* ist aufgespiesst, ein stattlicher Schaschlik. Modern, postmodern und post-postmodern. Beneidenswert transitorisch. Vielseitig-vielgestaltige Frauen, die alles auf einmal sind, in einem Abwasch, im Schmelzen der Schneemassen, im Abgesang auf Vereinbarkeit von Familie und Beruf. Hier wohnte die Dichterin Maria Lutz-Gantenbein. Mein Name sei es nicht. Dokumentarisch, hermeneutisch, häuslich. Sich und es, das gezügelte Es einrichten. Banalitäten in geschichtete Schubladen schieben, bei Bedarf wieder herausziehen, wie Bananen schälen, vitaminglitschig, von Schadstoffen unbelastet. Die Ent-Nomadisierung des Alltags. Der anti-narzisstische Widerstand.

Wir sind die Zürichchaoten. Wir verspäten uns, vergessen etwas, manchmal Termine, setzen uns in die falschen Züge. Ich schlafe in der beruhigenden Gemütlichkeit der Waggons ein, das Kind weckt mich am Hauptbahnhof mit den Worten, dass Mamas nicht in Zügen schlafen. Ziehen uns die Kleidung an, die gerade sauber ist, putzen, bevor Besuch kommt, und finden beide frühes Aufstehen mühsam, auch wenn nur einer von uns das sagen darf. Ich schwimme in seiner Welt der ersten Klasse. Krimisiere die Gegenwart zur Wolke Nr. 7 und trage verantwortungsvoll, gar ordentlich, zur Veröstlichung dieser Vorörtlichkeit bei.

Je mehr ich mich mir selbst nähere, desto ~~mehr nähere ich mich meinem Kind – und umgekehrt~~. Unsere Nabelschnur wächst unsichtbar zusammen, wir wissen auf Entfernung Bescheid, wie es dem anderen geht. Bewegung hatte er in Berlin als Problem. Er wollte nicht mal laufen, geschweige denn Sport treiben; sein Laufrad brüllte er an – vererbte, nun verebbte Reiseangst.

Hier rennt er nicht mehr als Klops, sondern als Knirps, als Knabe und Knopf mit anderen aufs Fussballfeld, er läuft durch die Siedlung allein oder mit anderen Gspänli zur Schule. Er balanciert auf der Bordsteinkante, wenn wir gemeinsam irgendwohin gehen und ausnahmsweise nicht in Eile sind. Wir sind auf einmal in die Normalität eingespannt. Ich wüsste kein anderes Plätzchen, kein besseres Guetzli, wo er geregelt und selbständig, mit einer nicht überdosierten Prise Sozkontrolle behütet, aufwachsen könnte. Es passt. Es passiert nicht viel, aber es pressiert nicht, dass was passiert. Zur Ruhe gekommen, angelangt – zusammen mit Belangen, die lange als ausgeschieden, von hiesigen Gefilden viel zu verschieden galten. Da werde ich vom Radio als Krimexpertin angefragt und kann es leider nicht einrichten. Verbrate gerade alte Lieder zu lauter Leibgerichten. Und finde beim Staubwischen ein neues im Poesiealbum des heranwachsenden Majkels:

Crimea Creamea

Ice Creamea

Moskakao

Crimea, crème de la crème

You creep me out

Speiseröhrenkarre

Reisekartenfahrt

Brotdort

Veressen, auf und davon

Aus Berliwien

I_scream_yes

Yesterday

Reimisch fliesst russischer Rhein

Kulturerbestätten

Kultursterbebetten

behäbig

Baby

Bhabha – Weib – Leib – Bachleim –

Es spiele Laibach

Auf der Balalajka

Es lebe Crimea

Ice Creamea

Er schreibt in seiner Freizeit ein selbst illustriertes Buch über die Lebensweise der Apfelschnecke und der Knoblauchkröte. Darüber hinaus lernt er Gitarre, nachdem er unwiederbringlich eindringlich vom Autorenlied, von Wyssozki und vom nächsten Reim auf Tatjana – Ljubljana (slow. für Laibach) – gehört hat.

ZUR_ICH

Beim Hinaufsteigen der Treppe am Schienhutweg steigt ein Déjà-vu mit hinauf. Es hat sich in heller Freude am Bellevue geäussert, als das Erinnerungsalbum endlich klickt und ein Foto sich ergibt, das den alten den Charakter einer Serie verleiht: Ich habe genau so eine Treppe zur Schule Nr. 1 in Sewastopol erklommen, sie hat sich mitten in der Stadt auf einem Hügel befunden, und der schöne Ausblick auf den See, nun, er ersetzt, falls das jemand vergessen haben sollte, den Blick auf die berühmte Bucht, die nicht einnehmbare, die, wo im Krim-Krieg Schiffe versenkt wurden, Feinden den Zugang verwehrend. Die Postkarte: Ein morgens betrunkener Schwimmlehrer schmeisst Kinder in den Heimathafen.

Neben der Schule stand ein Chram, ein damals unbenutztes Kloster, in dem Militärs und andere wichtige Leute ruhten, oder auch nicht. Wenn in der Schulstunde namens Physische Kultur, abgekürzt als *fiskultura*, der Sportplatz von einer anderen Klasse belegt war, rannten wir im kleinen Park ums Kloster herum. Es ragte wie ein verlorenes Schiff auf der Anhöhe empor, und ich wusste noch nicht, dass die meisten erhalten gebliebenen Klöster in Russland wuchtigen Schiffen ähneln, die in zugebauten Buchten vor Anker liegen und sich durch nichts und niemanden bewegen lassen werden, um von der Stelle zu rücken.

Das Bild zum Umzugsjahr: Creux du Van. Fabelhaft, durch ein fantastisches Gemälde laufen, entlang eines überschaubaren Abgrunds. Es nimmt wunder, wie überwältigend der Blick nach unten die schauerliche Gefahr, die Macht der Naturgewalt, das Ausgeliefertsein vergegenwärtigt. Den Uetliberg entlang zu wandern, wäre naheliegender. Diese Gratwanderungsmetaphorik könnte leicht heikel werden. Ein anderes Bild gesellt sich

Schmarzbld!

dazu, das Foto einer Brandmauer in Rostow am Don. Auf ihr steht in weisser Farbe: Es lebe die Liebe. Ausrufezeichen.

Wohnungssuche und Hausfindung in Zürich, einer der teuersten Städte der Welt, von der ich meine, dass sie mir teuer geworden ist, ungeachtet ihrer Handtaschenuniform, Hochglanzoutfits im Resultat der calvinistischen Reform, rasenden Poschautos und interessanter Interaktion mit Radfahrerinnen. Mein Velo – lila-rosa-blau, Baujahr späte 80er – trägt den Schriftzug: *Tour de Suisse*.

Ich fühle mich wie eine Kaminerin, seit ich keine Grenzgängerin bin und eine Person der Aufenthaltsklasse B. Die Come-innerin, Eintrittsübertreterin. Leiste dieser Einwanderungsgesellschaft Gesellschaft. Bis zum ersten Nasenbluten, der ~~atomaren Sonntagsstille und dem M~~ontagskaffee beim *Sternentaler* neben dem Polybähnli. Der Kaffee spült die Lethargie weg und in die Stadt hinaus: der Aufgewühltheit folgender Irrtümer und der Irreversibilität der Entscheidung, ausgerechnet hier und ausgerechnet zu leben, fest entgegentreten.

Eine feine Sache, die Torte aus Sprache. Ich lese, was ich zu widerlegen versuche, und sei sein Zorn mein Ansporn:

Zorn löste sich mit Worten, Begriffen, Zitaten aus seiner Welt: In der Sprache feiner Herkunft blieb er gefangen. Er schreibt von der Loslösung in der Sprache des gebildeten Bürgertums und verharrt als verzweifelt Gefangener in seiner für ihn todbringenden Herkunft. Selbstreflexion als Literatur: da hat man sich, um bei den Zeitgenossen zu bleiben, doch eher an Michel Leiris, den Franzosen, zu halten – und Zorns Zorn im letzten Satz seines Buches zu akzeptieren: „Ich erkläre mich als im Zustand des totalen Krieges."

(aus der *Zeit*)

Kein Kot auf dem Trottoir, kein Baustellenlärm, keine kaputten Gestalten an der Ecke, keine betrunkenen Männer am Vormittag. Um sechs Uhr morgens aufstehen, um zwölf Uhr Mittag einnehmen, am Waschtag waschen, ein paar edle Klamotten nachkaufen, jeden fragenden Blick begrüssen, Freundlichkeit erlernen, einige Stunden mehr Sonne haben. Fensterläden … Sie rufen wie ein breiter Augenschlag „Italien"! Dieser Ruf ist häufiger zu vernehmen als Herzschläge der Kirchen, Klöster und eilige Schritte in Katakombentunnels der Altstadt, die in poströmischen Zeiten als Abfallentsorgungsgänge gedient haben und zu denen ein Urzürcher Römer die Schlüssel besitzt, um nachts dort Rotwein zu trinken.

Italien, Tessin, Toskana … Wir führen in der Russkost ein ganz besonderes Spezialgericht. Es führt die Besucher zu uns und ganz-ganz eigentlich führen sie es uns zu: *Toska* (russ. für Sehnsucht, mehr: siehe oben, siehe unten).

Irgendwas ist hier grundsätzlich anders.

Das Licht, die Landschaft, die lieblichen Bisnessmeny. Es passt nicht ganz, aber wenn ich nicht aufpasse, schwappt es hoch, schnappt zu und es ist wieder soweit: Es leuchtet hier an jeder Ecke wie in Sewastopol Anfang der 90er Jahre. Sogar auf Dunjas Zürichabendfotos. Arm und reich hin oder her, es fühlt sich wie mein Reich an. Nennen wir es *Südrik*. Derartige Vereinnahmung tut niemandem weh, sie tut der Laune aber so gut wie ein Besuch in Lausanne und feine Lasagne. Ich bin, wo ich dich seh, Südrik, und in diesem frühlingshaften Augenblick sehe ich dich am See. Wie praktisch, dass hier keine Militärs und nur Ausflugsschiffe parkieren.

Das Sewazürcher Licht verdient einen Romanorden, ein Denkmal, ein Fühlmahl, eine Oper. Ja, Oper wäre am besten. Virtuos und viral-ansteckend komponierte Musik. Trompeten, Posaunen, Geige, die Saiten der Seele zur Schleife verknotet, bis sie wie im Spiegelsaal von Clärchens Ballhaus schwofen. Andauernder als ein Funke, fester – eine Hand auf der Schulter. „Aufgang Nr. 7" haucht *hoi*. Ahoi!

Schwarz wird der, nein: die See, nie. Wir wagen uns aus dem

Schanzengraben. Nie dran gedacht und dann erkannt. Die Farben der Schwarzmeersonne erreichen am Zürisee ihre stärkste Intensität. Partnerstadt? Zwilling gar. Zwingli wäre vielleicht nicht erfreut, aber in einem Augenpaarfunkeln verteilt dieser Ort Anstösse, neckische Kopfnüsse. Wenn ich am Bellevue stehe, mit dem *Welossiped* (finde es herzig, dass Schweizer dieses Wort so abkürzen, und schlage zudem *Welik* vor, das hat auch Grösse) über die Brücke fahre, gleite ich nolens volens auf dem Wasser dahin. Die Botin könnte aus dem Hafen ins Meer hinaustreiben, muss es aber nicht, und so muss ich auf keines dieser Schiffe oder Boote steigen, wie ich mich nicht vergewissern muss, dass der See ein See ist und nicht mehr.

Ich wiederhole mich, ich hole dieses Züriglück wie eine Sprünglipraline aus der Schublade mit dem Notvorrat hervor. Prahle damit. Überzuckerung stört mich nicht, sie spaltet feinmein, kitschig-matschig, na und naiv. *Iwa* (russ. für „Trauerweide") wäre ein Kapitel für sich. Wenn man einen Ast von der Trauerweide abreisst und vom Ast die Blätter löst, erhält man eine Rute – so ähnlich, als ob man mit einem Springseil durch die Luft pfeift. Schluss mit der Krämerei. Aber es geht um ihren Beginn, den Beginn einer Routenrute. Südrik braucht den Stempel „made in Jugoslawia" nicht. Ich möchte keinen Krieg, mein Zorn ist ein anderer. Ich möchte die Raute, auch die traurige und die verstaute, nicht zerschlagen wissen. Spielt jene Idyllenfülle für euch nach, schwört auf Frieden, beschwört Solidarität. Was zu beweisen war: Wann immer du etwas siehst, worauf du ein Echo hörst, enjoy dein stilles Hoi.

Wie auf dem Kutter zur Oma, mit kleinen Abweichungen wie dem flacheren Wellengang, pimped up bis zur Unwirklichkeit beider Städte – die Kindheitsstadt spielt Verstecken hinter Jahresscharen und Wortehorden. Doch diese Stadt vor deinen Augen lässt sich ohne jene Teilchen im Osthirn nicht wahrnehmen. Wir waren lange nicht mehr in unserem Lokal, der Teig steigt an.

Und da wäre die Berlinerische Schäbigkeit. Etwas davon auf den schicken See schicken und schon wäre er noch mehr eigen, in diesem Reigen deigen. Unheimlich: Hier daheim zu sein, unweit des Zuhauses von Dada (russ. für Jaja), sagst du ja, lobst und flugs biste verlobt: Auf der Bellevuebrücke werden Zweifel flügge.

~~Raumflucht~~. Vom Kontingent- zum Familienflüchtling, von der Jutetaschenstadt in eine, die mit Louis-Vuitton-Opfern zubetoniert ist. Im Geiste der Internationale bringen wir aus Berlin an den Zürisee ein paar Graustufen, die wir in der Palette zwischen Schwanenmöwenweiss und Augenringenschwarz platzieren. Aus Wien bringen wir Würstchen, mit denen kann sich die Currywurst messen. Auch den Kren hätten wir gern. Vor dem *Odeon* richten wir ein Lenindenkmal auf, mit ausgestrecktem Arm in Richtung Wollishofen. Wollen wir damit auf die beste Zukunft hoffen und ihn in Regenbogenfarben beleuchten, an Wochenenden. Wochentags bescheinwerfen wir ihn mit Gedichtzeilen. Russisch ohne Lyrik geht nicht, das Land existiert als ein poetisches Projekt, eine Reihe von ihnen. Nach dem Motto „reime dich oder ich schlage dich" produzieren immense Saftpressen aus Zeilen die unabdingbare Absurdität des Seins. Das *Odeon* prädestinieren wir zum Stammlokal der Osthirn-Kette. Walle, walle, wenn das so weitergeht, bis über die Kreuzung, auch die Kronenhalle.

Wir haben ein Wasser, dessen Wellen unter Villen geglättet sind, und Reichtumskommunismus: Wir überbieten kurzerhand Sewas Plattenbauten, klassizistische Prunkbauten und verrostete Militärschiffe. Sewa zieht trotzdem nie den Kürzeren. Der Unterschied zwischen den beiden Beinah-400.000-Einwohner-Städten ist graduell, nicht kategorisch. Bin hierher gezogen und zugleich dahin. „Da" heisst hier „hier". Kann mich mal einer am Ohr ziehen?

~~Der Knall, der Migrations~~-Urknall (die Finger sind es gewöhnt, ~~*Ukr* zu tippen) erklärt diese Stadt~~ zur Idealversion, zum

geborgenen ~~Vinetaplaneten einer nicht gekauften, unbezahl~~-
baren Reisevignette in jenes südöstliche postsowjetische Sonett.
Mit Sonne und beseelten (ja, sicher) Leuten. Leute, schaut auf
diese Stadt! Vom Dozentenfoyer der ETH aus oder vom Privat-
jet. Letzteren hat Gorbi sicher auch gehabt, wenn er auf der Krim
residierte, und zwar genau dort, wohin mein Bruder leninlike
hingewiesen hat, als wir auf einem Felsen hoch über dem Meer
standen und Mamas Radio etwas über den Putsch in Moskau
rauschte, so dass ich die ausgestreckte Geste im Lärm der Mee-
resbrandung sehe – und nicht die Datscha, die euch womöglich
wie die Kalkscheune einer Silberküstenvilla vorgekommen wäre.

Dann könnt ihr mit viel Glück erkennen, was das Osthirn
und die Russkostbar als „mein für alle" präsentieren: das Krim-
Gebirge, das Gelbe vom Ei, die Petrischale, und wenn nicht Aj-
Petri, Bachtschissaraj mit dem Brunnen, mit Puschkin und
Mickiewicz Hand in Hand – etwas davon, unbedingt, und zwar,
wenn man es beinah vergessen hat, plötzlich – ach, die Alpen! –
wieder zu erinnern meint, den Projektor surren spürt, im Chor
und im *chorowod* mit Figuren wie Wiederholung, Verschiebung,
Verdichtung. Und tollen Symbolen. Pfeift melodisch auf alles,
vertilgt vergnügt das unerhört edle Mensaessen über dem See.
Zelebriert, wenn etwas dabei einen anspricht, zärtlicher als
Mütter flüstern. Der genossene Ausblick quiekt vor Freude, entdeckt worden zu sein. Klangheimlich ungewöhnlich, aber nun
kontiert, dieser Kontur auf der Spur.

Sind nicht die Semper-Oper in Dresden und ihre erhabene
Schwester Eteha Nachklänge des Sewa-Delphinariums, grün
gelegen im Parkstreifen an einer der Hauptadern, die zum Lenin-
(oder Nachimow?) Platz führen, und dem marineblauen
Kranenwasser, dem einladenden Wink, bei Gelegenheit in die
wogende, dir gewogene, Bluejeans zu springen, ohne Angst auf
Rückenhügeln lächelnder Delphine.

Wahrscheinlich bin ich im früheren Leben eine Schweizerin
gewesen, von hier, von da. Katharina die Grosse hat Bewohner

des Zürichtals auf die Krim eingeladen. Sie haben dort im 19. Jahrhundert während des Krim-Krieges ein grosses Geschäft gemacht, sich aus Schweizer Sicht „realisiert" und aus der russischen der Geldmoral unterworfen – verwerflich, wenn man nicht gerade neuer Russe ist. Ich bin irgendwann eine neue Schweizerin, oder? Meine Lieblingsnachbarn kaufen ihre Eier in dem Dorf, aus dem die Leute Ende des 18. Jahrhunderts, ungefähr zu der Zeit, als Sewastopol gegründet wurde, losgezogen sind, um künftige Züritaler Eier in historische Krimtaler zu verwandeln und epochal – im Echo der Weltgeschichte – verwertet wurden. Die Expatin aus Krimtannien wartet, bis diese Gen-Töne bei ihr durchbrechen und sie keinen Papier- und Kartonmülltag mehr vergisst, keinen Zug verpasst und ihre Zeit so managt (magnetisiert? magentiert? chevrolerisiert?), dass sie an Wochenenden und Feiertagen guten Gewissens go wandern kann – so weit sie möchte, gar bis zur Stelle, wo Gorbis Datscha gestanden hat. Und im April ins Archiv der Zentralbibliothek, die Tagebücher der Krimzürcher wie Ostereier suchen.

Die Krim gehört jedem, und wie ich zu sagen pflege, ist sie überall, wo man ihre Sagenhaftigkeit erkennt. Sie ist singulär, aber wenn man sie für sich haben möchte, verabschiedet man sich am besten von ihren Bedeutungskernen und nimmt sie als ein dreidimensionales, geistig-geisterndes, und wenn man die Literatur-, Kunst- und Filmgeschichte heranzieht, als geistreiches *Simulakrum*, kurz *Simu* hin. Auch diese Speise führt unsere Osthirn-Kette – ja, es muss eine Kette sein, wobei Russkost zwischenzeitlich das Stammhirnlokal sein darf – 24 Stunden am Tag, winters wie sommers.

Wir bieten auch Krimkurse an. Cruisingtouren, auf denen uns statt des ewigen Olegs der junge Tom Cruise aus *Top Gun* zuzwinkert. Kurse, wie man den Krimkern knackt, wie man ihn sozial überformt, figurbetont anzieht, vertont, wie Ton und Teig behandelt: Formt was draus, zum Beispiel Piroggen, aufnahmefähige Teller, auf die der ganze Reichtum des Südriks passt, und so viele Tassen, dass die Schränke platzen.

Krim wird in dem Sinn eine Wahrnehmungsart. Als solche auf andere Räume applizierbar – natürlich macht sich eine derartige Bar abends am Wasser besonders gut: die unkomplizierte, komplizenhafte *Applizierbar* erklären wir zum unabdingbaren Teil unserer Kette. Man kann sich, in ihr etwas trinkend, inspirieren lassen; sie lässt sich als eine Abwandlung der erurlaubten, kriegsveteranen bis mediterranen Lebensweise betrachten. Auf diese Weise werden wir im Fortgeschrittenenkurs auch Moskau betrachten lernen. Auch Zürich, das ist ein besonders geeigneter Grund, um den Drauflosprojektor anzuschmeissen. Ein Grund, weiterzuleben, ebenerdig, ohne allzu oft vom Balkon nach unten zu schauen.

Ich lerne, dass man viel Raum um sich haben kann, aber nicht alles nutzen muss. Den Bunker-Keller nur im Notfall, wenn die Russen kommen. Und die Loggia, wenn die Sonne von der Südseite knallt. Sie dehnt sich wie ein Zimmer aus, selbst mit Wäscheständer. Selbst mit Hut und Liegestuhl. Megaschön, Uetlibergumriss. Megabalkon. Hier ist alles sehr mega und rosenschön bis zum Gaga. Logo. Sewa. Stop.

ZUGER SEE

Eines der Wochenenden, die sich als solche bemerkbar machen: Irgendwohin fahren, zum Schauen gibt es überall etwas, dicht wie dort – auf knappster Ausdehnung unzählbare Schattierungen des Schön. Ein Ausflug in weniger als einer Stunde in eine andere Stadt, in einen anderen Kanton. Kante dieser Welt, Anfang einer neuen: Mischa und ich besuchen Serhij Zhadan am Zuger See. Der ukrainische Schriftsteller aus Charkiw hat ein Stipendium. Wir lernen seine hübsche Frau kennen, von der ich feststelle, dass ich sie schon mal in Berlin kennengelernt habe, wobei ich sie durch den Tränenfilm nach der Trennung unscharf gesehen habe, und das Kind, das damals noch nicht zu sehen war.

Unsere Kinder spielen nun. Als ich beschliesse, mich das erste Mal ins Schweizer Gewässer zu wagen, spielt Serhij mit Mischa, so dass ich sorglos ins gerade geschmolzene Gletschernass springe. Was ich vom Wasser aus eindeutig sehe: Der berühmteste, seit Jahren bedeutendste Dichter-Schriftsteller-Sänger aus der Ukraine trägt Mischas Kescher. Sie suchen gemeinsam Ungeziefer, Fische, Pflanzen. Zhadan und Mischan warten, bis eine Fischsorte, die der Biologe dem Autor endlich zeigen möchte, auftaucht.

Der Mann wirkt mit dem Kescher noch vertrauter als sonst. Mir fällt ein, er ist im gleichen Jahr wie mein ältester Bruder geboren, sein Gesicht und sein Körper sind ähnlich schmal und wenn er spricht, klingt er so, dass ich auch ihn fragen könnte, ob er beim Umzug in die Untergrundmanufaktur mit anpackt.

Zhadan sieht aus wie mein Bruder, Mischa wie ich auf einem Strandfoto aus den 80ern, it's knocking me out. Ungewelltes Wasser, wie gemalte Palmen, Alpen oder was da den Hintergrund zerreisst, trainiert-salatierte Körper im Schutz der Sonnencreme und der unausweichliche Zugfahrplan geben zu bedenken, dass mich eine gewisse Obsession mit dem Früher einholt: Ich habe doch nie Schwimmen gelernt. Wasserpanikattacke, krimunspezifisch, hatte ich so ähnlich zu Beginn des Studiums in Berliner Bibliotheken (Buchwellen, you know, you never know). Oder ich habe mich in seine Frau verguckt und mich verschluckt.

Ohne viel zu reden stellen wir am Zugstrand fest, dass wir viel gemeinsam haben: Elternhäuser, denen man das Treiben draussen vorzieht und eine ungebrochene Liebe zu den ersten Orten, die dich initiiert, dir das Leben beigebracht haben. Wir erlauben es uns, diese Orte als einen Container zu denken, und zwar einen, der von Erfahrungen überquillt und auf Eisenbahn- und Trolleybuslinien durch die Welt rollt – unser Gepäck-service, der uns begleitet, egal, wo wir uns aufhalten und wie viele Jahre vergehen, seitdem wir gepackt haben. Er weilte seit über zwei Monaten in Zug und fügte hinzu, er finde es unerträg-lich, so lange weg aus Charkiw zu sein.

Ich hatte eine Wassermelone mitgebracht, Zhadan hatte ein Messer in der Tasche. Wir scherten uns um mögliche Flecken genauso wenig wie darum, dass wir mit unserem Russisch bei den Schweizer Nachbarn anecken. Bald sassen wir mit Melonen-bäuchen am steinigen Wasserrand, suchten den Zuger See nach Unregelmässigkeiten ab, wenn nicht gar nach etwas Häss-lichem – vergebens.

Wir liessen den Blick schweifen, wie es sich für einen Samstag am Wasser gehört, einen Blick, der sich nicht durch Begrenzun-gen der Uferberge und Fragenzwerge begrenzen lässt. Er unter-brach das Schweigen, zerrüttete aber die Atmosphäre nicht: „Das hier ist wie unsere Krim. Das hätte aus ihr werden können."

Er erzählte, dass er damals, als wir Anfang der 90er weg sind, das erste Mal auf die Krim gefahren ist. Wir haben Abschied genommen, er hat sie in Augenschein genommen, wie im Staffellauf.

Mir fiel ein Text von ihm zur Krim ein, fast hätte ich ihm den Titel souffliert: *Der Matrosenpass.* Umherziehende Jungs, trau-riglustige Offizierswitwe, ein sowjetisch anmutender Film. Die Krimbegeisterung las sich so frisch wie bei all den Jungs, die im Sommer das erste Mal „bei uns" gewesen sind. Schau, jetzt reiche ich dir die Krim im Saft der Melonenkugel.

Damals sei eine gute Zeit gewesen, um eine Wohnung auf der Krim zu kaufen, erinnerte er sich weiter. Für nur zehntausend Dollar war das möglich. Eine Wohnung an der Südküste habe ein Schriftsteller von seinem Preisgeld gekauft, und einen analogen Fotoapparat dazu. Ich kenne die Preise, obwohl ich sie gern nicht wüsste. Meine Eltern haben ihre Wohnung genauso erfolgreich verkauft, inklusive der Fotoapparatsammlung meines Vaters, unbezahlbaren Details, Sesselbezügen, Teppichblüten und Geschirr, mit dem Rattern der Nähmaschine, mit dem berauschenden Parfüm der lackierten Balkonbrüstung, mit den Resten der nicht vernaschten Trockenfruchtringe, die monatelang vor der Nase hingen, mit dem Küchentisch, von dem Melonensaft literweise auf und zwischen meine Oberschenkel heruntergetropft ist, mit der Kühle des kleinen grünen Balkons, mit Patronenhülsen in der Keramikvase, mit Aufregungen und Spiegelungen, mit meiner unsichtbaren Freundin, einem verlässlich-vernünftigen Mädchengeist – ich habe mit dieser besten Freundin auf der Toilette gesprochen und mit ihr meine Probleme diskutiert, bis meine Mutter durch die Tür gefragt hat, ob ich mit Puschkin persönlich sprechen würde – und mit anderen Banalitäten eines bananenlosen Daseins, das jemandem den Boden unter den Füssen und ein Nichtweggehenmüssen bedeutet hat.

Mit dem Erlös hätte ich mich nicht im Zug auf der weissrussischen Grenze schlafend stellen sollen, sondern Spasses halber, „als Experiment" würde Mischa sagen, herausspringen. Schauen, wie lange man damit laufen kann und wohin man gelangt, bis die Dollarscheine aus den Sporthosen verschwinden.

Der berühmte Schriftsteller meinte damals, im idyllischen Mai ein Jahr vor dem Majdan, in der Ukraine entstehe der Eindruck, der Zweite Weltkrieg sei noch nicht vorbei. Es sei alles sehr, sehr politisiert. Ich sagte nichts, denn wie ich über ein Jahr später verstanden habe, habe ich seine Aussage nicht verstanden.

Mein Thema hat keinen Preis, mein Thema ist inflationär. Apropos, neulich habe ich eine Statistik gesehen: Anfang der 90er ging es den Leuten in der zerfallenen Sowjetunion so schlecht wie im Zweiten Weltkrieg und kurz danach.

Umbrüche. Ein paar Brüche. Einbrüche, viele Einbrüche, auch bei zwei und drei Türen hintereinander, schwere Holz- und Metalltüren, man brachte sie reihenweise vor den Wohnungen an. Deswegen mag ich die Postkarten mit Türen verschiedener Städte sehr gern – sie stehen in ihrer Selbstverständlichkeit für etwas, wovon sie nicht mal ahnen, wie wertvoll das sein kann. Wenn man Pech hatte, wurde nicht nur eingebrochen. Aber einige hatten Glück. Oder das Pech, nicht ganz zu vergessen.

Wir waren dabei, die Sonne gierig einzusaugen.

Er konnte gar nicht glauben, dass ich seit 20 Jahren nicht auf die Krim gefahren bin.

Wir taten nur so, als würden wir miteinander Russisch sprechen. In Wirklichkeit redeten wir Tacheles: über die Alpträume der 90er, über unsere Jugendträume, die sich auf der Krim fast gekreuzt hätten, und die unserer Kinder. Lass uns das Gespräch wieder aufführen, zusammen mit anderen Krimträumern, bis man dem Podium den Po versohlt.

Ich sage dem Charkiwer Dichter: Lass uns eine eigene Krim, eine richtig autonome gründen. Krimkonstruktivismus in Charkiwer Verlagen fortführen, nach Moskau, Kiew, Minsk streuen, Flugblätter auf dem Zuger und dem Zürisee wie Monets Seerosen treiben lassen, die Limmat und Sihl hinauf, den Rhein und die Donau entlang, bis die Panzer zu Denkmälern erstarren, auf die alle drei Generationen klettern und sie für aufregende Weltraumschiffe halten, oder zumindest Seeschiffe. Hauptsache, die Kinder sitzen am Steuer.

Über das Konzept müssen wir noch genauer nachdenken, beim nächsten Melonenmahl, nächsten Sommer. Doch das Leben lebt sich nicht zuerst auf dem Löschpapier, es schreibt sich gleich ins Reine, und sei es in den Dreck hinein – wir hätten weniger hoffen und mehr handeln sollen, auf der Stelle.

Unser Paket, die Krim, in die Welt versenden. Sie ausstrahlen, andere an ihr teilhaben lassen, sie an geeignete Orte in der Schweiz, in Frankreich, Italien, Spanien und in Portugal kurzfristig einpflanzen, *inkriminieren*. Bei aller Liebe, lass uns unsere Krim von damals nicht so ernst nehmen. Ihre wunden Male, unsere unverrückbaren ersten Male, übermalen – wir haben neue Beziehungen und Bezüge, die Jugend überwunden, sind den Folgen gefolgt. Wir sind erfolgreich und das bedeutet auch, zwangsweise: am Genesen vom Gewesenen.

Mein ältester Bruder, der Arzt, den du mir gerade ersetzt, sagte, wenn ich mich unnötig aufregte: *deli na dwa*, teile durch zwei. Wie wäre es, wenn wir Orte suchten, die wir auf- und verteilen, die wir probehalber mental besetzen, die wir mit unseren Erinnerungen fluten, die wir wie Flaggen zu flatternden Röcken umschneidern, ohne dass die anderen das merken. Ein Streich wie mit Anja, eine Verschwörung jener Generation, die ihr Paradies auf Spielplätzen zwischen den Plattenbauten verliert, immerzu verliert. Lass die anderen daran teilhaben, dann ist es aus der Welt, da in ihr, höre ich die unsichtbare Freundin auf der Toilette. Puschkin spricht mit weiblicher Stimme.

Wir bräuchten eine Flagge. Etwas, das wir uns auf die Fahnen schreiben können. Zhadan, schreib weiter Gedichte. Nein, Worte haben ausgedient. Wir leiden am verbalen Overturn, sind ausgebrannt, ausgelaufen, hinaus in diese zu bunte Westwelt, die auch in unsere gelaufen ist, Nass-in-nass-Technik. Auch wenn du bald zurückgehst, du bist auch verbrannt. Die Krimsonne kennt keine Sonnencreme, sie ist selbst eine Creme, die wir nicht auf, sondern unter der Haut tragen, in der Bluteisenbahn.

Ich leide wieder an Anämie.

Du rennst weg, mit Mischa hinter den Fischen.

Ich bin zudem für Holzschnitte (wir verfärben Stereotype), für handfeste Materialien, in die wir unsere Sprachen, Wortorte, Wohnungswünsche und Fotosubjektive einbauen. Ich bin generell für visuelle Medien, sonst werden wir die Krim weder woanders erkennen noch verbreiten können. Das wäre zu schade, sie nicht an anderen Weltstellen gut aufzustellen. Wir haben viele Instrumente, die Krim hier und jetzt, und nicht zuletzt an

Ufern der gebändigten Seemeere zu besichtigen, statt die Halbinsel der Isolation zu bezichtigen.

Seenbergewiesencabriosvillen. I-Geräte, diese elektronischen Abschirmungen, E-Krane, ziehen noch häufiger vorbei. Wehe, wehe, das I stehe für *Instantkrim*. Die brüht man mit wärmerem als dem Alpenwasser auf, tupft sie so cool wie George Clooney, von der Sonne ermattet, aber nie und nimmer verbrannt, auf die Sommersprossen. Oder nipptkippt sie wie einen Espresso. Ich habe gehört, das ist ein Mittel gegen Blutarmut. Wir werden weder rot noch blass, damit die Halbinsel weder verblasst noch weggeblasen wird.

Aber komm, das liegt auf der Hand, ist doch egal, wo sie liegt, in welchem Land, in welchem Jahrhundert, unter welchen atomaren, über welchen submarinen Müllbergen. Sie liegt uns schwer im Magen, sie liegt uns am Herzen. – Lass sie uns als einen Fakt vor unseren Augen zeichnen: einen Krimpakt schliessen. Die Dinge beim Namen nennen. Lass uns die bestehenden Namen von jenen uns wichtigen Dingen aussprechen, wie in einer Ausstellung, vorübergehend, bis das Publikum sich mit dem Phänomen bekannt oder gar vertraut gemacht hat. Dann können wir die Zelte abbauen, die Ausstellung wandern lassen, die empirische Empire-Krim auf diese Art aktualisieren und kurzzeitig kurzweilig, aber immerhin, doch, mol, dis-dis-kriminieren.

Ein Rat. Ein Schlag. Verrat. Verschlag. Versuch. Suche nach dem Antivers. Meine Antikörper haben aufgehört, etwas zu verkörpern.

Verlust, Verdruss, nasale Oh-mein-Gott-Rufe verformen, in Genussirredentismus. Überall, wenn es sich ergibt, opportunistisch das Vertraute sehen und hinein ins Vergnügen. Sahne-Joghurt, hinein ins Weekend-Feeling! Nicht an den Unterschied, sondern an die Gemeinsamkeit denken. Oder: sich die Gemeinsamkeit als einen Hautfilter denken, immer dabei, allzeit bereit. Sich aus dem „weg, vorbei, unwiederbringlich" lenken, wartenden und unerwarteten Projektionsflächen wie die Queen winken-nicken, sie höflich begrüssen und noch höflicher verabschieden, sie durchlaufen und von ihnen davonhopsen wie ein fröhlicher Pionier.

Wesjolyj poluostrow, die lustige Halbinsel. Du Poly-Osten, du bist überall nah, statt fern im Nirgendwo zu sein. Du bist nicht an der Vinetastrasse, du bist nicht bei Stevenson, du bist nicht im Orientexpress. Du bist die persönliche Schatztruhe jener, die einmal auf dir gesessen, gelegen, die sich auf dir ausgeruht haben – jener, die du nicht mehr in Ruhe lassen wirst.

SPRICH, SPRACHE, SPRICH

Ich denke die Krim so, dass man diese native Naivmalerei nicht in eine andere Sprache übersetzt. Mit Schweizerpinsel die Halbinsel streifen – als Möglichkeit, die Redebilder über sie nicht begreifen, nicht kommentieren, nicht zementieren zu müssen. Bin schon dabei erschrocken: Die Würzelchen haben den Asphalt durchbrochen, furztrocken und voller Seesucht.

Das Narrativ verwackelt einen Reim auf konservativ. Nur die Hochzeit in Kopenhagen, erinnert sich das Unbehagen, fotografierte mein Vater mit Stativ.

Das mag eine Besetzung mit der durchs Osthirn gewolften Sprache sein, in jedem Fall eine leichtfertige Setzung: Bei mir biste scheen. Ich halte Übersetzungen ohnehin für eine zum Scheitern verurteilte Angelegenheit. Sicher übersetzen kann man mit dem Schiff oder mit dem Boot, von einer Anlegestelle zur anderen, von Peer zu Peer, von Quai zu Quai. Man kann von

Nachdichtung sprechen, von Nachschreiben schreiben. Es sprudelt ein nicht völlig anderer, aber doch ein neuer Text hervor.

Schreibt eure Krimtexte auf Russisch, Ukrainisch, Krimtatarisch. Reiht euch in jeweilige Traditionen ein, in die Krim-Texte von sprachnationaler Bedeutung. Nehmt mir meinen nicht weg. Das Kind teilt jedoch freigiebig die Idee an sich. Die Strasse trainiert den Egoismus ab, sie lehrt, ans kollektive Wohl zu denken und Wohlergehen zu verschenken.

Die Versuche, an der Krimerinnerung zu kratzen, können keine Dokumentation sein. Vielmehr: spontanes Re-Enactment im stillen Hüsli und schrillen Wörtchen, verkochte Reste in der durchgeheizten Küche. Traumwandeln zum Sofa, das sich beim Aufwachen als westöstliche Diwa entpuppt. Teils bewusst, teils gar nicht und nicht gar. Die festlichen und verfestigten Reste können keine Fiktion sein, so sehr sie es gern wären – eine übergeordnete Ebene, die über Verläufe entscheiden lässt. Das Erleben grunzt einen Text heraus und etwas, was mit „Text" gar nichts zu tun hat, rein aisthetisch von innen und aussen salbt, einreibt, beschmiert, bezeichnet. Die Massage sei die Message. Der Magen habe das Sagen.

Die Erinnerungserlebnisse und Erlebniserinnerungen ergreifen das Ich: Meine Krim bemächtigt sich meiner, tippt in ihrem Rhythmus (manchmal gelingt das Schweigen für Jahre), in ihrem Unstil, manchmal auf Papier und manchmal an die Stirn. Durchleben im Lesen, sich gefangen nehmen lassen und sich befreien, spätestens am achten Mai oder achten März – da bin ich etwas unachtsam.

Eine Ess- und Hungerkur zugleich, ein Ausfegen mit dem Besen aus der Hexenküche, ein Rundflug auf dem Besen-Besensei's-gewesen-Stil, und dabei erinnert mich der Name Margarita vorrangig nur an Margarine. Ein merkwürdiger Wechsel von Ebenen und Wellen, die vom Schwarzen Meer nahen, egal, wie flach hier die Gewässer sind. Sie schmiegen sich heran, wenn sich die Kuppeln der goldenweissen Kiewer Kirchen im Dnjepr spiegeln, in einer Seitengasse unweit der asymmetrischen Türme auf dem Marktplatz in Krakau, in Moskau sogar auf der Flussfahrt mit einem verliebten Gesicht, dessen Trotzliebe der hirnlos verbauten Stadt gilt. Moskaukrakau, Krimkiew. Meine Wahrnehmung reichert sich kriminell an, ohne mein Zutun vorentfremdet. Gern modern: Produktion, Konstruktion, Re-Organisation. Die Grundlage, auf der man eben steht, wenn auch selten eben; auf die man aufschlägt, wenn man vom Heimatzaun fällt. Mit jeder umgeschlagenen Seite fliegt ein Papierflugzeug mit Sternchen auf dem Flügel hoch. Ein Zeilenflüchtling im Strandzelt, am Seitenrand.

Ich wähle die Schriftart Calibri, wenn ich Courier satt habe, und ich wähle Helvetica. Rechts von ihr steht: «Normal». Weiter rechts ein schwarzes Viereck und ein durchgestrichenes a. Ein hübscher Bilanzstrich. TextEdit zählt keine Seiten. Die Ränder lassen sich nach Belieben verschieben.

Die Schriftart setzt die Sprache. Verdünntes Ausländerdeutsch. Nun, wo ich nicht mehr deutsch sein muss, muss ich auch nicht so tun, als ob ich wirklich und richtig Deutsch schreiben würde. Ich darf mein angelerntes, nicht überall gleich gebügeltes Deutschleinchen verwenden, mit unverheimlichten Russizismenfalten – sie geistern herum, ausradieren wäre so hoffnungslos, wie den Fänger im Roggen zu fangen. Jemand hat sich vom Fleck weg bewegt, das Eichhörnchen im Hamsterrädchen hüpft auf ein Bäumchen und trifft auf Calibris in allen Grössen.

Und doch, von Zeit zu Zeit, wie eine Tafel Zartbitterschoggi, springen die Örtchenwörtchen auf, paddeln zwischen erotischen Neologismen, verbiegen nicht sich, sondern das Material. Die Materialien, die Muttersprachen nach Lust und Laune, und zwar bester Laune, verwenden. Sie in Metaphern wie auf langen Rutschbahnen im Plantschbecken fliessen lassen. Mir steht der Föhn danach. Der Sowjetfön pustet im Nu das Ölbild trocken.

Ostentative Ostentation. Der Osten bildet mein Stativ. Ich bilde mich, aber es nützt nichts, die Bilder verwackeln. Raumfiguration und Subjektkonstitution. Warum verschwindet dieses Gefühl nicht, eine Sprache zu imitieren? Sprache, sprich! Und hör auf, dich fremd zu fühlen. Denk nicht an den rosa Elefanten, denk an den grünen Balkon, deinen Kaktus. Du kannst mir durch die Finger rieseln, aber tu nicht so, als ob ich nicht ein Teil von dir wäre. Du wärst eine andere ohne Leute, die sich an dich wie einen Rettungsring klammern, um dem Fremden gebührend zu begegnen – der Steppe des weissen Bildschirms, dem nicht abnutzbaren Symbol für Liebesbriefe, dem „etwas von jemandem wollen". Man möchte ja unbedingt etwas – für jemanden, für alle: den leeren Bildschirm erfüllt sehen, wenn es keinen Raum mehr gibt, der dich umarmt, umgarnt, dich sonnt, dich unbesonnen macht und dir wohl bekommt.

PLÄTZE DER REVOLUTION

Nicht die Welt auf ihr versammeln, sondern die Krim in die Welt hinauskatapultieren, unendlich viele Achsen von ihr wie Lachfalten ausgehen lassen, sie und sich in ihr zerstreuen. Mit der Krimlinse als Beilage den Tellerrand verzieren, als berauschendes Gras beim Sonntagsspaziergang verrauchen, das Felsenmeer als Hintergrund auftragen, den Akazien- und Trauerweidenpass immer bei sich führen.

Vielleicht ist sie das Australien Europas, vielleicht ein Mittelpunkt der Welt: Setzen wir sie zur Mitte unseres Denkens, laufen die Wege ab, die zu ihr führen und von ihr weg, unterlaufen das Zentrum mit anderen Mittel- und Seitenpunkten.

Zum Beispiel: In der Krim, 42369 Wuppertal, Deutschland.
Taurus: Stiergestalt. Tauris: Ort auf der Krim.

Ganz im Konsens mit den gängigen Adepten des *spatial turns*
halte ich Abstand davon, real nicht existente, imaginäre Räume
mit geografischen zu verwechseln. Man nimmt nicht auf einen
Raum Bezug, man nimmt einen Zug und fährt hin (oder nach
Zug, eine Station unseres Südrikküstenbezugs).

Die Referenten meiner Räume flutschen weg oder sind bis
zur Unkenntlichkeit verändert. Die Zeichen der Vergangenheit,
die Zeichen der Zeit, sie zahlen ihre Zeche. Alle Anzeichen von
Liebe. Ortsliebe an sich, pur, das haben wir in der Russkost ab
jetzt im Dauerangebot. Name: *Ortlove*, erhältlich to go. Rot wie
die Rote Fabrik, rot wie der Rote Platz, wirkt überall, vor allem
am Central, wie ein kleiner Putsch: puscht dir dein Seelensmiley
nach aussen. Deinen inneren *bunt* (russ. für Aufstand).

Ortlove, von der Krim exportiert, per Gedankenübertragung.
So schmeckt der Wein, den ich dort anbaue und woanders ver-
edle. Deswegen zügle ich nicht dahin und halte meine Neugierde in Bezug auf die „wirkliche Krim" in Zügeln. In Schach.
Ihre Schatten in Kiew, auf der Kantstrasse und um die Aphrodite herum, die den Booten beim Warten zuschaut, reichen aus.
Sie verweisen bald auf Kanten. Um sie zu glätten, wird viel Zeit
ausserhalb des kontaminierten Containerraums nötig sein.

Auch wenn das Sozialismusprojekt vor über 20 Jahren zerfallen ist, lebt die persönliche Erfahrung jener Zeit in einem
weiter, mit der Gegenwart oder gegen sie – als unterschwelliges
Dauerprojekt, das man sich nicht unbedingt selbst als solches
ausgesucht hat, sondern das sich als Herausforderung zur weiteren Bearbeitung meldet. Je nach Kontext, je nach kulturellem
Hintergrund der Mitmenschen und aussenpolitischer Lage,
heisst es: mit Fragen zurechtkommen, sie gar dominieren lassen. Dem Fragment einen Sinn pro Moment abgewinnen; den
abgewonnenen in der nächsten ähnlichen Situation erneut ver-
rinnen sehen.

Diese Erfahrungsreste mögen wie die Berliner Mauer in sich gesunken, zusammengekracht oder wie die Sowjetunion zerfallen sein, aber sie verschwinden nicht. Sie führen ihr Leben, das mal still ist, mal mit Gas, mal hybrid, mal nach Identitätseindeutigkeit durstend. Still, wenn die Frage nach der Herkunft, die in jedem Kennenlerngespräch früher oder später fällt, eine pflegeleichte Antwort akzeptiert; lauter, wenn jemand nach dem Interessantheitsgrad sucht und aus dem Sommersalat mit gesundem Ballaststoffanteil etwas als einzig Essbares herauspickt.

Mit der Zeit automatisieren sich die Antworten. Man schneidet sich seine Stereo-Typen aus, wird zum Typus der multikulturellen Intellektuellen, die es selbstverständlich rational fasst, in prägnanter analytischer Distanz ausdrückt, was für mich weder beschreibbar noch begreifbar wird: Guten Tag, in deutscher Direktheit und brachialrussischer Selbstinszenierung schlage ich vor, Sie schaffen selbst mit ihren Erwartungen Ordnung, in meinen Adern fliesst ganz Osteuropa durcheinander und die bin ich nicht bereit aufzuschneiden. Drucken wir auf die Visitenkarte: Die Herkunftsorte meiner Familie reichen von Potsdam bis nach Taschaus, die Verbannungs-, Flucht- und Versetzungsorte von Sachalin über Winniza bis Sewastopol, und die Sprachen, die gesprochen und gewechselt wurden, decken sich weder mit der Nationalität im Pass noch mit den Nationalsprachen der Staaten, in denen man bis zu einem Zeitpunkt lebte. Mein Vater ist ohnehin Chinese gewesen. Eine durchschnittliche sowjetische Familie.

Die Dynamik des Ballasts – oder leichtfertiger: des Balls, der sich von alleine von früher ins Heute zuspielt – enthält eine Prise Dynamit, die erwähnte Energetik. Sie kann den Bootsboden wegsprengen und sie kann sich als eine Erfahrungsbasis aufstellen, in die man sich wie in einen warmen Ledersessel setzt oder wie in die Brennnesseln. Von diesem Mandelstammsitz lässt es sich eventuell mit mikroskopischem, mikrowellenartigen

Wahrheitsanspruch sprechen. Er stützt, in ihm ist es wohlig wie auf einem Balkon gen Süden, wie beim Aufblasen eines fantastisch elastischen Kaugummis aus dem Westen. So erinnert sich auf dem Sessel des Vergessens das, was sich den Weg durchs Aussortieren bahnt oder wie ein gut geschossener Himmelsball zufliegt: Hau drauf, mit Schmackes, greif ihn auf und schubs ihn weiter, hinein ins Anekdötchentörtchen. Lass sie ins Fiktionale rutschen, von der Chaiselongue und dem Diwan herunter. Daran könnte jemand eines Tages lutschen, aus einem zeit- und raumunabhängigen Hunger gegenüber dem Anderen heraus. Konturen zerbeissend, mitreissend, mitreisend.

Den heroischen Hafen im See zu sehen, gelingt in einem Akt, den wir hiermit auf *synästhetische Intererfahrung* taufen. Wir essen gemeinsam Glacé, ich koche für sie Borsch, sie zeigen mir den Zusammenhang von Käse und Schweizer Gerichten. Mir gefällt das „Gsi". Sei es gsi. Verdrängtes stürmt wie eine Mauertaube hinaus, und die versenkten Schiffe, die den Zugang versperren, sie segeln doch. Der Spurlauf sputet sich wundersam durch den Block, und lenkt den Blick darauf, dass er durchscheint. Wir sehen: New Kids. Strahlend wie die Sonne über der Altstadt von der Polyterrasse aus, wenn sich der Nebel aus dem Morgental, meinem Morgenland, verzogen hat.

Es gibt ausser der Dauer die unendlich ausgedehnte Gleichzeitigkeit. In ihr gibt es keinen Originalort mehr, sie besteht aus Abweichungen davon – im guten alten Sinne die différance(s), Nuancen von Chancen. Genug am Ursprung rumgesprungen, ihm elegant im Akt der Migration entsprungen und der Ort? Tot.

Wir sind so frei: Es gibt nicht nur einen Sexualtrieb, es gibt auch einen *Raumtrieb*. Es gibt Räume, zu denen es uns hintreibt, und welche, die uns zerreiben. Solche, die gar nicht erst eintreten lassen, und jene, die uns herumtreiben, ob wir wollen oder nicht. Es gibt Räume, die wir wollen, und solche, die uns zurückwollen, obwohl es sie so, wie wir sie zu kennen meinen, nicht mehr gibt. Es gibt Räume, die wir in anderen Menschen aufblitzen sehen, und es gibt Menschen, die uns Räume überreichen, wenn wir in ihre Augen schauen und in ihnen finnische Seen, russische Flüsse oder die Krimalpen erkennen. Die wir begehren, mit denen wir für einen Augenblick verschmelzen, deren Toponyme wie die Namen von Geliebten ertönen und abfärben, die wir irgendwie personifizieren, die wir gar nicht anders denken können als Liebesobjekte und -subjekte, und ob.

Der halbukrainische Russe möchte den Westen nicht mal kurz besuchen, er baut auch diesen Sommer in Zinowjews längst vom Erdboden verschwundenem Heimatdorf seine traditionelle russische Holzhütte mit akkuraten *seni*, einem Vorraum aus. Er hat mit einem Archäologen gemeinsam das Fundament des Geburtshauses jenes Schriftstellers und Soziologen freigelegt und die Hütte eigenständig an exakt diesem Ort errichtet. Gebiert er sich selbst jeden Sommer dort? Stichwort: Original. Man zieht die Schneeschuhe in diesem Vorraum aus, bevor man die Stube betritt. Er denkt beim Holzfällen an Gedichte von Jessenin. Jemand schreibt eine Doktorarbeit über „Die Bedeutung des schrumpfenden Dorfs in …". Jemand wird Therapeut, und jemand hungert sich wieder zum Patienten. *Seni* nehmen wir in die Menükarte als Vorspeise für unbekannte Wintergerichte auf.

Ich kommentiere die Russenergüsse: eine Rohkostart. Kohl, alles Kohl, Scherz: alles Wirz. Es kann ja durchaus sein, dass so etwas als Bekenntnis genommen werden kann, als Legitimation für etwas, was ausserhalb meiner Reichweite liegt – irgendwo auf der realkonkreten, kontrollierbaren, geografisch anfassbaren Krim und nicht auf der für mich hier unfassbaren Kriminalistik empathischer Ausrutscher, gefährlicher Wasserparkrutschen.

Es gibt eine einzige „politische" (poly-ethische?) Diagnose, die ich mir erlaube, und man möge mir das genauso wie das inkohärente Naivitätspathos, den mafiösen Paten im Hintergrund, verzeihen. Nur: Darum geht es mir, um das Verspielen dessen, was auf die hohe Kante, auf den Tresen der Russkostbar gehört, aber noch eher auf die Hohe Tatra und auf die Polyterrasse – sollte ich das für Mischa laut lesen, dann dort, damit er sieht, wo mir die Aussicht die Sichtweise verschoben hat.

Vielleicht sind die Reden, Artikel, Nachrichten und die historisch gewordenen Handlungen, Schenkungen, Strategien und mit Argusaugen beäugten Argumente unter der rationalen Abdichtung doch nicht ganz dicht. Vielleicht hat der Raumtrieb sie unter Kontrolle. Denn was wäre das Imperium ohne eine Botoxschicht symbolischer Imprägnierung? Impro-Nation? Die Karten sagen, sie hätten die Krim unter ihrer Kontrolle. Purzelbaum, Krimrolle und bitte neue Filmrolle einlegen, für uns oder uns in sie.

Vergessen wir, dass diese Politiken, Politiker, radikale und gemässigte Ecken letztlich eine Reihe von Raumeffekten aufstellen, die auf vernachlässigten, verurteilten, aber doch mächtigen Affektoligarchien beruhen, die um diese Räume herum in Buchstaben, Bildern, Düften und selbst in Stinkefingern ruhen bis brodeln. Man kann Ereignisse benennen, in mehreren bezahlten Absätzen für die Zeitung unter- und miteinander in Beziehung setzen. So dass sie ein „Bild" ergeben. Sich der Feder und dem Leser und der allgemeinen Bildung ergeben. Ja. Und es gibt doch den irren Rest, sorry. Besten Dank für Ihre Bemühungen, Ihre Raumfantasmama.

Auch das kann man widerlegen, genauso leicht, wie man historische Ansprüche widerlegen kann. Man kann wieder hoffen, dass es sich ausgepanzert hat und nur dieses Mini-Irrsinn-Chitin im Zeilenraum das grösste anzunehmende Kriminaldelikt bleibt. Denn die Delikatesse, über die wir zu reden meinen, die längst zerredete, militärisch günstige, teure und schnulzige, die wunderbarste und verführerischste, die, der, das – gibt es nicht.

Der Raumtrieb zerhackt den Raum an sich. Das Begehren, dem wir hinterherrennen, hält am Leben, wenn es uns nicht zerstört. Es blendet wie Sonne zur Mittagszeit. Ich hoffe, wir ermatten, schlafen uns in einer Siesta ohne Wecker aus und gehen dazu über, organische Melonen in Orgien kollektiver Versüdlichung zu verzehren. Lasst uns gemeinsam schreiben, lasst uns der Poetologie der Globaliterature verschreiben, die keine Heimatliteratur mehr sein kann: Regionalismen, Lokalismen, Topologien und Topografien mischen-fischen; intuitiv vernetzen, Gemeinsamkeiten suchen und nicht auf die Besonderheit eines uniquen, unnachahmlichen Eigenen pochen. Reisen ist schön, und schön ist es zu Hause, Reisespuren verschmutzen die Umwelt. Insekten sezieren. (Beugt Krimsekteneffekten vor.) Jede/r hat kleine Heimaten hinterm Berg.

KRIMSKRAMS

Schon komisch. Das Land ist weit, das Land ist platt; man sagt, es gebe dort viel Steppe. Ungeachtet des Urals, des Altai- und des kaukasischen Gebirges. Wohin man blickt, schaut dir die Horizontale des Horizonts fest in die Augen. Aber das Denken, das Handeln, der Code arbeitet sich vertikal vor. Es dünkt mich, die Leute haben leider Recht, „jene" Kulturkommunikation riecht manches Mal nach Gewalt, auch wenn sie (etwas zu viel) Parfüm aufträgt: In der nochsowjetischen Rede des Erbauers der Zinowjew-Hütte wie in der antirussischen Hassrede des düsteren Malers. Der eine argumentiert (agitiert) als antisemitischer Neoslawophiler, der andere als russophober Neujude – in der Bruta-Sentimentalität ihrer Einseitigkeit traurig ähnlich. Aber was fällt mir ein, über sie zu richten, während sie mit ihrer Kompassnadel wedeln.

Bei beiden glänzt das Haar blond, die Augen blau-grün. Sie befinden sich beide in der Mitte des Lebens, 30+, wissen damit nicht viel anzufangen und verrennen sich beide in ihre Kulturraumideale. Sie reden auf mich ein, ziehen mich auf ihre Seite, ins Kloster bzw. Atelier. In Überhöhung und Erniedrigung, im Entweder-Oder und bedingungsloser Kapitulation vor dem Differenzieren. Logisches Denken – vorhanden. In der Liebe zu Gedanken und Gedankenstrichen – sicher. Bis zu der Stelle, dass man das Schicksal zu akzeptieren habe und das Subjekt nichts dagegen ausrichten könne, genauso wenig wie gegen die historische Bestimmung. Es nicht merken, wie jegliche Kommunikationsbasis, dieses nüchterne Getränk namens Vertrauen, überschäumt. Das Land ist gross, man kann sich aus dem Weg gehen, man kann auch aus dem Land gehen. Der eine sagt, das sei Verrat, der andere, es sei sein bester Rat.

Aber wie war das nochmal? Der Russe in Moskau, aus einem sowjetischen Film namens *Menschen und Tiere* (*Ljudi i zweri*) zitierend, fragt, ob es denn Liebe im Ausland geben könne, und ich frage zurück, wo das Ausland liege. Er bietet daraufhin an, noch eine Mandarine zu nehmen. Ich biete an, nach Sewastopol zu fahren, das tun sie im Film am Ende, zu dritt. Er schreibt eines Tages, ich sei russischer als die meisten Russen im heutigen Russland, und, dies vergessend, schreibt er mit gewisser Verspätung, Juden und Russen hätten einander nichts zu sagen. Da könne ich ewig darauf warten, eher würde der Mond auf die Erde fallen.

Julimond schreibt nun für Bild. Seine Arbeit heisst Meinungsbildung, sagt er. Früher sagte er auf dem Weg zur Schule, er habe meine Heimatstadt beim Computerspielen zerbombt.

Jetzt wäre die Balkonbrüstung viel niedriger als früher – ein einziger kräftiger Satz würde genügen. Vorbeugend schreibe ich einen Liebesbrief wie aus dem Eingangsbereich der Komischen Oper, diesmal aus der Staatsbibliothek zu Berlin, aus der Zentralbibliothek am Zähringerplatz und aus der Leninka am

Platz der Revolution. Was sonst soll man in diesen Zentralorganen tun. Ich schreibe einen Brief an die Uni, nein, ans Universum. Es möge die Pläne wütender Ex-Undergroundaktivisten durchkreuzen. Den Mann aufhalten, der in der Leninka-Garderobe ein Buch zurückgibt, in welches er eine Bombe eingebaut hat. Dem kleinen Mann im Ohr zuflüstern, er möge die ukrainischen und russischen Männer zusammen- und wegführen. Verbannt sie in die Banja.

Auf einer Zugreise zwischen Warschau und Kiew habe ich von einer jungen, klugen Ukrainerin gehört, dass die Männer in Kiew oft impotent seien, weswegen sie zu ihrem neuen Freund nach Polen pendle. Es wäre gut, wenn sie ihren Lebenssinn und ihre Sinnlichkeit wieder erlangen könnten.

Mir fallen bald keine Sätze mehr dazu ein. Die Glaubenssätze sind bereits zerfallen. Ich springe in einem Satz hinüber zum festen Glauben und weiss zwar nicht, wie er aussieht, aber ich glaube an ihn, den unfrigiden Krimfrieder, damit wir uns auf immer vom Bodenblut verabschieden.

Ich richte meinen Brief ans Amt für Nahrung und Kultur. Die beiden Zweige funktionieren wie der stabile Sitz im Mandelbaumparlament: Sie bedingen sich nicht nur gegenseitig, sie parallelisieren sich und paralysieren sich gar. Kulturragout schmeckt dem einen so, der anderen anders. Man kann nicht ganz ohne, es ist das Sippenfleisch auf den Rippen, das Salz in der Suppe. Kultur kommt von Agrikultur, so wie zuerst das Brot auf den Tisch kommt und dann die Moral, mitunter unter den Tisch.

Lebensmittel anpflanzen und daraus etwas mit Kalorien und Würze zubereiten, ist Kultur, mit Messer und Gabel zu speisen, ist noch mehr Kultur, und isst er das, was ich gern esse, fühlen wir uns zugehörig, im Rahmen dieser Mahlzeit, sind nicht gemein zueinander, sind miteinander, gemeinsam, und müssen nicht mal eine Wortsprache in den Mund nehmen.

Wenn es nichts zu essen gibt, werden die Leute unfreundlich.

Wenn es nicht die einfachen Speisen gibt, an die sie sich gewöhnt haben, werden sie einiges dafür tun, um wieder an sie zu gelangen. Kriegst du keine Nahrung, kriegst du Krieg. Für die richtige Kultur, für das richtige Gericht, für kein Hunger für niemand. Kriegsgekritzel haben wir in der Imperialfiliale ebenso wie in der gesamten Osthirnkette von der geokulinarischen Karte gestrichen.

Eine Vision: Traumata wie Träumen Gestalt geben, *shaped* statt *shaved*, sie zu neuen Reisen, Speisen, Verhaltens- und Sprechweisen aufbereiten. Sät Buchweizen statt Hass, kocht wenigstens daraus was zu essen, statt euch zu hassen. Gar was Erlesenes.

Alle Speisen sind übrigens nachgekocht, auch die „authentisch" genannten. Es gibt kein echt-unecht mehr, ebenso wie Westost obsolet wird, im Samolet (russ. für Flugzeug, „leto" für Sommer) vorbeifliegt, kometenhaft komisch.

Mit welchem Moralkodex messen wir die post- bzw. retromoderne, die moralische und die arschige Anarchie im Osten? An welchem Gericht? Mein Monolog moniert Persönliches, Versähnliches, Unversöhnliches. Söhnchen, ist Dir das nicht Kunst genug, geh' Mona Lisa anlächeln. Eine Fahrt über den See. Verdauen, Vertrauen aufbauen. Dann mal schauen.

Wolken grünen Blattsalats. Wäre gut, daraus Smoothiemolke zu wolfen. Wie in Ammoniak tauchen, Bakterien töten, sich am Klamauk klammern, bis Krim *nasch* wird, bis zum gratis Dessert für alle Gewillten und Wohlgesinnten, mit ohne scharfem Dresscode: feine Nachspeise aus Sektkonfekt, angerührt mit Lid-Lindt und Katzensprüngli: *Krimnaschkatze*. Männliche Variante: *nasch kot* (russ. für unser Kater). Et voilà: *Naschkot*.

– Nach einem Menü namens *Odyssee*, nach mehreren Gängen, Runden, schwarzen Quadraten, rot-blau-weissen Sonnenrouten, nach mehreren Gläsern Krimwein, nach mehreren Grimmtunnels und der Hoffnung auf das Licht am Horizont, what else, doch nicht die Berliner Goldelse, und nun Schluss mit der Eselei, du Halbinselstadtei. Französisch ausgesprochen wäre *nachecot* durchaus korrekt. Unser Gipfeldessert könnte am Rande effekt- und affektvoll auf Ukrainisch ertönen: *Naschko*.

Miron Białoszewski
DAS GEHEIME TAGEBUCH

Ausgewählt und mit einer Einleitung von Tadeusz Sobolewski
Aus dem Polnischen von Dagmara Kraus
432 Seiten, gebunden mit Schutzumschlag, 24,80 €
ISBN 978-3-940524-27-0

Miron Białoszewski, Poet, Theatermann, ein Bohemien in Zeiten der Volksrepublik, Gastgeber literarischer Salons im Plattenbau, ein Freigeist der besonderen Art – in Deutschland ist er weitgehend unbekannt. In Polen aber dürfte das Urteil seines Landsmanns Czesław Miłosz breite Zustimmung finden: Białoszewski war möglicherweise der „herausragendste polnische Dichter nach dem Zweiten Weltkrieg". In seinem Tagebuch legt der Poet sein Leben dar.

DIE SELBSTMORDRATE
BEI CLOWNS

SERHIJ ZHADAN
Erzählungen und Texte

JACEK DZIACZKOWSKI
Fotos

edition fotoTAPETA

Serhij Zhadan
DIE SELBSTMORDRATE BEI CLOWNS

Erzählungen und Texte
Übersetzt von Claudia Dathe – Fotos von Jacek Dziaczkowski
176 Seiten, 45 Fotos, Klappenbroschur, 19,80 €
ISBN 978-3-940524-04-1

Was blieb von der vorletzten Revolution in der Ukraine, der
Orangen Revolution? Serhij Zhadan, der ukrainische Autor,
und Jacek Dziaczkowski, der polnische Fotograf, erzählen von
Clowns im Auslandseinsatz, von Bergarbeitern im Donbass,
von der Mittelschicht in Kiew, den Kiffern von Charkiw und
den ganz normalen Leuten auf den Straßen Lembergs. Sie erzählen davon, wie schnell die Verhältnisse die Hoffnungen des
Aufbruchs umschlagen lassen in eine Mischung aus Melan-
cholie und lakonischer Selbstbehauptung. Jacek Dziaczkowski
hat damals, im Jahr jener Revolution, Passanten in Lemberg
fotografiert: Man kann bei ihnen bereits im Entstehen der
Hoffnung ein Scheitern erahnen.

ISBN 978-3-940524-36-2

Umschlaggestaltung: Gisela Kirschberg, Berlin
Satz und Gestaltung: Gisela Kirschberg, Berlin
Druck: GGP Media GmbH, Pößneck
Gesetzt aus der Minion und der Frutiger

Eine Geschichte von Emigration und Ankunft

Die Krim ist ein Mythos für Russen und Ukrainer, und sie ist eine Realität für das kleine Mädchen, das hier aufwächst, als es mit dem Sowjetreich zu Ende geht. Das Mädchen, die junge Frau, nimmt beides mit, den Mythos und die verlorene Wirklichkeit, und zieht damit durch Europa. Mit ihrer Familie gelangt sie als Emigrantin nach Berlin, schließlich findet sie ihren Ort in der Schweiz. Tatjana Gofman erzählt virtuos, in eigenwilligem Ton und mit eindrücklichen Erinnerungsbildern von Ost und West, von Herkunft, Fremdsein und Ankommen.

Tatjana Gofman

Die Autorin, heute Mitglied des geopoetischen Krim-Klubs, wurde 1983 auf der Krim geboren und ist dort aufgewachsen. Als Kulturvermittlerin lebt sie inzwischen – nach einigen Jahren in Berlin – in der Schweiz. *Sewastopologia* ist ihr literarisches Debüt.